ubu

ACHILLE MBEMBE
AIMÉ CÉSAIRE
BELL HOOKS
DEIVISON FAUSTINO
ELIZABETH BERGER
FRANÇOISE VERGÈS
G. SIBERTIN-BLANC
HOMI K. BHABHA
LOLA YOUNG
NILSON LUCAS GABRIEL
SAMAH JABR
STUART HALL
SYLVIA WYNTER

APRESENTAÇÃO **PRISCILLA SANTOS**

PENSAR FANON

Apresentação
FRANTZ FANON PRESENTE, AGORA E SEMPRE!

PRISCILLA SANTOS

Eu lhe ofereço este dossiê para que ninguém morra, nem os mortos de ontem, nem os ressuscitados de hoje.

Frantz Fanon, "Carta a um francês", in *Por uma revolução africana*

O ano de 2025 marca o centenário do nascimento de Frantz Fanon, psiquiatra, filósofo e militante revolucionário afro-caribenho, reconhecido como o pensador anticolonial mais influente de seu tempo. Sua morte precoce, com apenas 36 anos de idade, não ofusca sua obra consistente e o impacto significativo de seu pensamento em diferentes campos do conhecimento, tanto na teoria como na prática. Coerência, ética e radicalidade; poderiam ser tantas outras palavras que marcam a vida e a obra desse intelectual que se mostra cada vez mais incontornável para compreender a realidade social e organizar estratégias de viradas fundamentais, tanto subjetivas como materiais, em diferentes territórios colonizados.

Esta coletânea, na ocasião do centésimo aniversário de Frantz Fanon, reunindo vozes plurais da academia e da militância, não apenas revisita Fanon, mas o reinventa diante de desafios contemporâneos e nos convida a leituras que celebram – por meio de reflexões, argumentos e análises – sua vida, sua filosofia, sua militância e seu legado político atual e para o futuro. É um impacto teórico que se realiza cada vez mais vivo e afiado, fazendo com que encontremos nesta edição homenagens ao intelectual revolucionário que nos dedicou ferramentas de transformações radicais e, mesmo no limite para sua morte, nos convidou a grandes atos. Como ele próprio resumiu em suas palavras: "toda geração deve, em relativa opacidade, descobrir sua missão, cumpri-la ou traí-la."[1]

A TRANSVERSALIDADE RADICAL DE FANON

Fanon escreveu seus textos ao longo de uma década, o que é, em comparação com outros pensadores, um período curto de tempo. Seus textos mais conhecidos – *Pele negra, máscaras brancas*[2] e *Os condenados da terra*[3] – são livros substanciais, compostos por capítulos originais e análises aprofundadas. Mas há ainda diversas outras obras ainda pouco lidas. Dessas, quase todas contam com traduções recentes no Brasil e são compostas por ensaios, textos críticos, análises políticas e artigos para periódicos. São elas: *Por uma revolução africana*,[4] *O ano V da Revolução Argelina*[5] e *Écrits sur l'aliénation et la liberté*,[6] que no Brasil foi dividida em *Alienação e liberdade: Escritos psiquiátricos*,[7] *Escritos políticos*[8] e *O olho se afoga/Mãos paralelas: Teatro filosófico*,[9] restando inédita apenas a parte IV, que traz os bas-

1 Frantz Fanon, *Os condenados da terra* [1961], trad. Ligia Fonseca Ferreira e Regina Salgado Campos. Rio de Janeiro: Zahar, 2022, p. 25.

2 Id., *Pele negra, máscaras brancas* [1952], trad. Sebastião Nascimento e Raquel Camargo. São Paulo: Ubu Editora, 2020.

3 Id., *Os condenados da terra*, op. cit.

4 Id., *Por uma revolução africana* [1964], trad. Carlos Alberto Medeiros. Rio de Janeiro: Zahar, 2021, p. 78.

5 Id., *O ano V da Revolução Argelina* [1959], trad. Thalles Castro. São Paulo: Companhia das Letras, 2025.

6 Id., *Écrits sur l'aliénation et la liberté*, org. Jean Khalfa. Paris: La Découverte, 2015.

7 Id., *Alienação e liberdade: Escritos psiquiátricos* [1951–60], trad. Sebastião Nascimento. São Paulo: Ubu Editora, 2020.

8 Id., *Escritos políticos* [1957–60], trad. Monica Stahel. São Paulo: Boitempo, 2021.

9 Id., *O olho se afoga/Mãos paralelas: Teatro filosófico* [1949], trad. César Sobrinho. Salvador: Segundo Selo, 2020.

tidores editoriais de publicar Fanon na França e na Itália, e a parte V, intitulada "Biblioteca e vida de Frantz Fanon", que apresenta uma lista dos livros, anais de conferências, artigos, brochuras médicas e outros textos que compunham a biblioteca de Fanon e de sua companheira, Josie Fanon, e onde podemos encontrar vestígios dos diálogos e inspirações de ambos.

Fanon abordou as questões fundamentais de sua época: linguagem, afeto, sexualidade, gênero, raça e racismo, religião, formação social, tempo, socialismo, luta contra o imperialismo e muitas outras. Sua obra mostra tanto o vigor fascinante e a importância da escrita de um pensador em movimento, um intelectual cujo compromisso com diversos e emergentes cenários revolucionários exigia posições rápidas e coerentes, quanto apresenta a posição de um clínico com uma escuta atenta e acolhedora de seus pacientes.

A fecundidade do pensamento de Fanon nos mais diversos continentes e países mundo afora tem apresentado novas dimensões e contradições. Esta coletânea apresenta essa pluralidade de disputa por diferentes epistemologias e campos políticos que encontram, cada um a seu modo, consequências práticas e teóricas. Deivison Faustino[10] nos conta dessas "encruzilhadas" e compreende nosso território brasileiro como um "beco sem saída", mas também ponto de encontro entre elementos por vezes antagônicos, fruto da presença negra nas universidades, provocada pelas ações afirmativas, que mobiliza, entre ativismos e organizações dentro e fora do corpo universitário, as demandas por representatividades negras, entre elas, autores e referências prático-teóricas. Sendo Fanon um erudito interdisciplinar por excelência, cujo nome e cuja contribuição têm sido reivindicados em diferentes espaços, marcando campos desconhecidos de sua obra e ampliando os impactos de suas visões e análises.

10 Deivison Faustino, *Frantz Fanon e as encruzilhadas: Teoria, política e subjetividade*. São Paulo: Ubu Editora, 2022.

O EXISTENCIALISMO FANONIANO E SUAS RELEITURAS

Fanon é um pensador *sui generis*, que mistura narrativa pessoal, estratégia política, teoria social, filosofias (no plural mesmo)... um oxímoro[11] inebriante. *Pele negra, máscaras brancas* é reconhecidamente um livro visceral, cortante. As reflexões sobre o racismo antinegro – a negrofobia – e como ele forma (e, depois, deforma) as constituições subjetivas coloniais de brancos e negros são cruciais para a compreensão dos vários níveis de subjugação colonial e dos termos para sua superação. Encontramos em Fanon uma abordagem existencial-fenomenológica: uma dinâmica das narrativas pessoais profundas e suas camadas de debates teóricos densos e provocativos. Jean-Paul Sartre, Maurice Merleau-Ponty, Simone de Beauvoir (mesmo que Fanon não a tenha citado), Søren Aabye Kierkegaard e Karl Jaspers são nomes com os quais Fanon dialoga para tecer o trabalho da experiência vivida pelo negro, sendo marcado, portanto, pela intelectualidade francesa da época, mas, ao mesmo tempo, levantando tensionamentos com esse campo discursivo. Esse diálogo é recuperado e tem ganhado novas cores com autores que dialogam a partir das categorias do pós-colonialismo. Diálogos entre Michel Foucault, Edward Said, Paul Gilroy, dentre outros, são realizados de forma provocativa por Homi K. Bhabha, Stuart Hall e Françoise Vergès – autores que estão nesta coletânea.

Como lembra Achille Mbembe, Fanon concebeu a libertação como "sair da grande noite", um renascimento onde se deve "criar um novo homem" a partir da "argamassa do sangue e da ira". Em outras palavras, o combate anticolonial, para Fanon, não é uma mera rebelião política pontual, mas a construção de identidades radicalmente inéditas, forjadas na superação da "coisificação" do sujeito colonizado. Em seu texto, Mbembe trabalha com uma

11 Ato Sekyi-Out, *Fanon's Dialectic of Experience*. London: Harvard University Press, 1996; D. Faustino, *A disputa em torno de Frantz Fanon: a teoria e a política dos fanonismos contemporâneos*. São Paulo: Intermeios, 2020.

perspectiva importantíssima, destacando que a obra de Fanon foi moldada a partir de suas experiências traumáticas: a participação na Segunda Guerra Mundial e o colonialismo na Argélia. Esses eventos, somados ao contato com a França metropolitana e as independências africanas, são chaves para entender seu pensamento e linguagem. Essas três cenas – colonialismo, nazismo e independência africana – permitem ao psiquiatra "acolher a queixa e o grito do ser humano mutilado, daqueles e daquelas que, destituídos, foram condenados à abjeção; tratar e, eventualmente, curar aqueles e aquelas que o poder feriu, violou e torturou, ou simplesmente deixou loucos" [p. 194].

Mbembe compreende que a centralidade fanoniana está nas análises sobre a luta pela independência nacional e os desafios da guerra revolucionária, assim como nas interligações entre racismo e consciência de classe, colonialismo e capitalismo e, também, entre nacionalismo, panafricanismo e socialismo. "A universalidade da obra de Fanon é portanto inseparável de sua 'africanidade'." [p. 200].

Homi K. Bhabha destaca que o "esquema epidérmico racial" imposto pelo olhar colonizador aprisiona negros e brancos em polarizações de inferioridade/superioridade, negando a reciprocidade humana. Esse tema atravessa todo o trabalho de Fanon e oferece uma teoria da identidade como processo ambivalente, não como essência. Sua obra expõe a tensão entre violência colonial e resistência psíquica/política, propondo um humanismo radical baseado na desalienação. A dinâmica colonizador-colonizado é patológica, maniqueísta e delirante, o que acarreta verdadeiras prisões em papéis neuróticos. Não há reconciliação possível, apenas antagonismo.

A pergunta fanoniana convocada por Bhabha é "O que quer o homem negro?" [p. 36]. É a partir desse ponto que temos um desafio das narrativas fechadas, abrindo-se espaço para a reinvenção da liberdade e para o questionamento do que ele nomeia de "mitos" – como o ser humano e a sociedade. Aqui se considera a estrutura representativa da vontade geral – lei ou cultura, compostas por violências política e psíquica profundas –, assim como a alienação da identidade, uma "virtude civil". A leitura que Bhabha faz de Fanon é a reivindicação de uma identidade cultural juntamente com suas diferenças. Assim, os grupos marginalizados, ao contrário do que se contou até aqui, assumem a sua diversidade, sem negá-la. Essa interpretação recoloca Fanon e suas questões na ordem do dia.

Em um intenso diálogo com Bhabha, Stuart Hall também apresenta em seu texto um diagnóstico das posições rígidas de brancos e negros reduzidas a estereótipos fixos, e desenvolve suas questões ao observar que Fanon vê o racismo não como mero preconceito, mas como um aprisionamento da interioridade do colonizado, que precisa rasgar a imagem estereotipada projetada sobre si para existir autenticamente. Hall rejeita dicotomias entre um Fanon jovem e outro maduro, entre o psiquiatra e o militante. Para ele, a obra de Fanon antecipa questões caras à teoria contemporânea: a formação do sujeito racializado, o papel do inconsciente no racismo e a dialética entre desejo e poder colonial.

Nessa ontologia da liberdade, sua aposta é que Fanon rejeita narrativas humanistas vazias dos direitos universais do "Homem", mostrando que tais direitos perdem força na colônia. Por isso, sua luta anticolonial articula três momentos: a destruição violenta do sistema opressor, a cura das vítimas e a criação de um novo sujeito humano, livre da marca da raça e da condição de objeto. Assim, Fanon apresenta-se como um pensador e combatente cujo projeto, profundamente político, é de natureza ontológica, preparando terreno para urgências contemporâneas contra neocolonialismos e racismo sistêmico. Consequentemente, para Hall:

> Isso exige que vivamos com um Fanon muito mais radicalmente incompleto; um Fanon que é de alguma forma mais "Outro" para nós do que gostaríamos, um Fanon que está fadado a nos perturbar não importa a direção que o lemos. Isso também exige que nos envolvamos com a verdade inconveniente de que, assim como "o pensamento verdadeiramente radical nunca surge sem criar uma sombra incerta", também não há "vida" sem sua vida após a morte. [p. 107]

Fanon viveu em um período revolucionário, de lutas anticoloniais, o que o fez carregar traços de grandes revolucionários e teóricos com experiências semelhantes. A dimensão nacional permeia tanto sua trajetória pessoal como sua produção intelectual, manifestando-se em reflexões sobre os antilhanos, suas posições sociais e subjetivas. Isso também se aplica em suas análises da realidade argelina, na qual desempenhou um papel ativo na transformação. Abordar esses escritos corresponde a abrir uma janela privilegiada para compreender a obra de Fanon e reconhecer a originalidade de sua interpretação marxista da sociedade, bem como seus diálogos com outros líderes e intelectuais africanos, nos quais a questão colonial e racial é pensada no interior da luta de classes.

A transferência de Fanon para a Argélia, em 1953, representa um marco decisivo na evolução de seu pensamento. Embora continue a abordar criticamente a questão da antinegritude em determinados ensaios e contextos, essa fase inaugura uma inflexão teórica profunda. Enquanto *Pele negra, máscaras brancas* centrava-se na estrutura de um mundo antinegro e nos efeitos dessa configuração sobre o corpo e a psique dos sujeitos colonizados, a vivência argelina e os deslocamentos subsequentes à África subsaariana alargam o escopo de sua análise. O enfoque deixa de ser exclusivamente a negritude para abarcar, de modo mais abrangente, a condição dos povos subalternizados no terceiro mundo sob o colonialismo. *Os condenados da terra* constitui a expressão mais contundente dessa reformulação. Mas é no exame detalhado da realidade argelina, a partir de seus próprios referenciais, que se observa o desenvolvimento da sensibilidade fanoniana em relação às variações internas da experiência colonial. Cabe destacar ainda que muitos de seus textos mais relevantes desse período foram veiculados em jornais francófonos de alcance continental, especialmente no *El Moudjahid*, órgão da Frente de Libertação Nacional (FLN) argelina do qual Fanon integrou o conselho editorial e onde publicou reflexões de notável densidade. As transformações em sua trajetória intelectual, bem como certas ênfases e reorientações teóricas, podem ser compreendidas como uma sequência de experiências políticas articuladas em torno de um complexo e dinâmico processo de elaboração conceitual.

Se em *Pele negra, máscaras brancas* um dos argumentos é que "o homem universal" – uma ideia que vem da tradição europeia – é um conceito fundamentalmente racial utilizado como ferramenta de alienação para os colonizados, e que a libertação deve deslocar a ideia racializada do humano e iniciar um movimento em direção a um novo humanismo, na Argélia, Fanon convoca a minoria europeia sob domínio colonial, bem como os pauperizados na metrópole, à possibilidade de uma ação revolucionária.

A revolução argelina constitui um ponto de inflexão decisivo para todos os setores da população local. A minoria europeia desfrutava de um posicionamento social e político privilegiado. Fanon problematiza essa vinculação automática, argumentando que ela não é inexorável e que a solidariedade revolucionária entre diferentes linhas raciais e nacionais não apenas é possível, como se torna uma exigência histórica. A Argélia, nesse sentido, configura-se tanto como uma categoria de identificação ideológica quanto como uma construção nacional, religiosa ou racial. Essa complexificação será aprofundada em *Os condenados da terra*, quando Fanon descreve e propõe experiências para os contextos coloniais do terceiro mundo. Em seus escritos, o autor adota uma abordagem particularmente rigorosa, investigando como cada deslocamento subjetivo revela os potenciais e os limites do engajamento político dessa população. Essa minuciosidade remete à abertura teórica já delineada em *Pele negra, máscaras brancas*, segundo a qual brancos e negros se encontram, respectivamente, enredados em estruturas de branquitude e negritude – processo pelo qual os indivíduos brancos podem ser desarticulados dessas posições fixas, seja pela própria ação, seja mediante sua inserção na luta anticolonial e na prática revolucionária.

Esse diálogo, que rompe com as dicotomias lidas apressadamente no texto de Fanon – por vezes ofuscado por perspectivas simplistas ou maniqueísta de seu pensamento –, é abordado com agudeza e vitalidade no texto de Deivison Faustino e Nilson Lucas Gabriel presente aqui. Vale destacar esse trabalho pelo caráter audacioso, que resgata um debate muito abordado por autores fanonianos: a zona do ser e do não ser em *Pele negra, máscaras brancas*. Faustino e Gabriel enfatizam que a "zona do não ser" não equivale à mera desumanização, mas é uma região de indeterminação ontológica, "uma encosta perfeitamente nua, de onde pode brotar uma aparição autêntica" [p. 281]. Para eles, essa posição permite à consciência distanciar-se do mundo dado e imaginar um futuro livre. Por isso, despir a "máscara racial" forja-se como o único caminho possível para a liberdade verdadeira. Em vez de aterrorizar o colonizado com um inferno, o racismo bloqueia o acesso a essa zona existencial de liberdade, fixando o negro numa subjetividade cristalizada.

> Argumentamos que a zona do *não ser* citada por Fanon não equivale à desumanização – como se convencionou interpretar – mas, ao contrário, constitui justamente aquilo que nos faz humanos e nos permite, mesmo em situações adversas, interrogar-nos sobre o sentido da vida e de nossas próprias escolhas. Não se trata aqui de ignorar a dimensão colonial; pelo contrário, importa refletir sobre como a desumanização sistemática que lhe é implícita ameaça, ou mesmo interdita, as possibilidades de escolha, consciência e liberdade. [p. 290]

Em uma retomada da inspiração existencialista de Fanon, Faustino e Gabriel, ao modo mais fanoniano, colocam no centro do debate a interpretação convencional, em que grandes autores interpretam a "zona do não ser" como desumanização imposta pelo colonialismo e recuperam a "calibanização" dos conceitos europeus – Hegel, Marx e Sartre –, ressignificando-os a partir da experiência colonial. Como em *Caliban* (de Shakespeare, bem como sua releitura por Césaire e Glissant), que usa a língua do colonizador para amaldiçoá-lo, Fanon mobiliza o existencialismo para denunciar a violência racial. E os autores do texto em questão utilizam a literatura, a música e a poética brasileira para negritar o diálogo fanoniano com sua categoria de liberdade e reivindicação existencial: "Para matar dialeticamente o branco como pai universal, o negro também precisará morrer, como objeto específico e homogêneo para, então, renascer livre das amarras da racialização" [p. 307]. Sob essa lente ontológica, a superação do racismo não se dá pela exaltação de uma essência racial fixa, mas por romper dialeticamente com as lógicas brancas, pretensas universais, e retornar à liberdade existencial.

Para encarar as contradições sociais e subjetivas impostas ao sujeito, Faustino e Gabriel compreendem a necessidade da incorporação dos termos da sociogênese fanoniana. Apesar de Fanon não desenvolver cuidadosamente o conceito de sociogênese, esse, certamente, é um dos pontos mais visitados e disseminados como método, teórico e clínico, de análise da realidade. Fanon propõe a sociogenia para ir além da filogenia e ontogenia, para analisar a subjetividade sob o colonialismo. A sociogênese reconhece que a "alienação do negro não é uma questão individual", mas produto de estruturas sociais racializadas. Essa operação é necessária para darmos um passo rumo à posição analítica sobre o sofrimento e a alienação colonial. Isso exige contextualizar a liberdade: em condições de genocídio, *apartheid* ou violência policial, o exercício da escolha é estruturalmente sobredeterminado.

Nessa mesma direção, Sylvia Wynter retoma o princípio sociogênico como eixo da identidade humana – uma alternativa ao reducionismo biológico, uma vez que a identidade humana é moldada por leis culturais híbridas, e só por processos naturais. Sua crítica aponta para um biologicismo burguês ocidental, expondo como culturas dominantes impõem hierarquias raciais. A dualidade "ser Negro/ser Branco" não é dada naturalmente, mas é fruto de um processo social de invenção de identidades. Assim, fenômenos como a "aversão racial" são produtos sociais. A sociogênese revela que, para reinventar a humanidade, é preciso desvendar essas leis psicofísicas e culturais impostas pela modernidade ocidental. Para ela, tanto a zona do não ser como a sociogênese redesenham a ontologia: mostram que a humanidade do colonizado se constitui através de um processo de desalienação coletiva, exigindo transformações estruturais no campo social e simbólico.

A experiência vivida do negro, tão disputada no pensamento de Fanon, revela, na análise de Wynter, a dualidade da consciência, uma vez que o negro só precisa ser negro diante do branco, como uma ativação. No Caribe, o negro internaliza a identidade "branca" para escapar da negrificação ("Pare de agir feito negro!"). Na França, o grito "Negro imundo!" força uma autopercepção racializada, criando um "esquema histórico-racial" que substitui o autoconhecimento.

Wynter articula Fanon, neurociência e filosofia para expor a identidade como construção sociogênica. Seu projeto é descolonizar a consciência, propondo leis psicofísicas que integrem cultura e biologia, rumo a uma ciência emancipatória da experiência humana. No campo da linguagem, ela caminha para uma enérgica posição: a de que a linguagem é instrumento de dominação colonial, em que falar significa, acima de tudo, assumir uma cultura, "suportar o peso de uma civilização" [p. 145].

Em um contexto em que o domínio linguístico – ou, mais propriamente, do francês ou inglês – torna-se equivalente à humanização, quanto mais o negro domina o francês/inglês "correto", mais se aproxima do ser humano ideal. Isso reflete a invenção europeia do "Outro do Homem" – indígenas como irracionais e negros como elo perdido de uma humanidade –, animalizando-a.

FANON E AS MULHERES

Ser feminista possibilita muitas leituras. Por vezes não explícitas nos textos, mas nas brechas e na ausência de reconhecimentos e considerações, deparamos com a posição em que uma mulher, ou mulheres, são tomadas no laço social. Não é incomum que

Fanon seja criticado pelos capítulos: "A mulher de cor e o branco" e "O homem de cor e a branca" de *Pele negra, máscaras brancas*.[12] A crítica circula em como a marginalização e a invisibilidade resumem a representação que Fanon faz das mulheres em seu livro, em uma perspectiva na qual mulheres brancas são neuróticas, ao passo que mulheres negras são inferiorizadas e depreciadas.

Pensadoras como Lola Young, bell hooks e Françoise Vergès apontam que a análise fanoniana universaliza o sujeito "homem" sem reconhecer as especificidades de gênero e raça. Young nota que, quando Fanon pergunta "o que quer o homem negro?", ele deixa a mulher negra num "nada ontológico". Em *Pele negra, máscaras brancas*, as mulheres negras aparecem apenas como caricaturas, "traidoras raciais" ou meras objetificações, enquanto os homens negros recebem análises psíquicas profundas. Desse modo, a mulher negra fica sempre como o "outro do Outro", excluída dos processos centrais de racismo e resistência descritos por Fanon. bell hooks destaca que essa lacuna é trágica. Ao não reconhecer o corpo feminino nem o amor maternal em sua teorização, Fanon cristaliza uma dialética de libertação exclusivamente masculina. A cura política que ele propõe torna-se incompleta, pois carece da "cura materna" e do cuidado que só as mulheres negras poderiam oferecer na resistência.

Françoise Vergès por sua vez, observa que Fanon, em seu esforço por um universalismo revolucionário, opera uma fuga quanto às próprias origens mestiças e ao gênero. Em vez de confrontar as violências que marcaram as Antilhas, como escravidão e estupro colonial, Fanon inventa uma ancestralidade heroica na Argélia e silencia sua herança antilhana. Os feminismos negros contemporâneos apontam que Fanon abriu caminhos, mas deixa vazios críticos ao não englobar as camadas diferenciais de opressão de gênero e sexualidade. Reconhecer essas omissões não enfraquece Fanon, mas

12 Em *Pele negra, máscaras brancas*, manteve-se a tradução literal de "de couleur" como "de cor", termo que, embora hoje soe deslocado, era corrente no contexto francês da época. O uso atual dessa expressão nos textos a seguir refere-se exclusivamente à obra de Fanon. [N. E.]

amplia o diálogo: a inserção das mulheres negras nas narrativas de libertação complementa e enriquece o projeto libertário fanoniano, propondo uma feminização solidária da resistência. Para ele, mulheres negras devem submeter-se ao projeto de recuperação da virilidade masculina, apagando seus próprios desejos. Uma leitura fina e sensível do estádio do espelho de Lacan, citado por Fanon, faz com que Vergès retome e desenvolva diferentes perspectivas sobre o olhar, a dimensão sexual e incorporação da dimensão racial nessa análise. De maneira corajosa – ou respondendo à altura à análise fanoniana das mulheres martinicanas –, a autora aponta os medos de Fanon e suas hesitações diante do tema que ele mesmo convocará para pensar os efeitos da racialização na constituição corporal das pessoas negras racializadas.

É a partir dos olhos de bell hooks – que também analisa o desejo de Fanon e o considera atravessado pela sua homofilia, sendo o reconhecimento recíproco algo que só poderia ocorrer sempre sobre homens que desejam homens – que podemos pensar o caso de amor entre homens, negros e brancos. A presença da mulher perturba a possibilidade desta relação não ser mediada. Segundo ela:

> No caso de Fanon, considerar também a mãe requereria um retorno não apenas ao corpo negro, mas também ao corpo negro de mulheres. O matricídio simbólico permite que esse corpo seja apagado a fim de postular o paradigma fraternal como o lugar de esperança e possibilidade. Nesse mundo sem outros,[13] a ideia e a presença do pai acabam, também, perdendo importância e significado. [p. 60]

É de grande importância trazer as críticas e considerações sobre como Fanon leu as mulheres, e mais ainda, sobre como mulheres se

13 Na psicanálise lacaniana, "o Outro" se refere a uma instância simbólica, o lugar onde a linguagem e o desejo se originam, e onde o sujeito busca reconhecimento. Ver J. Lacan, "Introdução do grande outro", in *O seminário. Livro 2: O eu na teoria de Freud e na técnica da psicanálise* [1954–55], trad. Marie Christine Penot e Antonio Luiz de Andrade. Rio de Janeiro: Jorge Zahar, 1985.

apropriam do trabalho de Fanon, como a que vos escreve e outras tantas também brasileiras, como Neusa Santos Souza, Lélia Gonzalez, Sueli Carneiro, entre outras. O que hooks reconhece e salienta sobre esses diálogos é que não podemos considerar a crença de que pessoas negras não resistem ontologicamente ao olhar branco, e isso implica apostar numa investigação crítica e complexa sobre as ligações entre pessoas negras, consideradas para além de objetos de estudos. Mas, como nos lembra Gonzalez,[14] deve-se assumir as consequências e o risco de falar, com todas as suas implicações. A ausência de diálogos profícuos de Fanon em *Pele negra, máscaras brancas* não impede que as mulheres estejam, desde sempre, forjando suas teorias com sua obra e a partir dela.

A CLÍNICA FANONIANA E A DIMENSÃO SOCIOPOLÍTICA DO SOFRIMENTO E DA RESISTÊNCIA DIANTE DA VIOLÊNCIA E ALIENAÇÃO COLONIAL

A experiência como psiquiatra no hospital de Blida, na Argélia, provocou uma mudança na forma de Fanon lidar com o sofrimento psíquico, marcando seu distanciamento da terapia institucional de François Tosquelles, com quem trabalhou em Saint-Alban, na França. Em Blida, Fanon se vê diante da possibilidade de conceber outras estruturas para tratamentos mentais que não a própria instituição hospitalar, desconfiando da aposta de Tosquelles que o hospital poderia substituir a "realidade" exterior.

> Não nos parece de todo descabido relembrar aqui que a compreensão da necessidade de organizar o serviço clínico, de institucionalizá-lo e

14 Lélia Gonzalez, "Racismo e sexismo na cultura brasileira", in Flávia Rios e Márcia Lima (orgs.), *Por um feminismo afrolatinoamericano: ensaios, intervenções e diálogos*. Rio de Janeiro: Zahar, 2020.

> de nele viabilizar condutas sociais não deve provocar uma mistificação fundada em referências externas. É assim que podem ser entendidas expressões como: "hospital-aldeia"; "hospital reflexo do mundo exterior"; "dentro do hospital é como do lado de fora, o paciente deve se sentir em casa". É questionável se essas expressões não são uma tentativa de mascarar a realidade por trás de preocupações humanitárias falsamente psicoterapêuticas.[15]

A leitura de Fanon de Le Guillant, psiquiatra francês marxista, o faz apostar a instituição como um espaço a ser revisto em suas repetições tendenciosas do sistema social, mostrando a ambiguidade do organismo clínico, suas alienações e tentativas de libertação, aproximando, cada vez mais, a clínica psiquiátrica com o pensamento político. O psiquiatra martinicano chama atenção para situações perigosas do regulamento disciplinar do hospital em Blida, em que as "ordens" realizadas pelos trabalhadores do hospital ocorriam de maneira a reforçar o contrassenso:

> Assim, trata-se menos de aconselhar ou ordenar a supressão das camisas de força ou do confinamento do que fazer circularem no seio desse ambiente linhas de força produtivas, desalienantes, funcionais e com alto potencial de exigências diferenciadas.[16]

E continua:

> No hospital psiquiátrico, a formulação de frases como estas é impossível: "não quero saber, você tem que fazer como os outros". Pois, justamente, o internado precisa reaprender a ser como todo mundo; frequentemente, é por não ter conseguido "fazer como os outros" que ele nos foi confiado.[17]

15 F. Fanon, *Alienação e liberdade: Escritos psiquiátricos*, op. cit.
16 Ibid., p. 133.
17 Ibid., p. 114

Fanon alerta continuamente sobre as práticas nas instituições e convoca as pessoas a pensarem suas relações com as ideologias identitárias de seus libertadores, tais como a negritude e o uso político da religião. Ele insiste na importância de pensar as particularidades dos pacientes diante das questões estruturais da sociedade e suas alienações. Ao produzir um sociodiagnóstico, não só da loucura, mas do racismo, Fanon adentra a produção do sujeito no sistema colonial e na contemporaneidade, em que clínica e luta não se separam. Segregamos o louco e a loucura, tal como o negro, na esterilidade e na aridez sociais extremas. Fanon pretende ir além das contribuições de Freud sobre a necessidade de considerar o indivíduo: "Reagindo contra a tendência constitucionalista em psicologia do fim do século XIX, Freud, através da psicanálise, exigiu que fosse levado em consideração o fator individual".[18]

Fanon foi pioneiro em articular suas práticas psiquiátricas com a luta anticolonial. Como dito, as facetas intelectual, política e médica de sua militância eram indissociáveis. Hoje, estudiosos como Samah Jabr, presente nesta coletânea, usam esse legado para repensar a saúde mental em contextos de ocupação e violência estatal, como no território da Palestina ocupada, na Cisjordânia. Para Jabr e Elizabeth Berger, a saúde mental nesses lugares não é mero objeto de cuidado individual, mas está inseparavelmente ligada à libertação política e à reconstrução de identidades coletivas. Por exemplo, redes de saúde mental inspiradas em Fanon, criadas por profissionais palestinos, se recusam a ver o sofrimento psíquico apenas como patologia individual. Eles enfatizam que a ocupação é a causa estrutural do trauma e cultivam a solidariedade comunitária como parte do "tratamento". A Palestine-Global Mental Health Network defende a promoção do bem-estar mental aliada à libertação, à dignidade e à justiça social, enfatizando o cuidado psíquico em uma perspectiva anticolonial.

18 Id., *Pele negra, máscaras brancas*, op. cit.

Fanon nos diz que para "se aprofundar na estrutura de determinado país, é preciso visitar seus hospitais psiquiátricos".[19] Apesar dessa frase carregar uma verdade contundente, que reafirma o lugar da loucura na sociedade, também é preciso pensar o inverso: para compreender o sofrimento e a loucura de forma consequente, é importante descobrir como ela se relaciona com as estruturas sociais e políticas de seu território.

Guillaume Sibertin-Blanc mostra que, sob ocupação, sintomas psíquicos, traumas, psicoses e delírios tornam-se atos de resistência. O autor defende que a psicose para Fanon é "criação, não passividade", sinal de uma consciência anticolonial emergente, uma tentativa de reconstrução do mundo destruído pelo colonialismo. Assim, tanto na prática médica de Fanon na Argélia como nas redes atuais, o sintoma do colonizado é também lugar de insurgência. Sua aposta é que a verdadeira cura só virá quando o sofrimento for reconhecido em sua origem política e a resistência se organizar coletivamente – ou seja, quando a clínica for parte da luta emancipatória, não alheia a ela.

De forma ousada – e em uma aposta de quem identifica que, na luta de reconhecimento, o jogo que sustenta a vida é o que rompe com as ordens vigentes –, Sibertin-Blanc encontra em Fanon a possibilidade anticolonial de resistência, inclusive dialetizando a loucura na própria luta. A prescrição que encontramos em Fanon é que, de uma maneira ou de outra, a luta consiste em romper irreversivelmente com a situação colonial inicial, aquela na qual o povo colonizado se vê reduzido na presença do colonizador. Ainda assim, nos chama atenção a advertência fanoniana, pouco considerada em suas contribuições ao tema da violência, sobre ser necessário se manter vigilante para não se submeter a novas formas de alienação.

Com os textos de Jabr e Berger e de Sibertin-Blanc é possível interpretar o que ocorre no território da Palestina neste exato mo-

19 Id., *Os condenados da terra*, op. cit.

mento, em 2025, à luz das descrições de Fanon de 1960: embora não tenha escrito diretamente sobre a Palestina, seu pensamento oferece um instrumental teórico fundamental para a compreensão das dinâmicas coloniais e de seus efeitos psíquicos. A obra fanoniana revela que o domínio colonial não se limita à opressão física, mas envolve também a subjugação das subjetividades, produzindo o que o autor descreve como a escravização das almas, um processo marcado pela expropriação da história, da dignidade e da autonomia dos povos colonizados. Nesse sentido, a ocupação israelense sobre os territórios palestinos não representa apenas um projeto de dominação territorial ou militar, mas constitui igualmente uma forma sistemática de violência psicológica. Essa violência se expressa por meio da humilhação cotidiana, da desintegração das estruturas sociais e do trauma coletivo. Assim, a resistência palestina não pode ser pensada apenas como um movimento político, e sim como uma luta pela preservação da saúde mental e da integridade psíquica diante da corrosão identitária promovida pelo colonialismo.

Por meio de vinhetas clínicas, Jabr e Berger cuidadosamente nos mostram como a prática clínica em contextos palestinos revela, de forma contundente, como a ocupação se infiltra na experiência subjetiva e na saúde mental das pessoas. Em situações emblemáticas, elas narram o sofrimento agravado pela engrenagem de opressão, pelas condições estruturadas pela ocupação – como a expropriação de terras, as severas restrições de mobilidade e a destruição deliberada do modo de vida em que a dor individual se conecta a uma dor coletiva, cuja origem remonta à violência sistemática do projeto colonial israelense.

Essas experiências clínicas, lidas à luz da obra de Fanon, demonstram que a ocupação opera não apenas por meio de tanques e *checkpoints*, mas também por meio da infiltração nos afetos, nas relações e na constituição do eu. Jabr e Berger nos apresentam a resistência compreendida como um gesto integral, que abrange tanto a dimensão política como o cuidado da subjetividade. A libertação dos povos oprimidos exige, como aponta Fanon, não só a conquista da terra, mas também a reconstrução do ser; esse é o potencial revolucionário apontado por Fanon.

São muitas as maneiras que o legado e a influência de Fanon superam a sua produção como escritor. Ao olhar o centenário de sua vida, podemos ver a obra de Fanon como composta de percepções profundas e duradouras e um conjunto de trabalhos obstinado e influente. Esse legado, misto de uma transmissão clínica e teórica, não limitou a enorme influência de Fanon. Ele foi, já em sua época e certamente nas décadas seguintes à sua morte, reconhecidamente um herói e uma inspiração intelectual para a luta anticolonial e antirracista, informando o trabalho de pensadores terceiro-mundistas (hoje, do Sul Global). Os militantes latino-americanos e os Panteras Negras se basearam nas ideias de Fanon, assim como muitos no continente africano – sobretudo na África do Sul e no sul da Ásia. Os conceitos fanonianos orientaram e orientam importantes discussões sobre raça, nação, migração, linguagem, representação, visualidade e, cada vez mais, sobre o sofrimento e nosso desafio de nos constituirmos humanos.

Em textos de notáveis autores, este livro confirma que o pensamento de Fanon permanece autêntico, fazendo de nós humanos que questionam. Ter localizado e descrito o sujeito colonizado sob a dominação colonial, com tanta precisão e gradações, ainda nos move em desafio ético e político. A fecundidade de Fanon está cada vez mais viva e nos convida a descer às raízes, à radicalidade que nosso tempo exige, contra toda dominação colonial.

HOMENAGEM A FRANTZ FANON

AIMÉ CÉSAIRE

[1962]

Frantz Fanon morreu.[1] Nós sabíamos que ele estava condenado há longos meses, mas apesar de tudo, dado o seu caráter tão voluntarioso, nós o imaginávamos capaz de um milagre, de tão essencial ele parecia ao nosso horizonte humano. Mas eis que precisamos nos render à evidência. Frantz Fanon morreu aos 37 anos. Vida curta, mas extraordinária. Breve, mas fulgurante, iluminando uma das tragédias mais atrozes do século XX e ilustrando de uma maneira exemplar a condição humana, a condição do homem moderno. Se a palavra engajamento tem um sentido, é com Frantz Fanon que ela o assume. Um violento, disseram sobre ele. E é bem verdade que Fanon se tornou um teórico da violência, a única arma do colonizado contra a barbárie colonialista.

Mas sua violência era, sem paradoxo, a do não violento, a violência da justiça, da pureza, da intransigência. É preciso que o compreendamos: sua revolta era ética, e sua *démarche*, generosa. Ele não aderia a uma causa. Ele se doava. Inteiramente. Sem reticência. Sem divisão. Existe nele o absoluto da paixão.

Médico, ele conhecia o sofrimento humano. Psiquiatra, ele estava habituado a seguir no psiquismo humano o choque dos traumatismos. E, sobretudo homem "colonial", nascido e inserido em uma situação colonial, ele a sentia, ela a compreendia como ninguém, estudando-a cientificamente, a golpes de introspecção assim como a golpes de observação.

E foi diante desta situação que ele se revoltou. Quando médico na Argélia, ele assistiu ao desenrolar de atrocidades colonialistas e se rebelou. Não lhe bastou lutar com o povo argelino, se solidarizar com o argelino oprimido, humilhado, torturado, morto. Ele escolheu tornar-se argelino. Viver, combater, morrer argelino.

Teórico da violência, talvez, mas sobretudo da ação. Por ódio da tagarelice. Por ódio de meios-termos. Por ódio da covardia. Ninguém era mais respeitoso do pensamento, mais responsável

1 Este texto foi publicado originalmente como "Hommages à Frantz Fanon" na revista *Présence Africaine*, n. XL, 1962 / 1. Tradução de Maria Chiaretti. [N. E.]

diante do próprio pensamento, mais exigente com a vida – que não poderia, segundo imaginava, ser senão pensamento vivido.

E foi assim que ele se tornou um combatente. Assim, também, que se tornou um escritor, um dos mais brilhantes da sua geração.

Sobre o colonialismo, sobre as consequências humanas da colonização e do racismo, o livro essencial é de Fanon: *Pele negra, máscaras brancas*. E sobre a descolonização, seus aspectos e seus problemas, o livro essencial é de Fanon: *Os condenados da terra*.

Sempre, em toda parte, a mesma lucidez, a mesma força, a mesma intrepidez na análise, o mesmo espírito de "escândalo" desmistificador.

Provavelmente, outros intelectuais de todas as cores haviam estudado o colonialismo, demonstrado suas engrenagens, explicado suas leis. Mas com Fanon, em um mundo de esquemas, recortes e diagramas, é a invasão da experiência. E a verdade do testemunho ainda palpitante do acontecimento do qual ele é arrancado, a irrupção da vida atroz, o surgimento de explosões iluminadoras de raiva. Frantz Fanon é aquele que te impede de fechar os olhos e de dormir embalado pela boa consciência.

Existe nele, é claro, injustiça, mas sempre em nome da justiça. E do *parti pris*, mas sem truísmo [*lapalissade*], por sua própria conta, ele tomou partido, e o certo. Ninguém, eu insisto, era menos niilista, menos gratuitamente violento que Fanon. Como este violento era amor, este revolucionário era humanismo!

Que se leia *Os condenados da terra*: se no último capítulo do livro ele lança um requisitório passional contra a Europa, não é por subestimá-la, por falta de admiração ao pensamento europeu. Ao contrário, é por ter se mostrado "parcimoniosa com o homem, mesquinha, carniceira homicida só com o homem". E não é por acaso que o capítulo consagrado precisamente à violência desemboque nessa frase insólita: "reabilitar o homem, a fazer triunfar o homem por toda parte, de uma vez por todas".

Assim era Fanon: homem de pensamento e homem de ação. Homem de ação e homem de fé, aquele que transcendeu a um só tempo, num impetuoso élan, as antinomias do mundo moderno onde tantos outros se perdem. Existem vidas que constituem um chamado a viver. Os "paracletos", dizia o poeta inglês Hopkins. Podemos aplicar a palavra a Fanon despojando-a de seu contexto religioso e místico. Aquele que acorda e aquele que encoraja, aquele que convoca o homem para completar sua tarefa de homem e completar-se a si mesmo, completando seu próprio pensamento. Neste sentido, Frantz Fanon foi um "paracleto".

Morto Fanon, podemos meditar sua vida: seu lado épico, seu lado trágico também.

O épico é que Fanon viveu até o fim seu destino de paladino da liberdade e dominou de tão alto seu particularismo humano que morreu como soldado do Universal.

O trágico? É que provavelmente este antilhano não terá encontrado Antilhas à sua altura e terá sido, entre os seus, um solitário. Assim era Fanon: lúcido demais para mentir a si mesmo. Sensível demais, ao mesmo tempo, para não sofrer com a impossibilidade de abraçar integralmente, absolutamente, isto é, da única maneira que ele conheceu, a causa da justiça e da liberdade através de seu próprio povo e seu próprio país. Mas talvez haja aí uma determinação *a contrario* que não devemos negligenciar.

Talvez Fanon tenha subido tão alto e visto tão longe por ser antilhano, isto é, por partir de tão baixo e de uma base tão estreita. Era talvez preciso ser antilhano, quer dizer, tão destituído, tão despersonalizado para partir com tanto ímpeto à conquista de si e da plenitude; antilhano, que dizer, tão mistificado de início para conseguir desmontar com tanta maestria as engrenagens mais secretas da mistificação; antilhano, enfim, para querer, com uma tal força escapar da impotência pela ação e da solidão pela fraternidade.

Isso dito, assinalamos a última lição de Fanon: nada é mais forte que esta última mensagem que ele escreveu em seu leito de morte. Trata-se já de uma voz do além-túmulo. Mas que voz! E é ao terceiro mundo que ela se dirige. Não é uma voz de vencido, uma voz de resignado. É à beira do abismo um potente "avante!", um chamado à invenção, à criação, ao salto sobre o abismo. No momento mesmo em que ele entra na "grande noite", que ele tomba e o sabe:

> Vamos, camaradas, é melhor decidir desde já mudar de direção. Quanto à grande noite em que fomos mergulhados, precisamos sacudi-la e sair dela. O novo dia que já se levanta deve nos encontrar firmes, sensatos e resolutos. […] Para a Europa, para nós mesmos e para a humanidade, camaradas, é preciso mudar completamente, desenvolver um pensamento novo, tentar criar um homem novo.[2]

Não conheço nada mais patético e maior do que esta lição de vida emergindo de um leito de morte.

2 Frantz Fanon, *Os condenados da terra* [1961], trad. Ligia Fonseca Ferreira e Regina Salgado Campos. Rio de Janeiro: Zahar, 2022, p. 323, 328. [N. E.]

RECORDAR FANON: O EU, A PSIQUE E A CONDIÇÃO COLONIAL

HOMI K. BHABHA

[1986]

Ó meu corpo, faz sempre de mim um homem que questiona!

Frantz Fanon, *Pele negra, máscaras brancas*

As lembranças que se têm de Fanon tendem ao mítico.[1] Ou ele é reverenciado como um espírito profético da Liberação do Terceiro

1 Este texto foi publicado originalmente como prefácio à edição inglesa: "Remembering Fanon" (Foreword), in Frantz Fanon, *Black Skin, White Masks*, trad. Charles Lam Markmann. London: Pluto Press,1986. Tradução de Humberto do Amaral. [N. E.]

Os dois primeiros parágrafos deste prefácio tratavam da recepção do livro na Grã-Bretanha até aquele momento, em que se relembravam os 25 anos da morte de Frantz Fanon [N. E.]: "No imaginário popular do socialismo inglês, a menção ao nome de Frantz Fanon faz ressoar um eco indistinto, enganoso. *Pele negra, máscaras brancas*, *Os condenados da terra*, *Em defesa da revolução africana* – esses títulos memoráveis reverberam na retórica presunçosa da 'resistência' sempre que a esquerda inglesa se reúne em suas organizações sectaristas ou nas várias vertentes do trotskismo para lamentar a pauperização do mundo colonizado. Usados repetidas vezes como idioma do ultraje moral puro e simples, os títulos de Fanon ecoam vazios como manifestação de um espírito político que está muito longe das intenções do próprio autor; eles repercutem a consciência perturbada de uma visão socialista que deriva em geral de um minúsculo britanismo etnocêntrico que aspira a um enorme internacionalismo sindical. Quando essa linha laborista de pensamento é contestada pelas lutas 'autônomas' das políticas de raça e de gênero ou ameaçada pelos problemas da psicologia humana ou da representação cultural, tudo o que lhe resta é oferecer um gesto vazio de solidariedade. Toda vez que questões de raça e de sexualidade apresentam formas de organização próprias, assim como demandas teóricas próprias, sobre o primado da 'classe', do 'Estado' e do 'partido', imediatamente a linguagem do socialismo tradicional descreve essas 'outras' e urgentes questões como sintomas de uma divergência pequeno-burguesa, como sinais de má-fé dos intelectuais socialistas. O respeito ritual concedido ao nome de Fanon e a recorrência de seus títulos na linguagem comum da liberação são parte da cerimônia de uma educada recusa britânica.

Ainda não houve trabalhos de peso sobre Fanon em toda a história da *New Left Review*; apenas um texto sobre ele na *New Statesman*; um ensaio na *Marxism Today*; um artigo na *Socialist Register*; um livro de poucas páginas escrito por um autor inglês. Ultimamente, a memória de Fanon tem sido mantida viva na tradição ativista da instigante denúncia que A. Sivanandan

Mundo, ou é demonizado como um anjo vingador, inspirador da violência do movimento dos Panteras Negras. Apesar de sua participação histórica na Guerra de Independência da Argélia e da influência de suas ideias sobre as políticas de raça dos anos 1960 e 1970, sua obra não pode ser compreendida por um único momento ou movimento político, nem facilmente encaixada numa narrativa homogênea da história da liberação. Fanon não admite ser totalmente reivindicado por eventos ou eventualidades. O irônico em sua obra é que a firmeza de seu compromisso com a tarefa política do momento nunca limitou o movimento incansável e questionador de seu pensamento.

Não é em razão da finitude do pensamento filosófico, nem da finalidade de uma direção política, que nos voltamos a Fanon. Herdeiro do talento e do refinamento de Toussaint Louverture e Léopold Sédar Senghor, assim como da iconoclastia de Nietzsche, Freud e Sartre, ele é o provedor da verdade da transgressão e da transição. Pode até aspirar à transformação total do Ser Humano e da Sociedade, mas sua fala mais contundente emana dos interstícios incertos da mudança histórica: da área da ambivalência entre raça e sexualidade; com base em uma contradição não resolvida entre cultura e classe; das profundezas da luta da representação psíquica e da realidade social.

Ler Fanon é experimentar um senso de cisão que prefigura – e fende – a emergência de um pensamento verdadeiramente radical que nunca desponta sem fazer cair uma escuridão incerta.

---

faz do racismo de Estado em *Race and Class*. Edward Said, ele mesmo um acadêmico bastante engajado, evoca a obra de Fanon com riqueza de detalhes em sua importante palestra dada em memória de T. S. Eliot, intitulada *Culture and Imperialism*. E, finalmente, o ótimo e completo ensaio 'A política da cultura de Fanon' (em *Economy and Society*), de Stephan Feuchtwang, examina o conceito de cultura em Fanon e as reflexões inovadoras que ele traz para uma organização política não determinista da psique. Para além dessas exceções, na prática, as ideias de Fanon estão 'fora de circulação' na Grã-Bretanha de hoje."

Sua voz pode ser ouvida com mais clareza na modificação subversiva do sentido de um termo a que estamos familiarizados, no silêncio de uma ruptura repentina: “O negro não existe. Não mais que o branco”.[2] Essa divisão estranha, e que quebra sua linha de pensamento, traz à vida um sentido dramático e enigmático do processo de mudança. O alinhamento usual de sujeitos coloniais – negro / branco, eu / outro – é perturbado com uma pausa breve, e, onde quer que possa ser encontrado subjacente aos mitos narcísicos da Negritude ou da supremacia cultural branca, o terreno tradicional da identidade racial acaba disperso. É essa pressão palpável da divisão e do deslocamento que leva a escrita de Fanon ao extremo das coisas; o extremo cortante que não revela brilho definitivo algum, mas, em suas palavras, expõe “uma encosta perfeitamente nua, de onde pode brotar uma aparição autêntica” [p. 22].

O hospital psiquiátrico de Blida-Joinville é um lugar desse tipo, no qual, no mundo dividido da Argélia francesa, Fanon descobriu a impossibilidade de sua missão como psiquiatra colonial:

> Se a psiquiatria é a técnica médica que visa permitir ao homem não mais ser estrangeiro em seu meio, devo afirmar que o árabe, alienado permanente no próprio país, vive num estado de despersonalização absoluta. [...] A estrutura social que existe na Argélia se opõe a qualquer tentativa de recolocar o indivíduo em seu lugar.[3]

Essa alienação colonial extrema – esse fim da “ideia” de indivíduo – produz, em Fanon, uma urgência incansável por uma forma conceitual apropriada para o antagonismo social da relação colonial. Sua obra se divide entre uma dialética hegeliano-marxista, uma afirmação fenomenológica do Eu e do Outro e a ambivalência psicanalí-

2 Frantz Fanon, *Pele negra, máscaras brancas*, trad. Sebastião Nascimento e Raquel Camargo. São Paulo: Ubu Editora, 2020, p. 242. As citações seguintes da obra aparecem com indicação de página entre colchetes, no corpo do texto.

3 Id., “Carta ao ministro residente”, trad. Raquel Camargo, in *Alienação e liberdade*: *escritos psiquiátricos* [1951–60]. São Paulo: Ubu Editora, 2020, p. 293.

tica do inconsciente – sua passagem do amor para o ódio, do senhor para o escravo. Em sua malfadada e desesperada busca por uma dialética da salvação, Fanon explora os extremos desses modos de pensamento: o hegelianismo restaura a esperança na história; a evocação existencialista do "Eu" recupera a presença do marginalizado; e a estruturação psicanalítica joga luz na "loucura" do racismo, no prazer da dor, na fantasia agonística do poder político.

Conforme Fanon ensaia essas transformações tão audaciosas – e muitas vezes impossíveis – da verdade e do valor, o testemunho espinhoso do deslocamento colonial, sua desorganização do tempo e da pessoa, sua violação da cultura e do território recusam a ambição a qualquer teoria "geral" da opressão colonial. O antilhano *évolué* [4] [evoluído] magoado pelo olhar furtivo de uma criança branca confusa e assustada; o estereótipo do nativo instalado nas fronteiras oscilantes entre barbárie e civilização; o medo do negro e o desejo insaciável por ele: "Nossas mulheres sob o [cerco] dos negros [...] sabe Deus como eles fazem amor!" [p. 172], o medo cultural profundo do negro representado no tremor psíquico da sexualidade ocidental – são esses os sinais e os sintomas da condição colonial que levaram Fanon de um esquema conceitual a outro, ao mesmo tempo que a relação colonial toma corpo nas brechas deixadas entre esses sistemas, articulada nos intrépidos combates do seu estilo. Conforme o texto se desenrola, o fato "científico" é agredido pela experiência das ruas; as observações sociológicas são entrecortadas de artefatos literários; e a poesia da liberação é detida pela prosa pesada e insensibilizada do mundo colonizado...

O que é essa *força* característica da visão de Fanon que se forma à medida que escrevo sobre a divisão, o deslocamento, o extremo cortante de seu pensamento? Acredito que sua origem esteja na tradição dos oprimidos, como sugere Walter Benjamin; ela é a linguagem de uma consciência revolucionária de que "o

4 Termo francês utilizado durante a era colonial para designar os nativos de colônias que, europeizados, haviam "evoluído" para uma condição superior. [N. T.]

'estado de exceção' em que vivemos é a regra. Temos de chegar a um conceito de história que corresponda a essa ideia".[5] E o estado de exceção é também um estado de *emergência*. A luta contra a opressão colonial não só muda a direção da história ocidental como desafia a "ideia" historicista de tempo como um todo progressivo e organizado. A análise da despersonalização colonial, além de alienar a ideia iluminista do "ser humano", contesta a transparência da realidade social como imagem preconcebida do conhecimento humano. E, se a ordem do historicismo ocidental é perturbada pelo estado colonial de exceção, ainda mais profundamente perturbadas ficam as representações sociais e psíquicas do sujeito humano. Pois é a própria natureza da humanidade que passa por um estranhamento na condição colonial, e é dessa "encosta nua" que ela emerge, não como afirmação de vontade ou evocação de liberdade, e sim como questionamento enigmático. Com uma questão que ecoa o "O que quer uma mulher?" de Freud, Fanon se volta para o confronto do mundo colonizado. "O que quer o homem?", ele pergunta na introdução de *Pele negra, máscaras brancas*. "O que quer o homem negro?" [p. 21].

A essa pergunta carregada de sentido, na qual a alienação cultural avança sobre a ambivalência da identificação psíquica, Fanon responde com um desfile doloroso de autoimagens:

> Então nos coube enfrentar o olhar branco. Um peso fora do comum passou a nos oprimir. O mundo real disputava o nosso espaço. No mundo branco, o homem de cor encontra dificuldades na elaboração do seu esquema corporal. [...] me arrebentaram o tímpano com a antropofagia, o atraso mental, o fetichismo, as taras raciais [...] fui para longe da minha própria presença [...]. O que mais seria isso para mim, senão um descolamento, uma extração, uma hemorragia que fazia sangue negro coagular por todo o meu corpo? [p. 126]

5 Walter Benjamin, "Sobre o conceito da História", in *O anjo da história*, trad. João Barrento. São Paulo: Autêntica, 2012, p. 13.

É a partir da metáfora da visão cúmplice de uma metafísica ocidental do Ser Humano que se produz o deslocamento da relação colonial. A presença negra põe a perder a narrativa da representação da personalidade ocidental: seu passado preso a estereótipos traiçoeiros de primitivismo e degeneração não produzirá uma história do progresso civil, um espaço para o *socius*; seu presente, desmembrado e deslocado, não contém a imagem da identidade que, questionada na dialética da mente e do corpo, é resolvida na epistemologia da "aparência e realidade". Os olhos do branco despedaçam o corpo do negro, e nesse ato de violência epistêmica suas próprias referências são transgredidas e seu campo de visão, perturbado.

"O que *quer* o homem negro?", insiste Fanon e, ao privilegiar a dimensão psíquica, ele não só altera o que entendemos por demanda *política* como transforma os meios pelos quais reconhecemos e identificamos a *agência política*. O cerne de seu questionamento não é a opressão política como violação da "essência" humana – ainda que lamentos do tipo figurem em seus momentos mais existenciais. Ele não levanta a questão do ser humano colonial nos termos universalizantes do humanismo liberal ("Como o colonialismo recusa os Direitos Humanos?") nem formula uma questão ontológica sobre a existência humana ("*Quem* é a pessoa colonial alienada?"). A pergunta de Fanon não é dirigida a essa noção unificada da história nem a esse conceito unificado do Humano. Uma das qualidades originais e perturbadoras de *Pele negra, máscaras brancas* é que raramente historiciza a experiência colonial. Não há narrativa mestra ou perspectiva realista que forneçam um pano de fundo de fatos sociais e históricos contra o qual são apresentados os problemas da psique individual ou coletiva. Esse alinhamento sociológico tradicional do Eu e da Sociedade ou da História e da Psique é questionado na identificação que Fanon faz do sujeito colonial, historicizado conforme passa a ser inscrito de modo heterogêneo nos textos da história, da literatura, da ciência, dos mitos. Ele escreve que o sujeito colonial está sempre "sobredeterminado a partir do exterior" [p. 131]. É por meio da imagem e da fantasia – essas ordens que figuram transgressivamente nos limites da história e do inconsciente – que Fanon evoca a condição colonial com mais profundidade.

Ao articular o problema da alienação cultural colonial na linguagem psicanalítica da demanda e do desejo, Fanon questiona radicalmente a formação da autoridade, tanto individual como social, tal como desenvolvida no discurso da soberania popular. Nele, as virtudes sociais da racionalidade histórica, da coesão cultural e da autonomia da consciência individual adquirem uma identidade utópica imediata com os sujeitos aos quais atribuem a condição civil. O Estado civil é a expressão definitiva de um desdobramento ético e racional, inato à mente humana; o instinto social é o destino progressivo da natureza humana, a transição necessária da Natureza para a Cultura. A transição direta dos interesses individuais para a autoridade social é objetificada na estrutura representativa da vontade geral – Lei ou Cultura –, em que Psique e Sociedade espelham uma à outra e transladam suas diferenças de forma transparente e sem perdas em direção a uma totalidade histórica. Formas de alienação social e psíquica e de agressão – loucura, ódio de si, traição, violência – nunca podem ser reconhecidas como condições determinadas e constitutivas da autoridade civil ou como efeitos ambivalentes dos instintos sociais em si mesmos. Elas são sempre postas de lado como manifestações estrangeiras, obstruções do progresso histórico, o não reconhecimento definitivo do Ser Humano.

Para Fanon, mitos como o Ser Humano e a Sociedade perdem fundamentalmente suas bases de sustentação na colônia, onde a vida cotidiana revela uma "constelação delirante" que faz a mediação entre as relações sociais normais de seus sujeitos: "o negro escravo de sua inferioridade, o branco escravo de sua superioridade, ambos se comportam em função de uma linha mestra neurótica" [p. 74]. A demanda de Fanon por uma explicação psicanalítica surge dos reflexos perversos da "virtude civil" nos atos alienantes de governança colonial: a visibilidade da "mumificação" cultural na ambição confessada do colonizador de civilizar e modernizar o nativo, que resulta em "instituições arcaicas inertes [que funcionam] sob a supervisão do opressor como uma caricatura de instituições outrora fecundas";[6] ou na validação da violência que está na própria definição do espaço social colonial; ou na viabilização das imagens febris e fantasmáticas do ódio racial que vêm a ser absorvidas e representadas na sabedoria do Ocidente. Essas interposições – na verdade colaborações da violência política e psíquica *no âmago* da virtude civil, alienação no âmago da identidade – levam Fanon a caracterizar a cisão do espaço colonial da consciência e da sociedade com a marca de um "maniqueísmo delirante" [p. 195].

A figura representativa dessa perversão, eu diria, é a imagem do homem do pós-Iluminismo preso a – e não *confrontado com* – seu reflexo sombrio, a sombra do humano colonizado que fende sua presença, distorce de seus contornos, invade suas fronteiras, repete suas ações à distância, perturba e divide o próprio tempo de seu ser. Essa identificação ambivalente do mundo racista – que se move em dois planos sem que se constranja ao fazê-lo, como afirma Sartre sobre a consciência antissemita – conta com a ideia do Ser Humano *como* sua própria imagem alienada, não Eu e Outro, e sim alteridade do eu inscrita no palimpsesto perverso da identidade colonial. E é essa figura bizarra do desejo, que se cinde ao longo do eixo sobre o qual ela se volta, que obriga Fanon a situar a questão psicanalítica do desejo do sujeito em face das condições históricas do homem colonial.

"[...] aquilo que é chamado de alma negra é uma construção do branco" [p. 28], escreve Fanon. Defendo, no entanto, que essa transferência nos diz o contrário. Ela revela a incerteza psíquica profunda da relação colonial em si; suas representações cindidas representam essa divisão do "corpo" e da "alma" que outorga o artifício da "identidade"; uma divisão que corta através da pele

6 F. Fanon, *Por uma revolução Africana* [1964], trad. Carlos Alberto Medeiros. Rio de Janeiro: Zahar, 2021.

frágil – preta e branca – da autoridade individual e social. O que surge dessa linguagem figurativa que usei para propor meu argumento são três condições subjacentes a um entendimento do *processo de identificação* na analítica do desejo.

Primeiro: existir é ser chamado a ser em relação a uma alteridade, à sua aparência ou à sua posição. É uma demanda que se projeta para fora, para um objeto externo, e, como diz Jacqueline Rose, "é a relação dessa demanda com o lugar do objeto pelo qual ela clama que se torna a base para a identificação". Esse processo é visível na troca de olhares entre nativos e colonos que estrutura suas relações psíquicas na fantasia paranoide de dominação irrestrita e em sua linguagem familiar da inversão: "surpreendendo-lhe o olhar, [o colono] constata amargamente mas sempre alerta: 'Eles querem tomar o nosso lugar'. É verdade, não há um colonizado que não sonhe pelo menos uma vez por dia em se instalar no lugar do colono".[7] É sempre em relação a esse lugar do Outro que o desejo colonial se articula: esse é, em parte, o espaço fantasmático da "posse" que sujeito algum pode ocupar sozinho, e que dá vazão ao sonho da inversão de papéis.

Segundo: o próprio lugar de identificação, capturado na tensão da demanda e do desejo, é um espaço de cisão. A fantasia do nativo é exatamente ocupar o lugar do senhor ao mesmo tempo que mantém seu lugar na raiva *vingativa* do escravo. "Peles negras, máscaras brancas" não são, por exemplo, uma divisão clara: trata-se de uma imagem dupla e dissimulada de se estar em pelo menos dois lugares ao mesmo tempo, o que torna impossível para o subestimado e insaciável *évolué* (um neurótico abandônico, afirma Fanon) aceitar o convite do colonizador para a identificação: "Você é um médico, um escritor, um estudante, você é *diferente*, você é um de *nós*". É exatamente nesse uso ambivalente da "diferença" – ser diferente daqueles que são diferentes faz com que você seja igual – que o inconsciente

7 Id., *Os condenados da terra* [1961], trad. José Laurênio de Melo. Rio de Janeiro: Civilização Brasileira, 1968, p. 29.

fala da forma da alteridade, a sombra cativa daquilo que foi adiado e deslocado. Não é o Eu Colonizador ou o Outro Colonizado, mas a distância perturbadora entre ambos que constitui a figura da alteridade colonial – o artifício do branco inscrito no corpo do negro. É em relação a esse objeto impossível que emerge o problema do limiar na identidade colonial e das vicissitudes que o acompanham.

Finalmente, e como revelam as figuras retóricas de minha leitura do desejo e da alteridade, a questão da identificação nunca é a afirmação de uma identidade preconcebida, nunca uma profecia autorrealizável – é sempre produto de uma "imagem" de identidade e de transformação do sujeito que assume essa imagem. A demanda de identificação – ou seja, ser *para* um Outro – traz consigo a representação do sujeito na ordem diferenciadora da alteridade. A identificação, como se infere dos exemplos acima, é sempre um retorno de uma imagem de identidade que traz a marca da cisão naquele "Outro" lugar de onde ela vem. Para Fanon, como para Lacan, os momentos principais de tal repetição do eu estão no desejo do olhar e nos limites da linguagem. A "atmosfera de clara incerteza" [p. 126] que envolve o corpo certifica sua existência e ameaça seu desmembramento.

> "Mamãe, olhe o negro, estou com medo!" [...] Eu não aguentava mais, pois já sabia que existiam lendas, histórias, a história e, acima de tudo, a historicidade [...]. O esquema corporal, atacado em vários pontos, desabou, dando lugar a um esquema epidérmico racial. A partir daí, não se tratava mais de um conhecimento do meu corpo na terceira pessoa, mas em tripla pessoa. [...] Eu era a um só tempo responsável pelo meu corpo, pela minha raça e pelos meus ancestrais. [p. 127]

Ao ler *Pele negra, máscaras brancas*, é crucial respeitar as diferenças entre "identidade pessoal" como uma sugestão da realidade, ou uma intuição do ser, e o problema psicanalítico da identificação que, de certa forma, sempre implora pela questão do sujeito – "O que quer o homem?". O surgimento do sujeito humano como produto de autenticação social e psíquica depende da *negação* de uma narrativa originária de satisfação ou de uma coincidência imaginária entre interesse individual ou instinto e a Vontade Geral. Identidades binárias e bipartidas como essas funcionam em um tipo de espelhamento narcísico do Um no Outro que é confrontado na linguagem do desejo pelo processo psicanalítico da identificação. Para a identificação, a identidade nunca é *a priori*, tampouco um produto acabado; é apenas o processo problemático de acesso a uma "imagem" de totalidade. As condições discursivas dessa imagem psíquica de identificação podem ser esclarecidas se pensarmos a respeito da perspectiva periclitante do próprio conceito de imagem. Pois esta – como ponto de identificação – marca o lugar da ambivalência. Sua representação é sempre espacialmente cindida – ela faz *presente* algo que está *ausente* – e temporariamente adiada – ela é a representação de um tempo que está sempre em outro lugar, uma repetição. A imagem não é nada mais do que um acessório da autoridade e da identidade; ela jamais deve ser lida de forma mimética como a "aparência" de uma "realidade". O acesso à imagem de identidade só é possível na *negação* de qualquer sentido de originalidade ou de plenitude por meio do princípio do deslocamento e da diferenciação (ausência / presença; representação / repetição) que sempre a transforma em uma realidade no limiar. A imagem é, a um só tempo, substituição metafórica, ilusão de presença e, por esse mesmo motivo, metonímia, um signo de sua ausência e de sua perda. É exatamente com base nessa aresta de sentido e de ser, nessas fronteiras móveis entre alteridade no interior da identidade, que Fanon pergunta: "O que quer o homem *negro*?".

> Ao encontrar a oposição do outro, a consciência de si experimenta o Desejo [...]. Peço que me considerem a partir do meu Desejo. Eu não estou apenas aqui-agora, encerrado na coisidade. Eu sou para outros lugares e para outra coisa. Reivindico que levem em conta minha atividade negadora na medida em que busco outra coisa que não a vida. [p. 228]

> Eu [...] ocupava um lugar, ia na direção do outro... e o outro – evanescente, hostil, porém não opaco, e sim transparente, ausente – desaparecia. Era nauseante... [p. 127]

A partir desse vazio avassalador da náusea, Fanon dá sua resposta: o negro quer a confrontação objetificante com a alteridade; há na psique colonial um repúdio ao momento de negação e de cisão do desejo. O lugar do Outro não deve ser representado como Fanon às vezes sugere: como um ponto fenomenológico fixo, oposto ao Eu e que represente uma consciência culturalmente estrangeira. O Outro deve ser visto como a negação necessária de uma identidade primordial – cultural e psíquica – que introduz o sistema de diferenciação que permite que o "cultural" seja significado como realidade linguística, simbólica e histórica. Se, como sugeri, o sujeito do desejo nunca é apenas um Eu-mesmo, então o Outro nunca é apenas um *Ele-mesmo*, uma fonte de identidade, de verdade ou de falha de reconhecimento.

Como princípio de identificação, o Outro oferece um grau de objetividade, mas sua representação – seja no processo social da Lei, seja no processo psíquico do Édipo – sempre é ambivalente, reveladora de uma falta. A distinção comum e convencional entre "a letra e o espírito" da Lei, por exemplo, demonstra uma alteridade na Lei em si mesma; a ambígua zona cinzenta entre a "justiça" e o procedimento judicial é, de modo bastante literal, um problema de julgamento. Na linguagem da psicanálise, a Lei do Pai ou a metáfora parental, mais uma vez, não pode ser aceita cegamente. Ela é um processo de substituição e de troca que inscreve um lugar normativo e normalizador no sujeito; mas esse acesso metafórico à identidade é precisamente o lugar da proibição e da repressão, exatamente um conflito de autoridade. A identificação, na forma como se exprime no *desejo do Outro*, é sempre uma questão de interpretação, já que se trata do encontro enganoso do eu-mesmo com o ele-mesmo, a elisão da pessoa e do lugar.

Se a força diferenciadora do Outro é o processo de significação do sujeito na linguagem e a objetificação da sociedade na Lei, então como pode o Outro desaparecer? Poderá o desejo, o espírito impulsionador do sujeito, em algum momento se dissipar?

Em seu modo mais analítico, Fanon por vezes retarda a análise dessas questões ambivalentes e incertas do desejo colonial. O estado de exceção a partir do qual ele escreve exige respostas mais rebeldes, identificações mais imediatas. Às vezes Fanon arrisca uma correspondência muito próxima entre a *mise en scène* da fantasia inconsciente e os fantasmas do medo e do ódio racistas que espreitam a cena colonial; ele tem pressa demais em se afastar das ambivalências da identificação com as identidades antagonistas da alienação política e da discriminação cultural; ele é rápido demais ao nomear o Outro, em personificar sua presença na linguagem do racismo colonial – para os brancos, o Outro verdadeiro é e continuará a ser o negro. E vice-versa. Essas tentativas de restituir o sonho a seu próprio tempo político e a seu próprio espaço cultural, nas palavras de Fanon, podem amenizar a agudeza das representações brilhantes que ele faz da complexidade das projeções psíquicas na relação colonial patológica. Jean Veneuse, o antilhano *evoluído*, deseja não só estar no lugar do branco como busca compulsivamente poder olhar para si mesmo lá da frente, por cima do ombro e de cima para baixo a partir dessa nova posição. Os brancos não apenas negam o que temem ou o que desejam ao projetá-lo "neles"; Fanon às vezes esquece que a paranoia nunca mantém sua posição de poder, já que a identificação compulsiva com um "Eles" persecutório é sempre uma evacuação e um esvaziamento do "Eu".

O sociodiagnóstico psiquiátrico de Fanon tende a se esquivar das viradas e dos recuos ambivalentes do sujeito do desejo colonial, de sua imitação do que é ocidental e da "longa" perspectiva histórica que é associada ao Ocidente. É como se Fanon tivesse medo de suas descobertas mais radicais: que o espaço do corpo e de suas identificações é uma realidade representacional; que a política da raça nunca estará totalmente contida nos mitos humanistas do humano, da necessidade econômica ou do progresso histórico, já que seus afetos psíquicos questionam essas formas de determinismo; que a soberania popular e a subjetividade humana só são realizáveis na ordem da alteridade. É como se a questão do desejo que emerge da tradição traumática dos oprimidos tivesse que ser negada, ao final de *Pele negra, máscaras brancas*, para abrir caminho para um humanismo existencialista que é tão banal quanto beatífico: "Por que não tentar simplesmente tocar o outro, sentir o outro, revelar-me o outro? [...] Ao concluir esta obra, gostaríamos que pudessem sentir como nós a dimensão aberta de toda consciência" [p. 242].

Essa sofreguidão pelo humanismo, apesar das ideias de Fanon sobre o lado negro do Humano, deve ser uma supercompensação para a consciência fechada ou para o "narcisismo dual" em relação ao qual ele atribui a despersonalização do ser humano colonial: "E prossegue-se num corpo a corpo com a própria negrura ou com a própria brancura, em pleno drama narcisista, cada um enclausurado em sua particularidade, embora haja, de tempos em tempos, alguns lampejos [...]" [p. 60]. São esses lampejos de "reconhecimento" – em seu sentido hegeliano, com seu espírito transcendental, suprassumível – que falham em botar o motor para funcionar na relação colonial em que há apenas indiferença narcísica: "No entanto, o negro *sabe* que há uma diferença. Ele a *deseja*. [...] O ex-escravo exige ter sua humanidade contestada [...]" [p. 231]. Na ausência desse desafio, afirma Fanon, só resta ao colonizado imitar, nunca identificar – uma distinção tão bem elaborada pela psicanalista Annie Reich: "É uma imitação [...] quando uma criança segura o jornal *do mesmo jeito* que o pai dela. É uma identificação quando a criança aprende a ler".[8] Ao repudiar a condição culturalmente diferenciada do mundo colonial – no momento em que exige que o negro "embranqueça ou desapareça" –, o colonizador, alternando entre mania de grandeza

8 Annie Reich, "Narcissistic Object Choice in Women". *Journal of the American Psychoanalytic Association*, v. 1, n. 1, 1953, pp. 22–44.

e de perseguição, está ele mesmo capturado na ambivalência da identificação paranoica.

Contudo, o sonho hegeliano de Fanon de uma realidade humana em si mesma e para si mesma é ironizado, até mesmo ridicularizado, por sua própria visão da estrutura maniqueísta da consciência colonial e de sua divisão não dialética. O que Fanon fala sobre a demografia da cidade colonial em *Os condenados da terra* reflete seu ponto de vista sobre a estrutura psíquica da relação colonial. As zonas dos nativos e as dos colonos, como a justaposição de corpos negros e brancos, são contrapostas, mas não a serviço de uma "unidade maior". Nenhuma conciliação é possível, ele conclui, porque, desses dois termos, um é supérfluo.

Não, não pode haver reconciliação, não haverá nenhum "reconhecimento" hegeliano, nenhuma promessa fácil e sentimental de um mundo humanista, do Você. Poderia haver vida sem transcendência? Política sem o sonho de aperfeiçoamento? Ao contrário de Fanon, penso que o momento *não dialético* do maniqueísmo sugere uma resposta. Ao seguirmos a trajetória do desejo colonial – na companhia daquela figura colonial bizarra, a sombra cativa –, podemos atravessar, e até mesmo alterar, as fronteiras maniqueístas. A esperança dificilmente floresce onde não há *natureza* humana; mas emerge certa e sub-repticiamente no retorno estratégico dessa diferença que informa e deforma a imagem da identidade, na margem da alteridade que ostenta a identificação. Talvez não haja negação hegeliana, mas Fanon algumas vezes precisa ser lembrado de que o repúdio pelo Outro sempre exacerba o "extremo" da identificação, revela aquele lugar perigoso em que identidade e agressividade estão geminadas. Afinal, a recusa é sempre um processo retroativo; um *meio* reconhecimento daquela alteridade que deixou sua marca traumática. Nessa incerteza se esconde o negro de máscara branca; e acredito que a partir dessa identificação ambivalente – pele negra, máscaras brancas – podemos resgatar o *páthos* da confusão cultural na forma de uma estratégia de subversão política. Não podemos concordar com Fanon quando ele diz que, "como o drama racial tem lugar a céu aberto, o negro não tem tempo de o 'inconscientizar'" [p. 165], ainda que esse seja um pensamento estimulante. Ao ocupar dois lugares ao mesmo tempo – ou três, no caso de Fanon –, o sujeito colonial despersonalizado e deslocado pode tornar-se um objeto incalculável e, de modo bastante literal, difícil de situar. As demandas da autoridade não podem unificar sua mensagem nem simplesmente identificar seus sujeitos. A estratégia do desejo colonial é encenar o drama da identidade até o ponto em que as máscaras negras *escorreguem* e revelem a pele branca. Nesse limite, no espaço entre o corpo negro e o corpo branco, há uma tensão de sentido e de ser – ou, como diriam alguns, uma demanda e um desejo – que é a contraparte psíquica daquela "tensão muscular" que habita o corpo nativo: "Os símbolos sociais – gendarmes, cornetas soando nos quartéis, desfiles militares e a bandeira arvorada – são ao mesmo tempo inibitivos e excitantes. Não significam: 'Não se mexa', mas: 'Prepare bem o seu golpe'".[9]

É dessa tensão – psíquica e política – que surge uma estratégia de subversão. Ela é um modo de negação que não procura expor a inteireza do Ser Humano, e sim manipular sua representação. É uma forma de poder que é exercida nos limites da identidade e da autoridade, com o espírito zombeteiro da máscara e da imagem; é a lição ensinada na revolução em curso pela mulher argelina que, de véu, atravessa as linhas maniqueístas a fim de reclamar a própria liberdade. No ensaio de Fanon "L'Algérie se dévoile" [Argélia desvelada],[10] a tentativa do colonizador de proibir o uso do véu não transforma o acessório apenas em símbolo de resistência; ele se converte em técnica de camuflagem, em meio de luta – o véu esconde bombas. Se antes demarcava os limites da casa – os limites do feminino –, agora mascara a mulher em sua atividade revolucionária, ligando a cidade árabe e o bairro fran-

9 F. Fanon, *Os condenados da terra*, op. cit., p. 40.

10 Id., *O ano V da Revolução Argelina* [1959], trad. Thalles Castro. São Paulo: Companhia das Letras, 2025.

cês, transgredindo as fronteiras familiares e coloniais. Conforme o "véu" é liberado na esfera pública e circula entre e para além das normas e dos espaços culturais e sociais, ele se torna um objeto da vigilância e do interrogatório paranoicos. Cada mulher de véu, escreve Fanon, se torna suspeita. E quando o véu é levantado para que se possa penetrar mais fundo no bairro europeu, a polícia colonial vê tudo e não vê nada. No fim das contas, uma mulher argelina é apenas uma mulher. Mas a *fidai* argelina é um arsenal, e na bolsa ela carrega suas granadas de mão.

Relembrar Fanon é um processo de descoberta e de desorientação intensas. Relembrar nunca é um ato silencioso de introspecção ou retrospecção. É um re-lembrar, uma reorganização de um passado esquecido a fim de entender um trauma do presente. E é a memória da história da raça e do racismo, do colonialismo e da questão da identidade cultural que Fanon revela com mais profundidade e poesia do que qualquer outro escritor. O que ele alcança, acredito, é algo muito maior: pois, ao enxergar a imagem fóbica do negro, do nativo, do colonizado, profundamente entretecida no padrão psíquico do Ocidente, ele oferece ao senhor e ao escravo uma reflexão profunda sobre suas interposições, assim como a esperança de uma liberdade difícil, até perigosa: "É por meio de um esforço de resgate de si mesmo e de depuração, é por meio de uma tensão permanente da sua liberdade que os seres humanos podem criar as condições ideais para a existência de um mundo humano" [p. 242]. Ninguém escreve com mais honestidade e clareza de ideias sobre essa tensão duradoura de liberdade em que o Eu – o Eu peremptório do presente – repudia uma imagem de si mesmo como um passado originário ou um futuro ideal e confronta o paradoxo de sua própria elaboração.

Para Fanon, em *Pele negra, máscaras brancas*, há uma ironia intrincada em fazer o existencialismo europeu e as tradições psicanalíticas encararem uma história do negro que eles jamais tinham contemplado, a encarar a realidade do próprio Fanon. Isso acarreta uma reflexão sobre a experiência da despossessão e do deslocamento – psíquico e social – que fala à condição do marginalizado, do alienado, daqueles que têm de viver sob a vigilância de um signo de identidade e de fantasia que nega suas diferenças. Ao mudar o foco do racismo cultural da política do nacionalismo para a política do narcisismo, Fanon inaugura uma margem de questionamentos que provoca um deslizamento subversivo da identidade e da autoridade. Em nenhum lugar esse deslizamento é mais visível do que em seu trabalho, em que vários textos e tradições – do repertório clássico à cultura cotidiana e conversacional do racismo – competem por bradar aquela última palavra que permanecerá não dita. Em nenhum lugar esse deslizamento é experimentado de forma mais significativa do que na impossibilidade de inferir dos textos de Fanon uma imagem pacífica da "sociedade" ou do "Estado" como unidade filosófica ou representacional homogênea. O "social" sempre é um apanhado mal resolvido de interlocuções antagonísticas entre posições de poder e de pobreza, conhecimento e opressão, história e fantasia, vigilância e subversão. É por essa razão – acima de todas as outras – que, no aniversário de 25 anos de sua morte, devemos recorrer a ele.

Hoje, na Grã-Bretanha, conforme uma série de grupos racial e culturalmente marginalizados assumem sem demora a máscara do negro não para negar sua diversidade, mas para anunciar com audácia o importante artifício da identidade cultural e de sua diferença, a necessidade de Fanon passa à condição de urgência. Na medida em que grupos políticos de diferentes direções se reúnem sob o pavilhão do negro, não para homogeneizar suas opressões, mas para fazer delas uma causa comum, uma imagem pública da identidade da alteridade, a necessidade de Fanon passa à condição de urgência. Urgente para nos lembrar daquele encontro crucial entre máscara e identidade, imagem e identificação, a partir do qual emanam a tensão duradoura de nossa liberdade e a impressão duradoura de nós mesmos como outros. "Esse fato é observável [...] no jogo da luta, em forma de intimidação, o ser dá de si mesmo, ou recebe do outro, algo que é máscara, duplo, invólucro, pele separada, separada para cobrir a armação de um escudo. É por essa forma separada dele mesmo que o ser entra em jogo em seus efeitos de vida e morte [...]."[11]

Chegou a hora de retomar Fanon; como sempre, acredito, com uma pergunta: como poderá o mundo humano viver sua diferença? Como poderá o ser humano viver de modo des-semelhante?

NOTA

O uso que Fanon faz da palavra "homem" conota em geral uma qualidade fenomenológica de humanidade que inclui homens e mulheres e, justamente por isso, ignora a questão da diferença de gênero. O problema emana do desejo de Fanon de situar a questão da diferença sexual dentro da problemática da diferença cultural – atribuir a elas uma origem compartilhada –, o que sugere, mas muitas vezes simplifica, a questão da sexualidade. Seus retratos para as mulheres brancas frequentemente conspiram com seus estereótipos culturais e reduzem o "desejo" da sexualidade ao desejo pelo sexo, o que deixa inexplorada a função fugidia do "objeto" do desejo. No capítulo 6, Fanon ensaia uma leitura um pouco mais complexa do masoquismo, mas, ao fazer do negro "o depositório *predestinado* dessa agressividade" [p. 191] (ênfase minha) e citar o estereótipo cultural como a meta predestinada da pulsão sexual, mais uma vez evita uma discussão psicanalítica mais completa sobre a produção de agressividade psíquica na identificação e na relação dela com a diferença cultural. Sobre a mulher de cor, ele tem muito pouco a dizer. "Nada sabemos a respeito disso" [p. 192], como escreve em *Pele negra, máscaras brancas*. Essa questão fundamental exige um argumento psicanalítico de uma ordem que vai muito além do escopo deste prefácio. Optei, desse modo, por apontar para a importância do problema em vez de desconsiderá-lo sob uma acusação fácil de "sexismo".

11 Jacques Lacan, *O seminário. Livro 11: Os quatro conceitos fundamentais da psicanálise* [1964], trad. M. D. Magno. Rio de Janeiro: Jorge Zahar, 1996, pp. 104–05.

O FEMINISMO COMO UMA CONSTANTE ANÁLISE CRÍTICA DA HISTÓRIA: O QUE O AMOR TEM A VER COM ISSO?

BELL HOOKS

[1996]

Se e quando uma mulher, como sujeita da história ou da História, é considerada militante, ela deve ser fiel à lógica ou imagem subversiva da pluralidade e, assim, fazer parte do corpo de todas as lutas.

Gayatri Spivak, *Outside in the Teaching Machine: French Feminism Revisited*

Para desbravar a estrutura da História e expô-la às reivindicações do mundo, é preciso adotar uma figura de tempo, de conhecimento, que é também uma figura de discurso, ou escrita, capaz de manter a "verdade" ambígua que a linguagem imprime em nossa reescrita coletiva do passado em suspensão, ao mesmo tempo em que estudamos o potencial histórico do presente. O estilo é o corpo, a estrutura, a fisicalidade da língua. Sendo assim, reconhecemos no gesto de um estilo – de pensamento, de escrita, de discurso / fala – a copresença e a responsabilidade pelo passado, pelo presente e pelo futuro.

Iain Chambers, *The Baroque and the Judgement of Angels*

OLHANDO PARA O PASSADO A FIM DE NEGOCIAR UM RETORNO AO TÓPICO DA CONFERÊNCIA "WORKING WITH FANON" [REVISITANDO FANON]

No início da conferência "Working with Fanon", promovida pelo ICA (Institute of Contemporary Arts), senti um incômodo pela forma como questões de gênero, com foco exclusivo em machismo, foram – como costumam ser – relegadas às margens e vistas como assunto exclusivo para pensadoras e pesquisadoras mulheres.[1]

1 Este capítulo foi publicado originalmente como "Feminism as a Persistent Critique of History: What's Love Got to Do With it", in Alan Read (org.), *The Fact of Blackness: Frantz Fanon and Visual Representation*. London / Seattle: Institute of Contemporary Arts / Bay Press, 1996. Tradução de Juliana Pavão. [N. E.] [O subtítulo "O que o amor tem a ver com isso" faz alusão à música "What's Love Got to Do with it", de Tina Turner. – N. T.]

Idealmente, pensadores críticos e teóricos progressistas deveriam investigar um assunto sempre de uma perspectiva que considerasse a análise feminista, o que significaria trabalhar criticamente de modo a não reforçar ideias machistas a partir de suas ações.

Normalmente, quando um painel de mulheres debate abordagens feministas com um pesquisador homem, supõe-se que o debate estará centrado em questionar o machismo dele. Ao mesmo tempo, quando militantes feministas são colocadas em um mesmo espaço, supõe-se que não haverá nenhuma (ou quase nenhuma) discordância: as mulheres se apoiarão, se protegerão e se unirão. Essa noção é arraigada numa suposição incorreta de que a solidariedade e a dissidência não podem coexistir. Evidentemente, não passa pela cabeça de ninguém que pensadores críticos homens reunidos para debater sobre qualquer assunto não sejam camaradas intelectuais capazes de manter a solidariedade mesmo quando discordam entre si. Considerando que o machismo continua a moldar a maneira como pensadoras são vistas, assim que há uma discordância, o conflito é reduzido a mero espetáculo. O significado e a importância da divergência caem no esquecimento.

Nosso painel começou com o moderador supondo que nossa atenção estaria voltada para questionar o machismo de Fanon, afirmando que não nos deteríamos à tarefa rigorosa de revisitar Fanon ["*Working with Fanon*"], mas que também iríamos "revisar Fanon" ["*working him over*"]. Esse jogo de palavras imediatamente colocou as três palestrantes em uma posição antagonista e simbolicamente violenta em relação a Fanon. Tal postura não apenas evocou o imaginário de que perspectivas feministas são necessariamente enraizadas num sentimento anti-homem, mas também deu a entender que discutir machismo era a nossa pauta principal. Como a maior parte do meu trabalho no interior do discurso do pensamento feminista revolucionário foca em questões de raça, em especial no questionamento ao machismo à medida que cria um espaço para a transformação feminista na vida de pessoas negras, tento desmistificar a suposição estereotipada de que políticas feministas têm raiz em sentimento anti-homens e, ao mesmo tempo, destacar que tal hipótese, levantada com muita frequência, irá destruir a possibilidade de uma solidariedade política progressista entre mulheres e homens negros. É natural, portanto, que eu tenha me afastado da pauta definida previamente e fabricado um espaço de discordância – tanto para criar um momento de intervenção crítica que derrubasse a imposição das ideias e valores do moderador sobre todas nós como para desafiar essa hipótese a partir de uma perspectiva feminista cada vez mais desenvolvida. Para proporcionar uma mudança de tom, de humor e de intenção, falei espontaneamente. Comecei contando uma história. Comecei com uma confissão.

UM REENCONTRO COM O QUE HAVIA SE QUEBRADO: RECORDANDO O IMPROVISO

Por acreditar tanto no poder como na necessidade do humor, e por jogar tanto no campo do discurso intelectual como na luta revolucionária, contei uma historinha e a reproduzirei aqui. Eu a escolhi porque ela nasceu da minha própria luta pessoal para manter a intimidade com companheiros e amantes homens. Queria criar, naquele auditório à meia-luz em que a conferência acontecia, uma sensação que traduzisse a intimidade, o lugar de desejo de nossas vidas privadas e nossos trabalhos públicos. Queria falar das partes do meu coração que desejam amor verdadeiro, intimidade e parceria com os homens da minha vida. (Preciso fazer uma pausa aqui para dizer que a palavra impressa não é capaz de expressar adequadamente esse momento de intervenção crítica: essa intervenção que eu provoquei só foi possível pelo tom sedutor da minha voz. Uma pena que a edição impressa não acompanhe as gravações de áudio!) Vamos à história:

Gostaria de começar dizendo que não tenho interesse algum em "revisar Fanon" e que minha preocupação é com a questão do amor tanto em relação às formas em que ele molda as noções de Fanon sobre a liberdade quanto a relação do autor com as lutas por libertação. Quero entender o que ele quis dizer quando afirmou: "Hoje cremos na possibilidade do amor, por isso nos esforçamos para detectar suas imperfeições".[2] Me interesso pelas questões do amor entre mulheres e homens negros. Há alguns meses, participei de uma sessão com uma vidente em que falamos sobre os obstáculos no caminho do amor. Ela insinuou que eu deveria tratar a minha raiva dos homens. Mesmo estando disposta a entender a possível "verdade" na leitura dela, eu não concordava com a afirmação. Liguei para os homens que eu amo e dos quais sou mais próxima e perguntei para eles se achavam que eu escondia alguma raiva ou ódio reprimidos. Liguei para o meu pai, meu irmão, ex-namorados... A lista era enorme. Enquanto refletia sobre seus comentários, eu continuava voltando ao tema do medo. E, embora eu não enxergasse raiva, eu enxergava medo dentro de mim. Vieram à mente os versos de um poema de Amiri Baraka: "*What I thought was love in me – I find to be a thousand instances of fear*" [O que eu pensava ser amor dentro de mim, descobri ser milhares de versões do medo].

Meu pai esteve doente há pouco tempo. À medida que ele envelhece, eu não apenas contemplo a possibilidade de sua morte, mas também tenho que encarar meu próprio medo. Passei a maior parte da minha vida com medo dele – dos seus acessos de raiva e da sua indiferença. Para alcançar o amor entre nós, precisei enfrentar esse medo e deixá-lo para trás de modo a conversar aberta e honestamente com ele, abrir espaço para o confronto e para a conciliação. Tive que encarar meu medo de perdê-lo assim que pudemos reencontrar o amor entre nós, que existia quando eu era só uma criancinha, quando ele não tinha medo de mim e eu ainda não tinha medo dele. Como afirmou Fanon, "hoje cre-

2 Frantz Fanon, *Pele negra, máscaras brancas* [1952], trad. Sebastião Nascimento e Raquel Camargo. São Paulo: Ubu Editora, 2020, p. 57.

mos na possibilidade do amor, por isso nos esforçamos para detectar suas imperfeições, suas perversões". O diálogo torna o amor possível. Desejo refletir criticamente sobre parcerias intelectuais, sobre as formas em que homens e mulheres negras resistem ao criarem um mundo onde podemos falar uns com os outros, onde podemos trabalhar juntos.

REVISITANDO FANON: UM RETORNO AO AMOR

A primeira vez que li *Os condenados da terra*, ouvi uma nova história sendo contada – um sujeito descolonizado levantava sua voz em resistência. Aquela voz era carregada de paixão e desejo sedutores. Ela articulava um anseio por liberdade tão intenso e um caráter de apetite emocional que, de tão poderosa, era arrebatadora. Me abandonei e me esqueci, morrendo naquele texto. Mas o desejo por liberdade naquelas páginas me despertou e me ressuscitou. Naquele momento de reconhecimento, o gênero não significava nada para mim. A euforia de momentos de revelação crítica sempre me faz sair do meu corpo. Não é à toa que a perspectiva patriarcal de Fanon não tenha me incomodado. Eu sabia como navegar o corpo paterno para descobrir a mim mesma. Quando eu era garota, não era possível imaginar ser uma pensadora / escritora / questionadora sem se projetar no imaginário fálico – sem se inserir no paterno. Navegar o corpo paterno era a única forma de me conectar com a minha própria mente.

Sempre que ouvia a voz do meu pai, sendo já uma leitora rebelde, eu sabia como fazer cada som por ele proferido, daqueles que tentavam me limitar e me confinar, entrarem por um ouvido e saírem por outro, da mesma forma que aprendi a me agarrar a cada palavra que me aproximasse de uma liberdade capaz de me fazer sair da casa do meu pai. Sair de casa. Foi o fato de eu ser uma leitora rebelde que me permitiu ouvir nas teorias sobre descolonização de Fanon paradigmas que eu poderia usar construtivamente para alcançar minha própria liberdade. Na minha adolescência, minha luta por libertação não começou com o imperialismo, com a nação e muito menos com a supremacia branca, apesar do contexto de *apartheid* social em que vivíamos: começou com o corpo do meu pai. Hoje em dia, é comum me pedirem para traçar uma genealogia crítica do meu desenvolvimento intelectual. Nos anos que antecederam meu engajamento mais profundo com o movimento feminista e com a escrita de teoria feminista, todos os pensadores críticos progressistas que alimentaram minha subjetividade radical emergente eram homens: Fanon, Memmi, Cabral, Freire, Malcolm X. Esses homens me ensinaram a refletir criticamente sobre o colonialismo. Eram meus pais intelectuais. Em espaços onde a entrada de mulheres parecia proibida, eles me legaram modos de inventar e criar a mim mesma.

Completamente fascinada pela minha jornada pelo corpo paterno, acabei me esquecendo das mães. O movimento feminista me trouxe de volta ao corpo materno. De repente, todo o conhecimento que eu tinha acumulado pela leitura de textos escritos por homens em diálogo com outros homens se tornaram limitadores. Faltava neles uma perspectiva libertadora que eu encontrei na exploração de ideias feministas. O pensamento feminista exigia que eu me movesse além dos limites do patriarcado, além do corpo paterno. Para fazer isso, precisei, inicialmente, esquecer: reprimir as palavras do pai e renascer na memória do corpo materno. Era uma tarefa de encontrar e escutar a voz feminina: a minha, a das minhas ancestrais e a das camaradas na luta feminista.

Nesse processo de conversão para políticas feministas, muitas vezes me esqueci dos meus pais intelectuais patriarcais. Deixei Fanon para trás por muito tempo. A lembrança de como seu trabalho tinha me transformado ficou escondida no fundo de mim. Embora eu falasse com muito orgulho e carinho de como os trabalhos de Malcolm X, Memmi, Freire e Cabral inspiraram meus textos, Fanon quase nunca era mencionado. Pensando bem, percebo no trabalho dele uma gritante falta de reconhecimento da presença do corpo materno, do corpo feminino que pensa. Foi esse matricídio simbólico em seu trabalho que causou uma ruptura em mim a partir do momento em que embarquei na jornada crítica com o feminismo, que começou com a tentativa de recuperar o corpo materno.

Ao voltar a Fanon depois de quase vinte anos distante de suas palavras, busco reencontrar aquele momento de inocência e desconhecimento em que suas palavras tocaram o anseio por liberdade em meu corpo feminino e me puseram naquele estado contínuo de revolução mental: num lugar em que é possível imaginar estratégias de resistência, em que teorias de libertação devem ser eternamente inventadas e reinventadas para conversar diretamente com a experiência vivida daquele instante. Tais estratégias de resistência precisam ser a voz para, com e contra uma visão da história que permanece não concretizada, que é limitada e estreita demais para ser completamente libertadora. Nas palavras de Fanon:

> Minha liberdade não me foi dada afinal para construir o mundo do *Você*? Ao concluir esta obra, gostaríamos que pudessem sentir como nós a dimensão aberta de toda consciência. Minha prece derradeira: Ó meu corpo, faz sempre de mim um homem que questiona![3]

Frequentemente, o corpo que nos leva a questionar o mundo e que nos faz reexaminar a realidade é o corpo prestes a desmoronar. Recentemente, ao reler *Os condenados da terra*, eu ouvi a voz do meu pai e compreendi, pela primeira vez, a percepção de Fanon de que o corpo do pai era um corpo que sofre, um corpo na iminência da perda, um corpo desejoso de ser remembrado.

Basicamente, a escrita de Fanon volta seu interesse ao tema da cura. Ele costuma posicionar essa preocupação em um quadro discursivo que o redireciona e transforma sua percepção principal em uma que dá a entender que a mente precisa estar saudável

3 Ibid., p. 242.

para ser capaz de permanecer atentamente engajada com um processo de libertação ou, como pessoas escravizadas do sul costumavam dizer, para "manter-se em liberdade". Para permanecer bem, a mente precisa ser questionadora, como o eram os descendentes daquelas mesmas pessoas escravizadas quando cantavam: "Como vai a sua alma? Você se sente livre e completo?".[4]

Ao longo de *Os condenados da terra*, Fanon propõe paradigmas para a cura do corpo político negro desalojado e colonizado. Em sua dialética, ele escreve gênero por meio de raça. A negritude do corpo colonizado que o marca como outro em relação ao corpo branco colonizador é sempre estruturada em um contexto marcado por gênero, em que as metáforas de emasculação e castração articulam simbolicamente as feridas psicológicas do povo colonizado. Essa dor é sempre marcada como a dor de homens causada por outros homens. A cura, segundo a visão de Fanon, só acontece quando esse conflito entre homens se resolve. A questão da cor e como ela impacta o bem-estar de mulheres e homens é eclipsada em meio ao paradigma de cura, que sugere que tudo ficará bem assim que os homens forem capazes de alcançar um nível específico de homofilia: uma capacidade de amar uns aos outros que impossibilitaria a dominação e a desumanização, dois conceitos fundamentais para a manutenção da relação colonizador / colonizado. No começo, entendi o texto de Fanon sobre os laços entre homens nesse roteiro generificado pela perspectiva da homossocialidade. Então, Paul Gilroy sugeriu que o uso do termo homofilia seria mais adequado, já que ele não apenas enfatiza o amor dos homens por homens, mas principalmente o "amor por seu semelhante". Essa distinção é crucial para entender Fanon, uma vez que o laço masculino que ele evoca como necessário para o projeto de revolução cultural progressista e política não é uma fraternidade

4 No original: "*is it well with your soul, are you free and made whole?*", referência ao refrão do hino cristão "Is It Well with Your Soul?", composto em 1922 por James Rowe: "*Is it well with your soul / Are you free, glad and whole?*". [N. T.]

patriarcal essencializante entre todos os homens, independentemente de suas diferenças: é o laço de um grupo seleto de homens intelectuais cultos, conectados entre si por uma visão compartilhada. Por isso ele insiste: "O problema é saber o lugar que esses homens pretendem reservar a seu povo, o tipo de relações sociais que decidem instaurar, a concepção que têm do futuro da humanidade. É isso que conta. Todo o resto é literatura e mistificação".[5] Ainda que Fanon insista na questão do "esquema corporal", o corpo é constantemente subordinado à mente e aos desejos dos homens cultos, cuja liberdade, como ele mesmo aponta, requer privilegiar a mente como esse espaço de transcendência, onde enfim esse corpo e a cor da sua pele poderão ser ignorados.

Para que possa subordinar o mundo corpóreo ao mundo da mente, o corpo materno deve desaparecer, juntamente com o corpo paterno, para que um mundo de igualdade e fraternidade emerja. Para instaurar uma ordem fraternal, uma irmandade de homens, organizada para fomentar seus benefícios mútuos e atingir objetivos comuns, é necessário um diálogo crítico entre homens que represente o reconhecimento da subjetividade entre eles compartilhada. A presença de mulheres prejudica a possibilidade dessa união direta. No caso de Fanon, considerar também a mãe requereria um retorno não apenas ao corpo negro, mas também ao corpo negro de mulheres. O matricídio simbólico permite que esse corpo seja apagado a fim de postular o paradigma fraternal como o lugar de esperança e possibilidade. Nesse mundo sem outros, a ideia e a presença do pai acabam, também, perdendo importância e significado.

Fanon não busca resgatar um mundo de pais negros ausentes ou de pais brancos presentes. Na verdade, ele propõe um mundo em que os laços biológicos sejam negados em prol do interesse em criar uma nova ordem mundial libertária, baseada somente

5 F. Fanon, *Os condenados da terra* [1961], trad. Ligia Fonseca Ferreira e Regina Salgado Campos. Rio de Janeiro: Zahar, 2022, p. 236.

em uma visão compartilhada. A biologia nunca esteve na linha de chegada para Fanon. Para repudiar a biologia, não se pode buscar a cura por meio da exploração de uma genealogia psicológica crítica que demande a investigação do passado. Fanon se sente "nauseado" quando confrontado com um esquema corporal que o obrigava a ser "responsável pelo meu corpo, pela minha raça e pelos meus ancestrais". Esse abandono do passado faz com que a fixação nos laços entre colonizador e colonizado seja o único espaço de luta. Assim, ele jamais poderá desviar o olhar da face do homem branco outro. É essa perversão que o leva a construir o paradigma em que a negritude só pode ser compreendida em relação à branquitude. Para atender às demandas desse paradigma, o apagamento da mulher é essencial.

Quando Fanon declara que "o negro não tem resistência ontológica aos olhos do branco", ele nega que a interação entre homens negros e mulheres negras também poderia ocupar esse lugar. Mas ele jamais teria chegado às suas percepções sem entregar-se à própria obsessão movido por um sentimento de homofilia. É justamente o olhar mútuo patriarcal (a competição pelo status de homem "verdadeiro") que gera o ponto cego na análise libertária daqueles homens negros e brancos incapazes de enxergar "a mulher" e, assim, de teorizar uma noção de liberdade inclusiva. O cerne sadomasoquista da dialética hegeliana senhor-escravo se romperá caso a mulher seja reconhecida como mais uma "outra" com quem o homem negro pode, por atos de solidariedade, interagir em vários estágios da resistência ontológica.

Para contemplar as relações entre mulheres e homens negros como um lugar de resistência possível, é preciso, primeiro, criticar a redução da identidade da mulher ao mundo corpóreo. Fanon nem esboça essa crítica. O corpo feminino, negro ou branco, não é apenas um corpo sempre sexualizado, sempre o corpo que não "pensa", mas também parece ser um corpo que nunca anseia por liberdade. A subjetividade radical, segundo a concepção de Fanon, está inserida no reconhecimento desse anseio por ser livre. Esse desejo é percebido como presente nos corações dos homens, apenas. O reconhecimento recíproco existe apenas, portanto, no desejo de homens por homens. É um caso de amor entre homens negros e homens brancos. O fato de Fanon escrever esse desejo conscientemente em uma narrativa generificada presa a um processo de dessexualização persistente está enraizado em sua negação da presença feminina.

Já o Fanon de *Os condenados da Terra* não ignora o lugar das mulheres na luta. De vez em quando, ele evoca um mundo de humanismo universal em que tanto mulheres como homens estão sofrendo. Acontece com frequência quando ele fala da Argélia, e quase nunca quando ele fala da África negra. Nesse mundo, o espaço de luta é sempre ocupado por homens. Ele se recusa a reconhecer a presença das mulheres porque isso demandaria a destruição do vínculo fraternal. A recusa calculada tem a ver com a ausência de desejo. Seu desejo se desloca não no sentido de incorporar uma dialética progressista de revolução, o que demandaria criar um mundo em que mulheres e homens em geral – e mulheres e homens negros especificamente – dialogariam entre si. A recusa por parte de Fanon de desviar seu olhar – dos homens, dos homens negros, e na direção de uma concepção de realidade que reconheceria a presença das mulheres na luta, especialmente das mulheres negras – está ligada, sem dúvidas, à recusa de enxergar o valor em questionar o passado pessoal do indivíduo. Aqui é onde seu paradigma para a cura deixa a desejar. Ele sucumbe àquela mesma "falta de imaginação do coração" que ele tão apaixonadamente critica.

Para reivindicar o espaço do cuidado e do amor, necessário para a cura psicológica de feridas infligidas não só pelas disfunções geradas pelo racismo, mas também pela miríade de disfunções arraigadas em traumas vividos em nossas famílias, precisamos estar dispostos a investigar as relações entre as duas experiências. São essas relações que Fanon reprime e sufoca. De fato, se nós, enquanto pessoas negras, internalizarmos a crença de que não temos resistência ontológica ao olhar branco, jamais conseguiremos imaginar um mundo em que a complexa investigação crítica dos laços entre pessoas negras seja digna de estudo e, principalmente, seja necessária para uma "leitura" completa de nossas psicologias e nossas histórias.

Ao trabalhar com os textos de Fanon nos estágios formativos do meu desenvolvimento político, recebi desse meu pai intelectual paradigmas que me permitiram entender as diversas formas em que sistemas de dominação prejudicam a pessoa colonizada. Muito mais do que qualquer outro pensador, ele me forneceu um modelo de vida intelectual negra que moldou todo o meu trabalho. Ele me ensinou a importância do questionamento vigilante. Eu, certamente, acreditei nele quando ele declarou emocionadamente "Minha liberdade não me foi dada afinal para construir o mundo do *Você*? Ao concluir esta obra, gostaríamos que pudessem sentir como nós a dimensão aberta de toda consciência. Minha prece derradeira: Ó meu corpo, faz sempre de mim um homem que questiona!".[6] Ao me tornar uma mulher que questiona, o pensamento feminista transformou meu entendimento sobre o trabalho de Fanon. Voltei a ele pelo abraço da minha mãe e do meu pai; pelo reconhecimento da presença mútua dos dois dentro de mim. É um retorno ao amor. Em retrospecto, analisando criticamente, hoje enxergo n'*Os condenados da terra* de Fanon o anseio por tal retorno.

6 F. Fanon, *Pele negra, máscaras brancas*, op. cit., p. 240.

DESAPARECIDAS: IMAGINANDO MULHERES NEGRAS EM *PELE NEGRA, MÁSCARAS BRANCAS*

LOLA YOUNG

[1996]

O artigo[1] a seguir consiste em uma leitura que privilegia uma análise de gênero no livro *Pele negra, máscaras brancas*, de Frantz Fanon, especialmente no que se refere aos termos usados para abordar as mulheres no texto. Argumentarei que mulheres brancas e negras são registradas de modo diferente em *Pele negra, máscaras brancas*, e que a escrita de Fanon contém evidências de uma camada profunda de medo e raiva de mulheres negras. Meu objetivo não é, como pode ocasionalmente aparentar, negar as contribuições de Fanon à discussão dos efeitos psicológicos do colonialismo e do racismo, mas sim chamar atenção para a maneira como ele construiu modelos patológicos da psicossexualidade de mulheres.

Henry Louis Gates Jr. aponta, em seu ensaio "Critical Fanonism" [Fanonismo crítico], que "Frantz Fanon foi reintroduzido no cânone de teóricos globais", o que confere a seus trabalhos uma autoridade especial em "raça", gênero, sexualidade, colonialismo e psicanálise.[2] É essa autoridade, na conjuntura de "raça" e gênero, que pretendo problematizar.

Quero começar com uma questão bastante básica, mencionada brevemente por Homi Bhabha na introdução da edição de 1986 de *Pele negra, máscaras brancas*, e que me parece de maior importância: em que circunstâncias o "homem" não é apenas um homem, e sim a representação de toda a humanidade? De acordo com a nota no final do ensaio, o uso de "homem" por Fanon "conota uma qualidade fenomenológica de humanidade que inclui homens e mulheres".[3] Contudo, esse uso não é exatamente estável. Às vezes, esse "homem" significa "Frantz Fanon"; em outras, significa "homem negro"; em outras, ainda, se refere ao "ser humano". Não se trata apenas de mapear o uso sexista de um pronome

1 Este texto foi publicado originalmente como "Missing persons: Fantasising Black Women in Black Skin, White Masks", in Alan Read (org.), *The Fact of Blackness: Frantz Fanon and Visual Representation*. London: Institute of Contemporary Arts, 1996. Tradução de Juliana Pavão. [N. E.]

2 Henry L. Gates Jr., "Critical Fanonism". *Critical Inquiry*, v. 17, n. 3, 1991, p. 457.

3 Homi K. Bhabha, "Recordar Fanon", neste volume, p. 50.

genérico, e sim uma questão do status ontológico das mulheres negras. Grupos que detêm pouco poder ou nenhum são assim categorizados não pelo fato de não terem nada, mas por não serem nada. São excluídos porque são considerados nada. As mulheres negras estão incluídas ou excluídas quando Fanon declara que "O negro é um homem negro"? Estão ou não enquadradas quando ele questiona "O que quer o homem negro?".[4]

OS HOMENS DE FANON

Fanon responde à própria pergunta ao afirmar que "o negro quer ser branco".[5] Os homens de Fanon têm vidas e experiências de mundo complexas, e a linguagem que ele usa para descrever e analisar esse mundo é fortemente provocativa. Fragmentos de corpos e mentes são metaforicamente derramados sobre o texto a fim de representar o sentimento de alienação e fragmentação da psiquê. O encontro entre homens negros e brancos é então marcado, nas palavras de Bhabha, por uma "confrontação objetificante com a alteridade".[6] Em uma extensa nota de rodapé (e é importante refletir sobre as circunstâncias que levam Fanon a elaborar comentários significativos sobre masculinidade negra e restringi-los a notas de rodapé), Fanon evoca o estádio do espelho de Lacan e elabora mais detalhadamente esse "confronto". A luta entre negros e brancos deve ser conduzida "de homem para homem": "Quando se compreende esse processo descrito por Lacan, não há mais dúvida de que o verdadeiro Outrem do branco é e continua sendo o negro. E vice-versa".[7]

4 Frantz Fanon. *Pele negra, máscaras brancas* [1952], trad. Sebastião Nascimento e Raquel Camargo. São Paulo: Ubu Editora, 2020.

5 Ibid., p. 23.

6 H. K. Bhabha, "Recordar Fanon", neste volume, p. 43.

7 F. Fanon, *Pele negra, máscaras brancas*, op. cit., p. 175.

A "imagem corporal" impossível de ser assimilada, baseada tanto em um "esquema epidérmico" quanto na posse de um falo, relega mulheres brancas e negras – até certo ponto – a um lugar periférico nessa disputa central. Uma análise mais detalhada permite antever que mulheres negras e brancas recebem diferentes status textuais, já que, embora as motivações de ambas passem pelo escrutínio de Fanon, seu afã por refletir sobre a especificidade das experiências de mulheres negras com o racismo e o colonialismo é palpável.

MULHERES NEGRAS NÃO CHORAM?

Para analisar atitudes, desejos e defeitos de mulheres negras, Fanon se apoia principalmente nos relatos autobiográficos de Mayotte Capécia em *Je suis Martiniquaise* [Eu sou martinicana].[8] Fanon representa essa mulher "mulata" como especialmente problemática, já que, para ele, ela comete suicídio racial em função de sua tentativa de iniciar um relacionamento sexual com um homem branco. Ao referir-se às reações das "mulheres de cor", a quem ele se refere como "negras" ou "mulatas", a homens brancos europeus, Fanon escreve:

> A primeira tem uma só possibilidade e um só anseio: branquear-se. A segunda quer não apenas se branquear, mas também evitar regredir. Com efeito, pode haver algo mais ilógico do que uma mulata que se casa com um negro? Pois é preciso entender de uma vez por todas, trata-se de salvar a raça.[9]

Ele, portanto, mapeia o fardo da mulher negra.

8 Citado em ibid., p. 42. Mayotte Capécia, *Je suis Martiniquaise*. Paris: Éditions Corrêa, 1948.

9 F. Fanon, *Pele negra, máscaras brancas*, op. cit., p. 21.

Por que Fanon escolhe três relatos altamente ficcionalizados – um deles, escrito por um homem – para inferir teorias sobre mulheres negras e suas relações com homens brancos? Ele não consegue justificar a própria estratégia, de fato, e posteriormente admite que: "havia uma tentativa de mistificação ao querer inferir do comportamento de Nini e de Mayotte Capécia uma lei geral do comportamento da negra em face do branco [...]."[10]

Tal confissão somente vem à tona na fala posterior sobre Jean Veneuse, o homem negro por quem uma mulher branca se apaixona: após a mordacidade do julgamento de Fanon sobre as mulheres negras ter sido devidamente assentado. Pode-se argumentar, é claro, que estamos – assim como as declarações que Fanon faria posteriormente sobre mulheres brancas – frente a um estilo de escrita constituído por generalizações e hipérboles com a intenção de provocar. Mas o que Fanon pretende mascarar (e realçar) a partir dessa estratégia textual?

A análise impiedosa de Capécia feita por Fanon começa com a narração de sua tentativa infantil de "enegrecer" o mundo ao derramar o tinteiro na cabeça de um garoto branco. Fanon desenvolve uma ávida leitura do inconsciente de Capécia, mesmo sem acesso a seus sonhos: "sendo incapaz de enegrecer o mundo, ela tentaria, em seu corpo e em seu pensamento, embranquecê-lo".[11]

O último ponto se refere ao que se tornaria seu ofício de lavar roupas para fora. Essa explicação psicanalítica da "escolha" da profissão de lavadeira ignora a divisão sexual do trabalho e as opções disponíveis para mulheres negras em busca de independência econômica. Fanon cita seu trabalho de lavadeira como um deslocamento de seu desejo de branquitude para essa atividade ou, nas palavras do autor, um desejo de "lactificação".[12] É um termo sugestivo, se considerarmos sua utilização em conjunto com o uso

10 Ibid., p. 95.
11 Ibid., p. 61.
12 Ibid., p. 62.

da figura da "mãe negra" no texto, questão à qual retornarei em breve. Fanon nos garante que a necessidade de "embranquecer a raça" é algo que "toda mulher na Martinica" conhece e busca, supostamente: "A questão é não voltar a se afundar no meio da negrada, e toda antilhana fará um esforço, em seus flertes ou em seus casos, para eleger o menos negro".[13]

Não há qualquer menção às escolhas de cor dos homens negros antilhanos. A especificidade das experiências de mulheres negras recai nas tentativas de aniquilar a "raça negra" por meio da "lactificação" e na perpetuação de um sistema baseado em cor/casta que serve aos interesses do colonizador.

Essa leitura das "mulheres de cor" também deve ser entendida no contexto das identidades raciais atribuídas às mulheres citadas neste capítulo: são todas "mulatas". As afirmações de Fanon sugerem, portanto, que a qualidade essencial da mulher "mestiça" ou "mulata" é seu desejo de não "regredir" à "negrada". A aflição de Fanon sobre a identidade racial da heroína Nini, que dá nome ao romance de Abdoulaye Sadji – uma obra de ficção que compõe sua lista de evidências acerca do comportamento das mulheres negras –, se expressa na elaboração exacerbada de sua identidade: ela é, ao mesmo tempo, "mulata", "quase branca" e "uma moça de cor". É a "mulata" emblemática: "Nini", "Nana", "Nenette".

Se "raça" é um símbolo ontológico, como o "mulato" se encaixa no poder das categorias raciais, ou o desmantela? Esses sujeitos "quase brancos", e com isso Fanon se refere principalmente a mulheres, são figuras que incorporam a liminaridade racial, que ocupam o vão entre os termos negro e branco, entre Preto e Caucasiano, entre o outro e eu. Assim, o sujeito "mulato" rompe a normalização das fronteiras entre negritude e branquitude.

Fanon discorre sobre o romance *Nini*, de Abdoulaye Sadji (um escritor negro), como se fosse um retrato cru da essência negra

13 Ibid., p. 62.

feminina.[14] Fanon afirma que "ela [Nini] não era mais aquela que queria ser branca, ela era branca. Ela adentrava o mundo branco".[15] Se comparados a outras histórias de mulheres que "passam" por brancas – como *De passagem*, de Nella Larsen –, os problemas advindos das tentativas de mulheres de cor de assumir uma branquitude não problemática ameaçam, frequente e literalmente, suas vidas. Fanon não dá qualquer indício de sensibilização ou interesse pelas razões e consequências por trás da adoção dessas estratégias.

Há também uma questão de classe aqui: Mayotte Capécia tem a ambição de ascender socialmente, além de subir na hierarquia racial, a partir de um relacionamento com um funcionário branco do governo, um cavalheiro. Capécia era uma mera lavadeira, ao passo que Nini, cortejada por Mactar (um homem negro que teria a audácia de "escrever uma carta" a ela) é descrita como uma "datilógrafa modesta e tola".[16]

Fanon reúne *Je suis Martiniquaise*, de Mayotte Capécia, *Nini*, de Abdoulaye Sadji, e *Magie Noire* [Magia Negra], de Paul Morand, em um amálgama. "O mesmo processo se verifica", ele defende, concluindo que "é por se sentir inferior que a negra aspira a ser admitida no mundo branco".[17] Ele segue patologizando a Negra ao diagnosticá-la como portadora de um "*eretismo afetivo*".[18] Ao contrário do que afirma Jock McCulloch – "eretismo afetivo é o termo usado por Fanon para descrever a sensibilidade generalizada do Negro" –, essa expressão é usada apenas em referência à "Negra".[19]

Fanon só se refere às experiências de mulheres negras a partir de expressões que as marcam como traidoras (maculadas com sangue branco). Ele chega ao ponto de emparelhar o autor de virulentos

14 Ibid., p. 69.
15 Ibid., p. 72.
16 Ibid., p. 70.
17 Ibid., p. 73.
18 Ibid., p. 74.
19 Jock McCulloch, *Black Soul, White Atrifact: Fanon's Psychology and Social Theory*. Cambridge: Cambridge University Press, 1983.

tratados racistas, o conde Joseph Arthur de Gobineau (criador dos quatro volumes publicados em 1854 de *Essai sur l'inégalité des races humaines* [Ensaio sobre a desigualdade das raças humanas]), com Mayotte Capécia: "[...] contemplamos sem distinção homens como Gobineau ou mulheres como Mayotte Capécia", um indicativo de sua antipatia por essa e outras "mulheres de cor" como ela.[20]

A sensação de que a presença de mulheres negras é problemática e de uma ausência constante enquanto seres significativos na obra de Fanon é consolidada quando o autor reitera sua ambivalência para com mulheres negras a partir do que podemos chamar de releitura do tropo freudiano do "continente negro". Sobre sua própria experiência com a psicossexualidade de mulheres negras, Fanon confessa: "Nada sabemos a respeito disso".[21] Consideremos também o trecho do capítulo "A experiência vivida do negro", frequentemente citado, que começa:

> "Mamãe, olhe o negro, estou com medo!" Medo! Medo! E eis que agora eu era temido.[22]

Nessa cena, que retrata o desenrolar da luta entre homens negros e homens brancos (e o menino como o *homem branco do devir*), há um encontro entre o menino branco, a mãe branca e o homem negro objetificado. A única pessoa ausente dessa configuração de "raça"/gênero é a mulher negra. Como essa sequência teria funcionado com uma escolha diferente de personagens? E se a cena envolvesse um pai e uma filha brancos, a menina encarando uma mulher negra? A menininha falaria publicamente com o mesmo espanto que o menino? Nesse cenário, não seria o pai a iniciar a sequência de olhares, sendo ele um homem, sendo ele branco? A mulher negra se estremeceria de medo e aversão a si mesma? Ou seria ela, quem sabe, invisível? Fanon não menciona as imagens e os pensamentos de mulheres negras que poderiam

20 F. Fanon, *Pele negra, máscaras brancas*, op. cit., p. 24.

21 Ibid., p. 192.

22 Ibid., p. 127.

denunciar a percepção de homens brancos sobre a sexualidade de mulheres negras, fato que se mantém consistente em toda sua obra, diferentemente dos encontros vividos. Já que o poder envolvido no ato de encarar e ser encarado é assimetricamente atribuído a brancos e negros e a homens e mulheres em sociedades patriarcais racialmente estratificadas, alterar o gênero dos participantes dessa versão ritualizada do encontro entre negros e brancos para um que focasse em uma mulher negra como objeto do olhar coloca em primeiro plano um conjunto diferente de relações e experiências: um conjunto de relações sobre o qual Fanon não aplica seu próprio olhar crítico.

Homens negros não podem ser responsabilizados – como o são mulheres negras – pela "desnegrificação" da "raça", pois não podem gestar. Usando termos de Fanon, "mulheres mulatas" ameaçam a estabilidade da ordem racial porque sua presença visível tem a capacidade de minar as diferenças entre negros e brancos e porque elas escolhem como parceiros homens brancos. As mulheres negras são, assim, uma ameaça maior à sobrevivência negra do que homens brancos, e a ansiedade que elas geram é exacerbada por sua incognoscibilidade.

HOMENS NEGROS: JEAN VENEUSE / FRANTZ FANON

É importante perceber os termos usados por Fanon em "O homem de cor e a branca" em comparação àqueles usados em "A mulher de cor e o branco". Aqui, Fanon impregna consideravelmente sexo interracial com uma motivação política, bem como o desejo de ser branco. Tem a ver com a tentativa de tomar para si "a civilização e a dignidade brancas".[23]

Enquanto a "mulher de cor" com ascendência branca está fadada à prisão debilitante de inferiorizar a si mesma e a cultivar

23 Ibid., p. 79.

ambições inapropriadas, o homem negro de Fanon não apresenta qualquer traço de "sangue branco" que possa contaminar a pureza de sua identidade. Jean Veneuse lê textos literários e filosóficos e é um homem introvertido e sentimental. É o completo oposto de mulheres desprezíveis e narcisistas como Capécia e Nini, descritas como "essas mulheres de cor frenéticas"[24] com "seu afã de gesticular, seu apego à fanfarrice ridícula, suas atitudes calculadas, teatrais, nauseantes".[25]

Fanon confere a Jean Veneuse um caráter universal de humanidade que nega a mulheres negras: "Jean Veneuse é o cruzado da vida interior. [...] Jean Veneuse é um neurótico e sua cor é só uma tentativa de explicar uma estrutura psíquica. Se ela não existisse, essa diferença objetiva, ele mesmo a teria criado do nada".[26]

E, diferentemente de qualquer outro antilhano que migra para a França, Veneuse é capaz de resistir ao desejo por mulheres brancas. Por outro lado: "[...] o anseio mais constante daqueles que chegavam à França era dormir com uma branca. [...] Uma vez cumprido esse rito de iniciação à virilidade 'autêntica' pegam o trem para Paris".[27]

Desse modo, relações sexuais com mulheres brancas configuram, para homens negros, uma iniciação, um rito masculino de passagem para a masculinidade – conquistar e corromper a propriedade do homem branco –, e não simplesmente uma traição à raça.

Mulheres negras mantêm relacionamentos com homens brancos, criam estratégias e perseguem sua caça, enquanto "Jean Veneuse é o homem a ser vencido", com quem mulheres tentam flertar.[28] Ele ama uma única mulher, uma mulher branca específica, enquanto mulheres de cor querem qualquer homem branco

24 Ibid., p. 64.
25 Ibid., p. 72.
26 Ibid., p. 93.
27 Ibid., p. 87.
28 Ibid., p. 81.

capaz de elevar seu status racial, econômico e social. Veneuse escreve poemas. Capécia é imbecil.[29]

A BRANQUITUDE DE MULHERES BRANCAS

Segundo Fanon, para mulheres negras, o sexo se refere a obliterar a negritude e conquistar poder e riqueza, mas para mulheres brancas é uma experiência sexual com o objeto fobígeno de desejo.

Fanon argumenta que a frustração sexual das mulheres brancas é o principal componente das ansiedades que sentem quando pensam em pessoas negras, pintando-as como inerentemente suscetíveis à neurose sexual e deslocando o racismo para o lugar de consequência dessa frustração. Sua declaração sobre o racismo das mulheres brancas e a suposta conexão com a ausência de vida sexual parece, mais uma vez, exagerada:

> Todas as mulheres negrófobas que conhecemos tinham uma vida sexual anormal. Seus maridos as abandonaram; eram viúvas e não ousavam substituir o finado; estavam divorciadas e hesitavam diante de um novo investimento objetal.[30]

No entanto, além de outras alusões aos desejos e às fantasias das mulheres brancas, *Pele branca, máscaras negras* ao menos demonstra alguma preocupação com o interior da psicologia de mulheres brancas, o que novamente contrasta com o desprezo pela psiquê de mulheres negras. Ele também se refere a mulheres brancas portadoras de uma existência mais substancial do que a de uma personagem em uma obra de ficção.

Fanon registra o comentário de uma menina branca que expressou seu pavor de homens negros, o que delineia, para ele, os

29 Ibid., p. 67, n. 16.
30 Ibid., p. 172.

vários graus da negrofobia.[31] (É importante notar que esses comentários se encontram em meio a uma especulação acerca do estupro entre homens negros homossexuais e na insinuação de uma conexão entre homossexualidade e racismo.) "No fundo, esse *medo* do estupro não invoca justamente o estupro? Assim como existem faces que pedem uns tapas, não seria possível descrever mulheres que anseiam pelo estupro?"[32]

A análise posterior de Fanon sobre o desejo sexual da mulher branca também deve ser registrado aqui. Ele sugere que: "A fantasia do estupro pelo negro é uma variante de [...] 'Desejo que o negro me estripe'".[33]

Medo e desejo são tão indissoluvelmente ligados assim? É o que afirma Fanon. Ou talvez o desejo possa ser mascarado pelo medo, principalmente quando o desejo é proibido, e ceder a ele seria um ato transgressor?

Fanon se sente capaz de desvendar o enigma da mulher branca negrofóbica ao localizar seu comportamento no desejo de possuir um homem negro – e de ser estuprada por ele. Fanon enxerga esse posicionamento psicossexual como análogo ao desejo reprimido do homem branco negrofóbico de ter uma relação homossexual com um homem negro. Assim, "o branco está encerrado em sua brancura"[34] mas não totalmente encerrado em sua heterossexualidade. Essa alusão casual à homossexualidade e à negrofobia é preocupante, pois não só psicopatologiza o racismo como, ao interligar as duas coisas, marca a homossexualidade como "doença de homem branco". Fanon relaciona tal afirmação com a suposta ausência do complexo de Édipo nas Antilhas. Contudo, vale a pena refletir sobre o quanto disso pode ser caracterizado como aparente ódio e medo do "feminino" e o quanto pode refletir uma repressão de seus próprios desejos.

31 Ibid., p. 166.

32 Ibid., p. 170.

33 Ibid., p. 192.

34 Ibid., p. 23. [N. T.]

MÃES E FILHOS

Tanto mulheres brancas como negras são, normalmente, colocadas como o depósito da "raça" (o que pode ser constatado pela frequência com que a pergunta "você deixaria sua filha se casar com um negro?" é feita). Há uma expectativa de que ambas respaldem os valores e as tradições da ordem patriarcal, porém são vistas como o elo mais fraco no que tange à manutenção da integridade racial. Assim, a instabilidade neurótica das mulheres brancas implica a possibilidade de regressão da cultura para a natureza. Esse fato é sugerido no relato de Fanon sobre o devaneio de uma mulher branca durante uma sessão de terapia: ela joga no terreno resvaladiço entre ser civilizada e fantasiar selvageria, onde "de mãos dadas com eles [os negros], ela dança ao redor da fogueira".[35] Enquanto isso, mulheres negras "castram" e tornam homens negros "impotentes" (sexual e politicamente) com seu desejo de embranquecimento.

A figura da mãe negra é incluída ocasionalmente, mas apenas para ser castigada por configurar a razão pelo comportamento disfuncional de seus filhos. Para que, por exemplo: "Em casa, minha mãe canta para mim, em francês, trovas francesas em que nunca há sequer menção a negros. Quando desobedeço, quando faço muito barulho, dizem para que eu pare de 'agir feito negro'".[36]

Em sua função como guardiã da cultura, a figura materna negra é incapaz de oferecer o apoio necessário, e essa insatisfação com a mãe é incorporada à afirmação de Fanon, e portanto, explicada, de que ele quer, sim, ser amado devido a uma experiência anterior ruim em que ele acabou abandonado. Essa "mãe" pode ser também uma metáfora para Martinica e África e representar a raiva gerada pelo senso de abandono do país-mãe.

Mulheres são continuamente referidas como mães ou mães em potencial nos escritos de Fanon. Pensando a partir do traba-

35 Ibid., p. 216.
36 Ibid., p. 202.

lho de Hortense Spillers, a narrativa de Fanon "abandona do protocolo crítico" o termo filha:

> [...] a filha patriarcal continua suspensa como uma posição social liminar entre territórios previamente estabelecidos [...] ao carregar um nome que ela leva como cortesia à ficção jurídica e destinada a outro que ela deverá adquirir a fim de "ter" ela mesma seus filhos, a "filha" mantém seu status desde que consiga a glória de desaparecer, de se decompor em "esposa" e "mãe" de *seus próprios* filhos.[37]

Talvez isso também faça parte da raiva de Fanon, já que Capécia, Nini e as outras possam ser lidas como resistentes à impotência, inseridas nessa situação pela recusa de participar da troca de mulheres ritualística conforme dita a comunidade.

NOTAS FINAIS

No começo de "Critical Fanonism", Henry Louis Gates Jr. cita uma passagem de *Pele negra, máscaras brancas*: "Este trabalho almeja ser um espelho".[38] O quanto esse espelho reflete mulheres negras é uma questão a ser debatida. Eu afirmei que esse espelho é erguido para o olhar masculino se reconhecer enquanto mulheres apenas observam: se a mulher é negra, ela para e observa somente o homem branco, esperando que ele confirme seu desejo por ela; se a mulher é branca, contida por uma negrofobia neurótica fruto de sua frustração sexual, a mulher hesita e, ao mesmo tempo, pondera ceder às fantasias de ser estuprada por homens negros.

37 Hortense Spillers, "The Permanent Obliquity of an In(pha)llibly Straight: In the Time of the Daughters and the Fathers", in Cheryl A. Wall (org.), *Changing Our Own Words: Essays on Criticism, Theory and Writing by Black Women*. London: Routledge, pp. 127–149.

38 H. L. Gates Jr., "Critical Fanonism", op. cit., p. 457.

Mulheres brancas são percebidas como portadoras de um status pendular. Quer dizer que podem ser parte do eu e do outro para o homem branco: são brancas, mas não são homens. O homem negro serve tanto como contrapeso para estabilizar a identidade masculina branca quanto como possível concorrente do afeto da mulher branca.

Infelizmente, a mulher negra, ao ser nem branca nem homem, representa uma falta dupla no esquema colonial psicossexual: a antítese da branquitude e das noções firmadas de feminilidade e masculinidade ao mesmo tempo. Além disso, para o homem negro que almeja o poder patriarcal, a mulher negra representa um estorvo. Estará ela acorrentada à mulher branca da mesma forma que homens brancos e negros estão ligados? A análise que Jock McCulloch faz de Fanon conclui que "o *imago* do Negro é um meio conveniente pelo qual a mulher branca mantém seu equilíbrio psicológico" e, portanto, a mulher branca tem a mulher negra como seu outro.[39] Assim, de acordo com esse modelo, a mulher negra deseja, mas não é o objeto de desejo, já que não tem status para conferir àqueles que poderiam cobiçá-la: por isso, ela é excluída de todo o cenário. Ela serve de outro para o outro, sem status suficiente para ter um outro ela mesma.

Em *Pele negra, máscaras brancas*, a posição subordinada da mulher negra é confirmada pelo uso genérico de "ele/Negro" em todas as instâncias, exceto as situações absolutamente específicas a mulheres, aqui claramente marcadas como "Negras". É apenas nesses momentos que podemos ter certeza de que as mulheres negras estão incluídas.

As últimas palavras que ressoam de Fanon em *Pele negra, máscaras brancas* são: "Minha prece derradeira: Ó meu corpo, faz sempre de mim um homem que questiona!".[40] Aparentemente, mulheres negras não podem pressupor que seu papel será reconhecido nas políticas negras e na cultura negra sem luta.

39 J. McCulloch, *Black Soul, White Atrifact: Fanon's Psychology and Social Theory*, op. cit., p. 74.

40 F. Fanon, *Pele negra, máscaras brancas*, op. cit., p. 242.

A VIDA APÓS A MORTE DE FRANTZ FANON: POR QUE FANON? POR QUE AGORA? POR QUE *PELE NEGRA, MÁSCARAS BRANCAS*?

STUART HALL

[1996]

Por que Fanon? Por que, após tantos anos de relativa negligência, seu nome está mais uma vez começando a incitar discussões e polêmicas intelectuais tão intensas? Por que isso está acontecendo neste momento específico, nesta conjuntura? E por que é que a revigorada "busca por Fanon" está sendo conduzida em torno do texto *Pele negra, máscaras brancas*? Este ensaio[1] aborda essas questões conforme foram postas no contexto da exibição *Mirage: Enigmas of Race, Difference and Desire* [Miragem: Enigmas da Raça, Diferença e Desejo] do Instituto de Artes Contemporâneas (ICA) de Londres, um programa de filmes, instalações, performances e obras de artes visuais de artistas negros contemporâneos que reconhecem alguma dívida pela influência, geralmente indireta, do trabalho de Fanon. O texto está escrito no espírito do título da conferência que aconteceu durante a exibição: "Working with Fanon" [Trabalhando com Fanon].

Por que, dentre as muitas figuras cuja presença emblemática poderia ter desencadeado tal profusão de produção discursiva e figurativa, a incitação acabou vindo de Frantz Fanon? Embora, em algum momento, seu nome tenha sido amplamente conhecido e reconhecido – geralmente como significante de certo tipo de terceiro-mundismo incendiário –, ele agora é virtualmente desconhecido, mesmo entre jovens escritores e artistas negros em atividade cujo trabalho parece, involuntariamente, deixar transparecer o "traço" de sua presença. Claro, os eventos não obedecem a nenhuma teleologia singular que se desenvolveria por meio de uma única causalidade ou sequência temporal. Mas não posso deixar de sentir que a retomada de Fanon, agora, neste momento, aqui, desta forma, tem algo da sobredeterminação do "retorno do reprimido" – uma tempestividade constituída a partir de muitas direções simultaneamente, bem como de certa intempestividade.

1 Este texto foi publicado originalmente como "The After-life of Frantz Fanon: Why Fanon? Why Now? Why *Black Skin, White Masks*?", in Alan Read (org.), *The Fact of Blackness: Frantz Fanon and Visual Representation*. London/Seattle: Institute of Contemporary Arts/Bay Press, 1996. Tradução de Allan Hillani. [N. E.]

Em vez de tentar recapturar o "verdadeiro" Fanon, devemos tentar engajar a vida após a morte de Frantz Fanon – aquilo que Jacques Derrida chamaria, após seu recente ensaio sobre Marx, de seu "efeito espectral" (seria *essa* a tal *Miragem* do título da exposição?) de modo que não simplesmente restaurasse o passado ciclicamente em um eterno retorno, mas que fizesse o enigma de Fanon, como Benjamin disse a respeito da história, relampejar diante de nós em um momento de perigo.[2] "O homem colonizado que escreve para seu povo" – isto é, claro, o homem e a mulher colonizados, uma elisão em Fanon que é tão característica quanto intempestiva – "quando *utiliza* o passado, deve fazê-lo com a intenção de abrir o futuro", observou Fanon; "convidar à ação, criar a esperança".[3] Que ação, que esperança nos é proposta aqui? E por que, de todos os seus escritos, é *Pele negra, máscaras brancas* o mote dessas aspirações?

Por muitos anos foi o ensaio sobre os movimentos de libertação nacional em *Os condenados da terra*, com seu chamado à luta anticolonial violenta, purificadora e recriadora de si, que constituiu, para muitos, o "convite à ação" – e, para outros, o pesadelo espectral do barbarismo negro espreitando as ruas. "Eles querem tomar o nosso lugar" é a fantasia que melhor parece descrever a segunda atitude – que é como o próprio Fanon descreveu a "fantasia paranoica de desapropriação primordial" do colonizador branco quando confrontado pelo homem negro.[4] Essa disputa em torno de "qual texto de Fanon?" como forma de tentar anexar seu legado político retroativamente está longe de estar concluída. Em um cético, mas bem-sucedido, *tour d'horizon* dos últimos trabalhos sobre Fanon, "Critical Fanonism" [Fanonismo crítico], o autor, Henry Louis Gates Jr., que é simpático em termos gerais à emprei-

2 Ver Walter Benjamin, "Theses on the Philosophy of History", in *Illuminations: Essays and Reflections*. London: Fontana, 1973, p. 247.

3 Frantz Fanon, *Os condenados da terra* [1961], trad. Ligia Fonseca Ferreira e Regina Salgado Campos. Rio de Janeiro: Zahar, 2022, p. 234.

4 Homi K. Bhabha, "Recordar Fanon", neste volume, p. 40.

tada pós-colonial e pós-estruturalista, demonstra contudo algum prazer em expor o quão variadas, e até mesmo internamente contraditórias, as recentes "leituras" de Fanon enquanto teórico global têm sido.[5] Por outro lado, em um ensaio intitulado "The Appropriation of Frantz Fanon" [A apropriação de Fanon], que critica vorazmente toda a expropriação "revisionista" de Fanon, Cedric Robinson argumenta que privilegiar *Pele negra, máscaras brancas* sobre *Os condenados da terra* é uma estratégia política motivada que, perversamente, lê Fanon de trás para frente, de sua "imersão na consciência revolucionária do campesinato argelino" ao "ranço pequeno-burguês" do texto anterior.[6]

Não pode ser apenas por puro acaso que justamente *Pele negra, máscaras brancas*, com sua exploração inspirada pela psicanálise a respeito dos mecanismos inconscientes do racismo e do colonialismo, com sua atenção ao papel da fantasia projetiva, com sua exposição da complexidade subjetiva deslocada na enganosamente óbvia "experiência vivida do negro" e seu interesse pela dialética da identidade, alteridade e desejo, forneça o terreno privilegiado para o "retorno" de Fanon e da disputa em torno dele. Kobena Mercer, em seu ensaio introdutório ao catálogo da exposição *Mirage*, "Busy in the Ruins of Wretched Phantasia" [Ocupado nas ruínas da fantasia condenada], nos lembra – como se costumássemos esquecer – de que, como toda leitura é também uma releitura, ela está fadada a ser política. Ele nos oferece uma condição de existência para o "retorno" intempestivo de Fanon:

> Enquanto as gerações anteriores privilegiaram os temas marxistas da obra posterior de Fanon [...] no auge do otimismo dos movimentos sociais do pós-guerra, o infortúnio da esquerda independente durante a década de 1980 forneceu o pano de fundo para um interesse re-

5 Henry Louis Gates Jr., "Critical Fanonism". *Critical Inquiry*, v. 17, n. 3, 1991.

6 Cedric Robinson, "The Appropriation of Frantz Fanon". *Race and Class*, v. 35, n. 1, 1993.

novado em *Pele negra, máscaras brancas*, o primeiro e mais explicitamente psicanalítico texto de Fanon.[7]

Embora esse argumento tenha sua pertinência, vale a pena lembrar como, tanto durante sua vida como desde então até o presente, quase tanta energia retórica foi gasta para provar o quanto o "fanonismo" desviava de qualquer coisa parecida com um marxismo clássico. A luta para colonizar a obra de Fanon tem sido um processo contínuo desde o momento de sua morte, e a identificação de seus escritos, nos anos 1960 e 1970, com "temas marxistas" já era, em si própria, o produto de uma releitura. Mercer cita como outro fator que contribuiu para isso a estrutura discursiva de várias camadas de *Pele negra, máscaras brancas*, "cujo olhar autoral oscila constantemente entre múltiplos pontos de vista", e cuja voz, podemos acrescentar, opera em múltiplos registros "autobiográfico, clínico, sociológico, poético, filosófico, político". Voltarei à proposição duvidosa de que haveria algumas rupturas sintomáticas definitivas entre a obra inicial e tardia de Fanon, bem como à questão de como devemos reler a multivocalidade de *Pele negra, máscaras brancas*.

A visão que constitui a novidade deste texto, declarada com ousadia por Fanon em sua introdução ao *Pele negra, máscaras brancas*, é a de que "apenas uma interpretação psicanalítica da questão negra pode revelar as anomalias afetivas responsáveis pelo edifício complexual" que caracteriza o racismo e o colonialismo.[8] Mas também torna absurda a alegação de que "Fanon era um ativista político e não um teórico", que aqueles que gostariam de recuperar Fanon por alguma manifestação anterior e mais "revolucionária" acham tão sedutora. Inclusive, a ideia de que é

7 Kobena Mercer, "Busy in the Ruins of Wretched Phantasia", in *Mirage: Enigmas of Race, Difference and Desire*. London: Institute of Contemporary Arts/Institute of International Visual Art, 1994.

8 F. Fanon, *Pele negra, máscaras brancas* [1952], trad. Sebastião Nascimento e Raquel Camargo. São Paulo: Ubu Editora, 2020, p. 24.

apenas "política", e não também "teoria", o que está em disputa nessas leituras e releituras de Fanon é certamente algo que convém aos recuperadores nos fazer acreditar, mas não é uma proposição que possa ser seriamente defendida. O problema é que o texto de Fanon de 1952 antecipa o pós-estruturalismo de uma maneira inesperada, mesmo que a adição da frase "a verdadeira desalienação do negro requer um reconhecimento imediato das realidades econômicas e sociais" ponha sua observação anacronicamente presciente em uma direção inesperada. O complexo de dependência, diz ele, "resulta de um duplo processo: econômico, em primeiro lugar; e, em seguida, por interiorização, ou melhor, por epidermização dessa inferioridade".[9] Uma palavra maravilhosa, "epidermização": literalmente, a inscrição da raça na pele. Essa armadura da "raça" fornece ao sujeito negro aquilo que em outros lugares Fanon chama de "esquema corporal" alternativo. Mas, como ele sempre insiste, esse esquema é cultural e discursivo, não genético ou fisiológico: "Eu havia criado, por baixo do esquema corporal, um esquema histórico-racial [...] que teceu [...] milhares de detalhes, anedotas, relatos".[10]

Outra fonte profunda do apelo contemporâneo de *Pele negra, máscaras brancas* é a associação que o livro estabelece entre o racismo e o que veio a ser chamado de pulsão escópica – a erotização do prazer de olhar e o lugar primordial dado no texto de Fanon ao "olhar" a partir do lugar do "Outro".[11] É o exercício do poder através da dialética do "olhar" – raça no campo de visão, parafraseando Jacqueline Rose – que *corrige* o Negro a partir do exterior (palavra de Fanon, que usarei neste contexto) por meio do binário fantasmático da diferença absoluta.[12] "Encerrado nessa ob-

9 Ibid., p. 25.

10 Ibid., pp. 126–27.

11 Ver Sigmund Freud, "Três ensaios sobre a teoria da sexualidade" [1905], in *Obras completas*, v. 6, trad. Paulo César de Souza. São Paulo: Companhia das Letras, 2016.

12 Ver Jacqueline Rose, *Sexuality in the Field of Vision*. London: Verso, 1986.

jetividade esmagadora";[13] "sobredeterminado a partir do exterior".[14] Não apenas é o Negro de Fanon capturado, paralisado, esvaziado e detonado na dialética fetichista e estereotipada do "olhar" a partir do lugar do Outro; mas ele/ela *se torna* – não havendo outro eu além de – este *eu-como-tornado-Outro*. Este é o homem negro *como* sua autoimagem alienada; ou como põe Homi Bhabha, "não Eu e Outro, mas a 'Alteridade' do Eu inscrita no palimpsesto perverso da identidade colonial". É essa "figura bizarra do desejo" que, como Bhabha observa com razão, "obriga Fanon a situar a questão psicanalítica do desejo do sujeito em face das condições históricas do homem colonial".[15]

Não pode haver dúvida de que, como Gates sugeriu, "o fascínio atual de Fanon para nós tem algo a ver com a convergência da problemática do colonialismo e da formação do sujeito".[16] Esse acionamento dos motores pós-estruturalistas e psicanalíticos da teoria contemporânea sobre a estrutura primordial – e primordialmente resistente – do racismo e da relação colonial histórica desperta em nós um frisson disjuntivo de estímulo e prazer que é apenas, em parte, cognitivo (o *gozo* da teoria sendo subestimado como de costume). No entanto, a familiaridade desses conceitos, agora, pode nos levar a subestimar a novidade e a originalidade dos *insights* de Fanon no momento de sua escrita. A direção seguida por seu texto é indubitavelmente rumo ao reconhecimento de que uma teorização sobre racismo que não trata da interioridade e dos mecanismos inconscientes de seus efeitos conta, na melhor das hipóteses, apenas metade da história. A contraposição simplista de *Pele negra, máscaras brancas* e *Os condenados da terra*, com a implicação de que, na passagem de um para o outro, Fanon de alguma forma "progrediu" de questões pequeno-burguesas infantis para uma maior "maturidade", não explica por que *Os*

13 F. Fanon, *Pele negra, máscaras brancas*, op. cit., p. 125.
14 Ibid., p. 131.
15 H. K. Bhabha, "Recordar Fanon", neste volume, p. 39.
16 H. L. Gates Jr., "Critical Fanonism", op. cit., p. 458.

condenados da terra conclui, no capítulo sobre "Guerra colonial e perturbações mentais", com uma série de estudos de caso psiquiátricos, apresentados em uma linguagem que ecoa claramente o paradigma esboçado pela primeira vez em *Pele negra, máscaras brancas*. "Por ser uma negação sistematizada do outro, uma decisão furiosa de recusar ao outro qualquer atributo de humanidade, o colonialismo compele o povo dominado a se interrogar constantemente: 'Quem sou eu na realidade?'." Fanon acrescenta, incisivamente: "Poderão parecer inoportunas e singularmente deslocadas em tal livro estas notas de psiquiatria. Nada podemos fazer a esse respeito".[17] Fim de papo.

Em *Pele negra, máscaras brancas*, essa fixação do Negro entre os binários fantasmáticos de medo e desejo que governaram a representação da figura negra no discurso colonial – e que, argumenta Fanon, estão no cerne da realidade psíquica do racismo – é profunda e mordazmente explorada. De fato, a operação é desmascarada de maneira tão penetrante que, na verdade, somos tentados a ler o texto de Fanon como mais simples e direto do que é. Como o texto retorna tão impiedosamente às oposições binárias, *preto/branco*, *colonizador/colonizado*, é de se perguntar quantos de seus leitores inconscientemente recaem na leitura segundo a qual os binários são o foco exclusivo de sua história. Como se o verdadeiro título de seu livro fosse "Pele negra, pele branca". Ignorando o fato de que, embora seu assunto seja, é claro, enquadrado pela estrutura dicotômica e maniqueísta do racismo como um sistema binário de representação e poder, é o eu dividido ou cindido, os dois lados dentro da *mesma* figura – o Negro colonizado – que o preocupa centralmente.

A figura central do livro é o Negro colonizado, especialmente o antilhano, que é obrigado, nos cenários da relação colonial, a ter uma relação consigo mesmo, a exibir uma performance de si, que é roteirizada pelo colonizador, produzindo nele a condição interna-

17 F. Fanon, *Os condenados da terra*, op. cit., pp. 211–22.

mente dividida de "despersonalização absoluta".[18] Os mecanismos dessa substituição são descritos com muita precisão. O esquema corporal ou corpóreo, que Fanon diz ser "uma estruturação definitiva do eu e do mundo", necessário a qualquer senso de si porque "estabelece uma dialética efetiva entre meu corpo e o mundo", é fragmentado e despedaçado.[19] Tal *gestalt* escópica, que Jacques Lacan, por exemplo, sugeriu ser de grande importância formativa para a constituição do sujeito, não pode ser formada.[20] Em seu lugar, sugere Fanon, surge o "esquema histórico-racial", que *o tece* "milhares de detalhes, anedotas, relatos" – "e então me arrebentaram o tímpano com a antropofagia, o atraso mental, o fetichismo, as taras raciais, os negreiros e, acima de tudo, acima de tudo o mais: '*Y'a bon banania*'".[21] "Eis aqui os estilhaços recolhidos por um outro eu."[22]

Existem, insiste Fanon, "dois campos: o branco e o negro".[23] Mas, ele acrescenta, "os negros, de um dia para o outro, passaram a ter dois sistemas de referência em relação aos quais era preciso se situar [...]. Pois o negro já não precisa ser negro, mas precisa sê-lo diante do branco".[24] O problema que preocupa Fanon, então, não é a *existência* do homem branco no colonialismo, mas o fato de que o homem negro só pode existir em relação a si mesmo através da presença alienante do "Outro" branco. Como Homi Bhabha observa corretamente, esta não é "uma divisão clara", mas "trata-se de uma imagem dupla e dissimulada de se estar em pelo menos dois lugares ao mesmo tempo".[25] O sujeito ao qual Fanon

18 Id., "Carta ao ministro residente", trad. Raquel Camargo, in *Alienação e liberdade*: *escritos psiquiátricos* [1951–60]. São Paulo: Ubu Editora, 2020, p. 293.

19 Id., *Pele negra, máscaras brancas*, op. cit., p. 126.

20 Ver Jacques Lacan, *O seminário. Livro 11: Os quatro conceitos fundamentais da psicanálise* [1964], trad. M. D. Magno. Rio de Janeiro: Jorge Zahar, 1996.

21 F. Fanon, *Pele negra, máscaras brancas*, op. cit., pp. 126–27.

22 Ibid., p. 125.

23 Ibid., p. 22.

24 Ibid., p. 125.

25 Homi K. Bhabha, "Recordar Fanon", neste volume, p. 40.

se dirige é historicamente específico. Não é o racismo como um fenômeno geral, mas o racismo na relação colonial que ele disseca. Sua tarefa era descompactar sua interioridade – e considerar as condições tanto para a produção de um novo tipo de sujeito como para a decolonização da mente enquanto condições subjetivas necessárias para a decolonização do mundo: "Não almejamos nada menos do que libertar o homem de cor *de si mesmo*".[26] É a revelação dessa abertura radical no centro do texto de Fanon que constitui sua novidade, sua originalidade, sua "atualidade".

Hoje, a questão para nós é: como ler, como interpretar o problema que ele pôs, as respostas que seu texto propõe e o convite à ação e à esperança que ele prefigurou?

Uma resposta tem sido ocupar a estrutura do argumento de Fanon, voltando os mecanismos que ele identifica contra eles próprios. Isso leva a questão do "olhar" a sério, vai ao cerne do próprio processo representacional ao qual Fanon – contra a corrente objetivista da história da análise do racismo – deu um papel tão central e constitutivo. Pelas práticas de *trans*-codificação e *re*-significação, ele tentou contestar, perturbar e reinscrever o olhar de *outra* forma. Claro, para aqueles que acreditam que a história é um "processo sem sujeito", essa tentativa de constituir formas de subjetividade e representação em algum registro diferente daquele da relação colonial pode parecer de pouca importância: meros rabiscos nas margens. Talvez a curta história da Argélia pós-colonial, na qual essa entidade dita objetiva, "o campesinato argelino", tenha sido poderosamente inscrita em várias posições diferentes e contraditórias nas narrativas pós-independência – da "vanguarda revolucionária" à "multidão fiel" –, possa fazê-los parar para pensar. Para aqueles que tomam essas questões de representação e subjetividade como *constitutivas* da política de decolonização, especialmente dentre os jovens profissionais de cultura e artistas visuais da diáspora africana, a obra de Fanon teve uma influência

26 F. Fanon, *Pele negra, máscaras brancas*, op. cit., p. 10. Grifo meu.

enorme, imprevista e imprevisível em anos recentes – cuja prova pode ser vista por todas as obras exibidas, expostas e performadas na *Mirage*. A principal contraestratégia nesse caso tem sido trazer à tona – para a representação – aquilo que sustentou os regimes de representação não reconhecidos: subverter as estruturas de "alteridade" na linguagem e na representação, imagem, som e discurso, e assim voltar os mecanismos fixos de significação racial contra eles próprios a fim de começar a constituir novas subjetividades, novas posições de enunciação e identificação, sem as quais os momentos mais "revolucionários" da libertação nacional rapidamente deslizam para sua marcha à ré pós-colonial (a Argélia sendo um dos casos mais preocupantes e dolorosos).

A partir dessa prática de ressignificação – essa nova política do significante negro – fluiu tanto um volume incrível como também, mais significativamente, uma surpreendente diversidade formal das muitas obras de arte negras recentes. Por diversas vezes, essa prática assumiu a forma de um trabalho *no próprio corpo negro*: conduzindo a violência reprimida do racismo tão profundamente dentro de si que revela a linhagem transgressora do desejo reprimido do qual se alimenta; reunindo o que podemos pensar como novos "esquemas corporais"; aquilo que o próprio Fanon descreve como tendo sido fixado assim "como se fixa um corante com um estabilizador", desmembrando em "estilhaços recolhidos por um outro eu".[27] Muitas vezes, esse processo consiste em o artista tomar seu próprio corpo como "quadro", "moldura" ou "tela" fotossensível, de modo que o trabalho de tradução e reapropriação é literalmente uma espécie de "reescrita de si sobre o corpo", uma reepidermização, uma *autografia*. Em outro lugar, caracterizei essa reelaboração do corpo negro abjetificado por meio do desejo como produzindo um novo "narciso negro".[28]

27 Ibid., p. 125.

28 Stuart Hall, "'Race' – The Sliding Signifier", in *The Fateful Triangle: Race, Ethnicity, Nation*. Cambridge: Harvard University Press, 2017.

O campo da representação visual está aqui em primeiro plano devido ao papel constitutivo do "olhar" como local de poder-saber, da sexualização do olhar e da sua fetichização fantasmática do corpo e da pele como significantes da diferença racial. Contudo, o corpo no texto de Fanon é tanto um local privilegiado como ambivalente de intervenção estratégica. "Ó meu corpo, faz sempre de mim um homem que questiona!"[29] Na "epidermização" do olhar racial, Fanon nos diz, a exclusão e a abjeção são impressas no corpo por meio do funcionamento desses significantes como uma taxonomia objetiva – uma "taxidermia" – da diferença radicalizada; uma matriz especular de inteligibilidade.

Após Fanon teríamos de adicionar os órgãos genitais[30] àquilo que W. E. B. DuBois uma vez se referiu em termos de "cabelo, pele e osso".[31] Sabemos que o excesso fetichista e estereotipado necessário para garantir esses marcadores de diferença racial em uma equivalência estável com o corpo negro, longe de ser geneticamente garantido, é uma "forma de inteligibilidade" que o racismo compartilha com outros regimes de diferença e alteridade com os quais tem muitas características em comum – especialmente, é claro, gênero e sexualidade.[32] Portanto, às vezes é tentador acreditar que essas são de fato a "evidência" e não os *marcadores* da diferença. Nós consideramos erroneamente sua função como significantes por conta de seu dado biológico e, portanto, lemos "raça" como o produto de um esquema genético ou biológico, e não como um *regime discursivo*.

Muitas práticas visuais influenciadas por ideias pós-estruturalistas e psicanalíticas parecem ter conseguido escapar de um ma-

29 F. Fanon, *Pele negra, máscaras brancas*, op. cit., p. 242.

30 Fanon cita Michael Cournot ao dizer que "quatro negros de membro exposto tapariam as fendas de toda uma catedral". Ver F. Fanon, *Pele negra, máscaras brancas*, op. cit., p. 182.

31 W. E. B. Dubois, "The Conservation of Races", in Howard Bretz (org.), *Negro Social and Political Thought*. New York: Basic Books, 1966.

32 Judith Butler, *Bodies That Matter: On the Discursive Limits of Sex*. London: Routledge, 1993.

terialismo fundacional, apenas para depois permitir que "o corpo" faça um retorno sub-reptício como uma espécie de "prova" do material, um significante último que traz o deslizamento discursivo, a semiose infinita de significado em torno da "raça" a uma interrupção abrupta. Às vezes, mesmo em Foucault, que tanto nos ensinou sobre sua contingência (e ainda mais dentre os foucaultianos), "o corpo" parece ser invocado no lugar onde outrora se encontravam aqueles grandes significantes transcendentais, Deus, Sua Majestade e A Economia: tornando-se o último refúgio, o *objet petit a*, de uma materialidade deslocada.

É importante que este trabalho de retorno ao enigmático local do "corpo negro" na representação da diferença radicalizada não seja confundido com um retorno a uma concepção *des*-historicizada, transcendental, fixada biologicamente, essencializada da identidade racial. O "maniqueísmo delirante" binário do discurso racializado para o qual Fanon tão efetivamente chama a atenção não é dado pela natureza.[33] Ele envolve uma operação discursiva arbitrária, uma sutura. Arbitrário, porque "raça" é um significante escorregadio com equivalências fora do discurso que não podem ser fixadas. "A rigidez própria do racismo [...] é a pista para sua complexidade. Sua capacidade de interromper o universo em duas grandes máscaras opostas [...] os complexos de sentimentos e atitudes [...] que estão sempre se recusando a ser tão bem estabilizados e fixados [...]. Toda essa energia simbólica e narrativa [...] é direcionada para nos garantir 'aqui' e eles 'ali', para fixar cada um em seu lugar designado por espécie."[34] "Raça" não é uma categoria genética, mas social. O racismo não é um regime biológico, mas discursivo. As chamadas insígnias corporais – pele negra, lábios grossos, cabelos encaracolados, pênis "do tamanho de uma catedral" e todo

33 F. Fanon, *Pele negra, máscaras brancas*, op. cit., p. 195.

34 S. Hall, "Race, Culture and Communication". *Rethinking Marxism*, v. 5, n. 1, 1992.

o resto –, que parecem funcionar como fundamento, não são apenas constituídas completamente na fantasia, mas são realmente elementos significativos no discurso do racismo. Mesmo em discursos racistas, onde a evidência da diferença racial parece estar tão *obviamente* na superfície do corpo, tão à vista de todos ("'Olhe, um negro!' [...] 'Mamãe, olhe o negro, estou com medo!'"),[35] eles são capazes de carregar essas conotações negativas *somente* porque funcionam, na verdade, como significantes de um código mais profundo – o genético – *que não pode ser visto*, mas que, acredita-se, tem o poder de uma ciência para consertar e estabilizar a diferença racial. Não é o status do discurso racista como "científico", mas o fato de que seus elementos funcionam *discursivamente* que lhe permite ter "efeitos reais". Eles só podem carregar significado porque significam, por meio de um processo de deslocamento, seguindo uma cadeia de equivalências – *metonimicamente* (pele negra – pênis grande – cérebro pequeno – pobre e atrasado – está tudo nos genes – acabe com o programa de pobreza – mande-os para casa!). Isto é, porque seu arranjo dentro de uma cadeia discursiva permite que os signos fisiológicos funcionem como significantes, representem e sejam "lidos" mais acima na cadeia; socialmente, psiquicamente, cognitivamente, politicamente, culturalmente, civilizacionalmente...[36]

Fanon certamente sabia que, no sistema radicalizado de exclusão e abjeção sustentado pelo olhar a partir do lugar do Outro, o esquema corporal não é dado, mas constituído, cultural e historicamente moldado ("eu havia criado, por baixo do esquema corporal, um esquema histórico-racial").[37] Assim, qualquer noção de que o retorno ao local do corpo representa uma recuperação de alguma fundação ou fundamento essencial que restaurará o sujeito negro essencial não é apenas equivocada, mas toma como

35 F. Fanon, *Pele negra, máscaras brancas*, op. cit., pp. 125, 127.

36 Para uma elaboração do caráter discursivo do racismo, ver S. Hall, "'Race' – The Sliding Signifier", op. cit.

37 F. Fanon, *Pele negra, máscaras brancas*, op. cit., p. 126.

mensagem da obra de Fanon algo a que ele explicitamente se opõe. Estes são, de fato, parafraseando Judith Butler, "corpos que importam": eles contam não porque podem produzir a verdade, mas porque significam dentro do que Judith Butler em outro contexto chama de norma regulatória; o "ideal" regulador da matriz racial. Como poderia o corpo negro funcionar de forma basilar quando, como mostra Fanon, ele é tão manifestamente construído em narrativas ("existiam lendas, histórias, a história e, acima de tudo, a *historicidade*"),[38] através do desejo, na fantasia, através do jogo exorbitante de "falta" e "excesso"? Esta é certamente a lição que devemos tirar do longo e desconfortável diálogo de Fanon com o movimento da Negritude.

Esse corpo de trabalho visual, então, pressupõe que "o olhar" pode ser subvertido, deslocado, resistido. Mas pode ser recusado, destruído, abandonado? Pode a divisão pele negra/máscaras brancas, que ameaça destruir o sujeito negro por dentro, ser curada? Não é o sujeito *inevitavelmente* um lócus de cisão? E se a resposta for afirmativa, qual é então o status do "sujeito unificado, universal", além da Negritude, para o qual Fanon está gesticulando naquela formulação altamente ressonante, mas ambígua no final de seu texto; "O negro não existe. Não mais que o branco"?[39]

O prefácio de Homi K. Bhabha para a edição de 1986 de *Pele negra, máscaras brancas* tornou-se o *locus classicus* de muitos aspectos deste debate, lembrando-nos que "Recordar Fanon [*Remembering Fanon*]", como se intitula seu texto, continua sendo uma prática difícil e inevitavelmente contestada. Em "Critical Fanonism", Henry Louis Gates Jr., emprestando uma frase de Benita Parry, critica a leitura de Bhabha por seu "pós-estruturalismo prematuro".[40] Ambos os autores se referem à tentativa de produzir Fanon como uma espécie de lacaniano *avant la lettre*, como se

38 Ibid., p. 127.

39 Ibid., p. 242.

40 Ver Benita Parry, "Problems in Current Theories of Colonial Discourse". *Literary Review*, v. 6, 1987, e H. L. Gates Jr., "Critical Fanonism", op. cit.

Fanon tivesse tomado a posição de Lacan sobre a cisão do sujeito e tratado "o Outro" como a fonte necessária de divisão que surge em todas as chamadas identidades unificadas, e não "como um ponto fenomenológico fixo oposto ao eu".[41] Estaria então Bhabha procurando algo naquela caixa preta – o texto de Fanon – à vista de todos, como um mágico ou um feiticeiro, até que no momento apropriado, para espanto geral, ele retira a figura do proverbial coelho lacaniano?

Na verdade, seus críticos apressadamente nem sempre reconhecem a clareza com que Bhabha demarca em seu texto os pontos nos quais sua interpretação se afasta e vai além de seu resumo fanoniano:

> Em seu modo mais analítico, Fanon por vezes retarda a análise dessas questões ambivalentes e incertas do desejo colonial [...]. Às vezes, Fanon arrisca uma correspondência muito próxima entre a *mise-en-scène* da fantasia inconsciente e os fantasmas do medo e do ódio racistas que espreitam a cena colonial;[42] [...] O sociodiagnóstico psiquiátrico de Fanon tende a se esquivar das viradas e dos recuos ambivalentes do sujeito do desejo colonial;[43] [...] Fanon algumas vezes precisa ser lembrado de que o repúdio pelo Outro sempre exacerba o "extremo" da identificação, revela aquele lugar perigoso em que identidade e agressividade estão geminadas.[44]

Bhabha reconhece que, repetidamente, Fanon recai rápido demais em solo sartreano e hegeliano, é movido demais pela demanda por "respostas mais insurgentes, identificações mais imediatas", faminto demais por um "humanismo existencial". O verdadeiro argumento

41 Isso é como quando Althusser e Balibar, em *Ler o Capital*, usam conceitos estruturalistas para "reler" Marx em sua condição parcialmente teorizada a fim de produzir – tcharam! – um Marx completamente estruturalista.

42 H. K. Bhabha, "Recordar Fanon", neste volume, p. 44.

43 Ibid.

44 Ibid., p. 46.

de Bhabha é, acredito, mais complexo. É o de que Fanon constante e implicitamente levanta questões e faz questionamentos de modo que não podem ser adequadamente respondidas dentro da estrutura conceitual na qual ele com frequência busca resolvê-las; e que uma "lógica" mais satisfatória e complexa é muitas vezes implicitamente entrelaçada através dos interstícios de seu texto, fio este que ele nem sempre segue, mas que podemos descobrir lendo-o "a contrapelo". Em suma, Bhabha produz uma *leitura sintomática* do texto de Fanon. A questão para nós, então, é se devemos nos limitar a tal "leitura sintomática". Com que autoridade, mas mais significativamente, com que efeitos, nos apropriamos ativamente do trabalho de Fanon contra a orientação de seu texto?

Devemos deixar claro que o que está em jogo aqui não é uma questão de restaurar o "verdadeiro significado" do texto ou de fixá-lo de uma vez por todas naquele território fantasmagórico conhecido como "o que Fanon quis de fato dizer". Mas também pode ser importante, em um sentido arqueológico ou genealógico, refazer as voltas que ele de fato deu, apreender a matriz de inteligibilidade dentro da qual ele veio a dizer o que disse (em vez de dizer o que não conseguiu dizer) e confrontar suas implicações. Pois esses movimentos e mudanças conceituais tiveram, para ele e para nós agora, consequências políticas reais.

Vamos colocar as coisas em termos simplistas. Eu acho que é impossível ler *Pele negra, máscaras brancas* sem reconhecer que o livro é também – e não apenas por acaso – o produto de pelo menos três diálogos inter-relacionados, mas inacabados, aos quais Fanon continuou retornando ao longo de sua vida e obra. Primeiro, há o diálogo de Fanon com a psiquiatria colonial francesa tradicional (uma formação muito mais elaborada do que qualquer coisa comparável no colonialismo britânico, sobre a qual Françoise Vergès escreve com grande perspicácia)[45] e, dentro

45 Françoise Vergès, "Chains of Madness, Chains of Colonialism: Fanon and Freedom", in Alan Read (org.), *The Fact of Blackness: Frantz Fanon and Visual*

dessa, com a psicanálise, Freud e os freudianos franceses. Pois, se este texto é "onde Lacan faz sua interrupção na teoria do discurso colonial", como afirma Gates, é também onde Fanon "lê" Lacan à luz de suas próprias preocupações. Na longa nota de rodapé sobre o "estádio do espelho", é a *apropriação* que Fanon faz de Lacan que nos arremata mais vividamente.[46] Primeiro, o "Outro" nesta transação é *racializado*: ("O verdadeiro Outrem do branco é e continua sendo o negro. E vice-versa"). É difícil não concordar que ele escreve aqui como se "o verdadeiro Outrem" fosse de fato "um ponto fenomenológico fixo". Em segundo lugar, a cisão no sujeito que engendra o "estádio do espelho" e que, para Lacan, é um mecanismo *geral* de desconhecimento que fornece as condições de existência de toda identificação, é realocado por Fanon *nas especificidades da relação colonial*: "nas Antilhas, a percepção se situa sempre no plano do imaginário [...] para o antilhano, a alucinação especular é sempre neutra [ou seja, incolor]".

Essa divergência é crucial. Por um lado, nos lembra, como uma descoberta surpreendente, quão racialmente neutro, quão surpreendentemente *desracializado* é o discurso de Lacan, e quão raramente essa branquitude neutra de sua linguagem recebeu comentário. Por outro lado, marca claramente a distância de Fanon em relação à lógica da posição de Lacan. Para Lacan, como observa Bhabha, "a identidade nunca é *a priori*, tampouco um produto acabado; é apenas o processo problemático de acesso a uma 'imagem' de totalidade".[47] A isso necessariamente acrescenta-se que, para Lacan, a identidade também opera "no nível do imaginário". Fanon segue Lacan ao substituir o conceito psicanalítico de "identificação" pelo conceito hegeliano de "reconhecimento". Este é um procedimento que marca a linhagem comum de ambos na recepção francesa de Hegel, por meio da altamente influente lei-

---

Representation. London: Institute of Contemporary Arts/Institute of International Visual Arts, 1996.

46 F. Fanon, *Pele negra, máscaras brancas*, op. cit., p. 174–77, n. 35.

47 H. K. Bhabha, "Recordar Fanon", neste volume, p. 42.

tura pós-heideggeriana da *Fenomenologia* fornecida por Kojève.[48] Mas, para Fanon, o bloqueio que destotaliza o "reconhecimento" hegeliano do Um pelo Outro na troca do olhar *racializado* surge da estrutura especular historicamente específica do racismo, não do mecanismo geral de autoidentificação. As implicações políticas desse desvio são altamente significativas. Pois toda a proposta do texto de Bhabha – aceitar uma política de subversão que vive com a ambivalência, sem tentar transcendê-la ou suprassumi-la (*Aufhebung*) – é a consequência *política* de uma posição teórica lacaniana, onde a ambivalência é uma parte necessária do roteiro, ao passo que a posição teórica de Fanon – que essa radicalização do "estádio do espelho" é uma condição "patológica", imposta ao sujeito negro pelo colonialismo – tem a questão política de *como acabar com essa alienação* inscrita nela própria. Fanon não pode, politicamente, "conviver com essa ambivalência", pois é a ambivalência que o está matando!

Assim, seria o mecanismo de desconhecimento que, segundo Lacan, é a condição para a formação da subjetividade na dialética do desejo "a partir do lugar do Outro" (implicando uma permanente "falta" de plenitude para o eu) parte de uma *ontologia geral*, ou seria ele historicamente específico à relação colonial? A resposta de Fanon, pelo menos, parece clara.

> É óbvio que existe o momento de "ser para o outro", de que fala Hegel, mas qualquer ontologia se torna irrealizável em uma sociedade colonizada e civilizada [...]. A ontologia [...] não nos permite compreender o ser do negro. Pois o negro já não precisa ser negro, mas precisa sê-lo diante do branco. Alguns teimarão em nos lembrar de que a situação tem duplo sentido. Respondemos que isso é falso.[49]

48 Ver Alexander Kojève, *Introduction to the Reading of Hegel: Lectures on the Phenomenology of Spirit*. Ithaca: Cornell University Press, 1969.

49 F. Fanon, *Pele negra, máscaras brancas*, op. cit., p. 125.

Na verdade, a estratégia do texto de Fanon é encarar certas posições que foram propostas como parte de uma ontologia geral e então mostrar como isso é insuficiente para operar ou explicar a situação específica do sujeito negro colonizado. O que temos que enfrentar, então, não é a mera disputa textual ou teórica entre as diferentes maneiras pelas quais o olhar lacaniano "a partir do lugar do Outro" está inscrito no texto de Fanon e na releitura que Bhabha faz dele, algo que podemos resolver por meio de um ato brutal e arbitrário de juízo político. Trata-se de um problema muito mais profundo, mais sério, mais política e teoricamente ressonante do que isso. Um problema que aponta para a questão ainda profundamente não resolvida nos chamados "estudos pós-coloniais" sobre como reconciliar – ou ao menos manter em um equilíbrio adequado – em seu paradigma de explicação e leitura *tanto* a demonstração espetacular de Fanon do poder do binário racial para *fixar* como também o argumento igualmente importante e teoricamente produtivo de Bhabha de que todos os sistemas binários de poder são, no entanto, *simultaneamente*, muitas vezes, se não sempre perturbados e subvertidos pela ambivalência e pela recusa [*disavowal*]. Nosso dilema é como *pensar conjuntamente* o poder esmagador do binário, que persiste apesar de tudo em todos os sistemas de poder e representação racialmente orientados (e certamente sobrevive à sua interminável desconstrução teórica); *e simultaneamente* as ambivalências, as aberturas, os deslizes que a sutura do discurso racial nunca pode fechar totalmente. Na minha opinião, isso é inadequadamente resolvido ao subscrever a *qualquer* uma das posições por si só. Permanecemos entre "o momento de ambivalência discursiva de Bhabha e o momento de fixação de Fanon".[50]

De onde Fanon tirou essa versão da dialética do desejo e do reconhecimento que, em certo sentido, ele enxerta em Lacan?

50 B. Hall, *Reading the Mulatta*, tese de doutorado não publicada, Universidade de York, Reino Unido, 1995.

Como ele se aprofundou tanto no "olhar" lacaniano e, ainda assim, interpretou-o tão profundamente mal? Essas são questões importantes, até porque é precisamente seu duplo registro – a ausência de uma resolução final entre elas – que fundamenta a animação causada pelo trabalho de Fanon em tantos artistas visuais negros contemporâneos. Essa questão nos leva ao segundo diálogo sobreposto, mas inconcluso, que o relato de Homi Bhabha tende a subestimar por razões óbvias: o diálogo de Fanon com Sartre, ou mais precisamente, através de Sartre rumo ao fantasma de Hegel, especialmente a dialética do senhor/escravo delineada na *Fenomenologia*. O tropo do senhor/escravo conduz grande parte do pensamento de Fanon em *Pele negra, máscaras brancas*, como fez com grande parte do pensamento intelectual francês na época. Foi a partir do tropo do senhor/escravo que Lacan disse "volta e meia, [tomar] a referência"[51] e é essa metáfora que abre o diálogo entre alteridade e desejo no texto de Fanon: o homem só pode ser para si próprio quando é um "ser-para-o-Outro". O tropo atende especificamente as preocupações de Fanon, não apenas por causa de sua relevância histórica na forma do senhor/escravo (em outros lugares, foi traduzido como mestre/servo), mas também por causa da centralidade que a abordagem de Hegel dá à "luta de vida ou morte", que é a fase final da luta do escravo por reconhecimento. Para Fanon, é a desigualdade fundamental, a falta de toda reciprocidade inscrita nas posições de senhor e escravo quando lida na relação colonial, que instaura a necessidade da luta do escravo até a morte – tema que vem a dominar sua obra posterior.

No entanto, também aqui Fanon marca explicitamente sua diferença em relação a uma ontologia geral hegeliana.[52] Ele argumenta que na base da dialética hegeliana "o homem só é humano na medida em que busca se impor a outro homem, a fim de ser

51 Ver J. Lacan, *O seminário. Livro 1: Os escritos técnicos de Freud* [1953–54]. Rio de Janeiro: Zahar, 1986, p. 254.

52 F. Fanon, *Pele negra, máscaras brancas*, op. cit., p. 227.

reconhecido por ele".[53] Deve haver "uma reciprocidade absoluta [...] '*Eles* [*um e outro*] *se reconhecem como reconhecendo-se reciprocamente*'".[54] Quando isso é resistido, desperta o "desejo de reconhecimento" e é isso que torna o escravo disposto a empreender uma luta selvagem, até a morte, pois "'Só mediante o pôr a vida em risco, a liberdade [se conquista]'".[55] No entanto, para Fanon, o "escravo" Negro nunca lutou até a morte com o senhor, ou arriscou a vida. A ele foi *concedida* a liberdade, que na realidade nada mais é do que a liberdade de "adotar uma atitude de senhor", de comer à sua mesa. "Sejamos gentis com os negros..."[56] Mais uma vez, então, a relação colonial interpôs uma especificidade que *desvia* a dialética hegeliana do senhor/escravo (assim como, anteriormente, desviou o "estádio do espelho" lacaniano) em uma nova direção.

Em Hegel, argumenta Fanon, o senhor impõe um "trabalho servil" ao escravo. Mas, ao se voltar do senhor ao trabalho, o escravo "se eleva acima de sua própria natureza", criando-se objetivamente – "voluntária e conscientemente, ou, melhor, ativa ou livremente".[57] No entanto, diz Fanon, na relação colonial, o mestre *não* quer reconhecimento, apenas trabalho. E o escravo não abandona o senhor, mas se volta *para ele*, abandonando o objeto. O Negro é, portanto, menos independente na luta pelo reconhecimento do que o escravo hegeliano, porque ele "quer ser como o senhor".[58] A ele é negado o reconhecimento, *e ele constrói seu próprio ser-para-si por meio dessa negação*.

Há, no entanto, outra reviravolta. A descrição do olhar no capítulo sobre "A experiência vivida do negro" não apenas se apropria do tropo hegeliano para o propósito de Fanon. Ela também é refratada através do universo existencial da releitura de Hegel

53 Ibid., p. 227.

54 Ibid., pp. 227–28.

55 Ibid., p. 228.

56 Ibid., pp. 229–30.

57 A. Kojève, *Introduction to the Reading of Hegel*, op. cit., p. 229.

58 F. Fanon, *Pele negra, máscaras brancas*, op. cit., p. 231, n. 10. [N. T.]

feita por Sartre em *O ser e o nada*. Em Sartre, o "olhar a partir do lugar do Outro" é mais apropriador e possessivo do que a forma narcísica que esse assume em Lacan. Ele rouba o eu de seu em-si. Ele esvazia o sujeito, uma metáfora que parece estar apenas a um sussurro de distância da "falta" de Lacan, mas na verdade está anos-luz longe, alojada no universo sartreano de escassez existencial. Como Sartre escreveu em *O ser e o nada*:

> Se partirmos da primeira revelação do Outro como um olhar, devemos reconhecer que vivenciamos nosso inapreensível ser-para-outros na forma de uma possessão. Eu sou possuído pelo Outro. O olhar do Outro molda meu corpo em sua nudez [...]. Em virtude da consciência, o Outro é para mim simultaneamente aquele que roubou meu corpo de mim e aquele que faz com que haja um ser que é meu ser.[59]

Acredito que podemos ver o complexo "traço" do tropo senhor/escravo em vários outros lugares inesperados no texto de Fanon. Fiz a observação de que há um foco masculinista generalizado de *Pele negra, máscaras brancas*. É a questão do desejo do *homem* negro – "O que quer o homem negro?" – que, como aponta Kobena Mercer, desencadeia o texto. Os capítulos "A mulher de cor e o branco" e "O homem de cor e a branca" – que lidam com o chamado desejo patológico da mulher branca de dormir com homens negros, e com o significado neurótico, como Fanon o interpreta, do desejo do homem negro por mulheres brancas –, embora contenham alguns *insights* importantes sobre a maneira como as fantasias sexuais projetivas se tornam racializadas na medida em que se tornam generificadas, e sobre como as fantasias racializadas se tornam "genitalizadas" (mais do que simplesmente "sexualizadas"), são, no entanto, extremamente problemáticas. A ausência

59 Jean-Paul Sartre, *O ser e o nada: ensaio de ontologia fenomenológica* [1943], trad. e notas Paulo Perdigão. Petrópolis: Vozes, 2011, p. 454.

de qualquer discussão adequada sobre como a dialética geral do olhar racializado se aplica e sobre como ele pode ser diferente em relação a homens e mulheres negros é ainda mais preocupante. A maneira como Fanon lida com a mulher negra quando ela surge inesperadamente em seu texto é chocante, mas não surpreendente: "Sendo aceitas nossas conclusões sobre a psicossexualidade da mulher branca, poderiam perguntar quais sugeriríamos para a mulher de cor. Nada sabemos a respeito disso".[60]

Igualmente perturbadoras são as passagens sobre a homossexualidade (dissecadas longamente por Kobena Mercer).[61] É no contexto da passagem em que Fanon reconhece e desconsidera [*disavows*] que haja qualquer homossexualidade na Martinica que ele faz a observação impressionante sobre a "ausência do Édipo nas Antilhas".[62] O debate a respeito do complexo de Édipo ser culturalmente relativo é uma longa saga. Pode muito bem haver culturas em que se possa mostrar que ela assume outra forma ou até mesmo não existe (embora, longe de nos libertar de alguma tirania eurocêntrica, isso geralmente nos leve de volta a uma noção biológica essencialista de como a diferença sexual é constituída). Mas temo que o Caribe seja o cenário *menos* promissor para tentar provar a ausência do drama edipiano. Com suas mães obcecadas por filhos e filhos obcecados por mães, suas paternidades complexas comuns a todas as sociedades escravistas de pais negros "reais" e pais brancos "simbólicos", junto de suas masculinidades negras profundamente perturbadas, assertivamente heterossexuais e muitas vezes homofóbicas, o Caribe "vivencia" a perda de poder social substituindo-a por uma "masculinidade negra" agressivamente falocêntrica. A ausência de mulheres e

60 F. Fanon, *Pele negra, máscaras brancas*, op. cit., p. 192.

61 K. Mercer, "Decolonisation and Disappointment: Reading Fanon's Sexual Politics", in Alan Read (org.), *The Fact of Blackness: Frantz Fanon and Visual Representation*. London: Institute of Contemporary Arts/Institute of International Visual Arts, 1996. [N. T.]

62 F. Fanon, *Pele negra, máscaras brancas*, op. cit., p. 192, n. 59.

da mãe no texto de Fanon leva a pensar se, figurativamente, ele não *substituiu* a estrutura triádica do cenário edipiano pelo acoplamento binário do tropo senhor/escravo. Essa ambígua "cena primordial" foi lindamente transposta durante a *Mirage* em um registro diferente, mais complexo e menos homofóbico, no filme de 1993 *Urso*, dirigido por Steve McQueen, sobre dois homens negros em uma luta de brincadeira.

São mesmo todas essas convoluções hegelianas e sartreanas relevantes? Há alguns críticos que acreditam que o status de Fanon como herói e ícone negro é prejudicado pela simples sugestão de que ele poderia ter aprendido alguma coisa ou – pior – realmente dialogado com os temas da filosofia europeia. Esse tipo de essencialismo é pior do que inútil para se pensar seriamente sobre Fanon. Ele revela o quão pouco esses críticos entendem a profunda implicação de Fanon na cultura e filosofia francesas como resultado de sua educação, formação e educação colonial francesa na Martinica: quanto da análise torturada das cumplicidades da relação colonial, que faz parte do impulso por trás de *Pele negra, máscaras brancas*, teve inspiração autobiográfica. Esses críticos esquecem que Fanon, como muitos outros jovens intelectuais brilhantes colonizados, foi estudar na França; se ateve a uma profunda discussão interna com as várias correntes de pensamento que encontrou lá; e foi para o Norte da África como membro assalariado do serviço psiquiátrico colonial francês.[63] Eles não entendem que, na Martinica, para muitos intelectuais, ser anticolonial e se opor à velha plantocracia local branca era ser *a favor* da ideologia republicana francesa, com seu grito de guerra de liberdade, igualdade e fraternidade. Fanon pode ter viajado para longe de tudo isso, mas não está claro se ele deixou tudo para trás. A carreira de alguém como seu compatriota Aimé Césaire é incompreensível sem entender a complexidade das rela-

63 Ver F. Vergès, "Chains of Madness, Chains of Colonialism: Fanon and Freedom", op. cit.

ções que constituíram o colonialismo francês para os intelectuais negros nas Antilhas.

As convoluções hegelianas-sartreanas importam em outro aspecto. É somente à luz da "luta de vida ou morte" de Hegel que podemos entender a sombra da morte que se prolonga sobre a obra posterior de Fanon: o que ele chamou de "a luta feroz" e "o tremor da morte" é o que abre a "possibilidade da impossibilidade". É a morte, o "senhor absoluto" de Hegel, que torna possível a restauração da atividade autoconstitutiva do homem negro, "em-si-para-si".[64] Isso pode ser visto no compromisso de Fanon até a morte com a luta argelina, bem como *Os condenados da terra*, com sua urgência movida pela sombra da morte (o livro foi escrito quando Fanon já sabia que estava morrendo de leucemia) e sua invocação da necessidade da violência na luta revolucionária pela liberdade.

Isso nos leva ao terceiro diálogo, que é o debate de Fanon com a Negritude, ou a ideia da cultura negra como fonte positiva de identificação, e a questão do nacionalismo cultural e da raça como força autônoma. Fanon retorna a este assunto em *Pele negra, máscaras brancas* em relação a Césaire, mas mais significativamente em relação ao famoso prefácio de Sartre, "Orfeu Negro", para a antologia de escritos africanos *Presence Africaine* de Senghor. A questão subjacente tinha a ver com a complexa relação de Fanon, por um lado, com o "universalismo humanista" de Sartre, que via a Negritude como um estágio de transição necessário da consciência, e, por outro lado, com as oscilações não resolvidas de Fanon em relação ao nacionalismo. Ele era crítico ao nacionalismo como a forma privilegiada de luta do Terceiro Mundo; no entanto, era um defensor apaixonado do movimento cultural nacional no contexto mais amplo da luta revolucionária na África. Isso fez de Fanon, nos termos de Neil Lazarus, não

64 F. Fanon, *Pele negra, máscaras brancas*, op. cit., pp. 228–29.

um "nacionalista", mas um *nacionalitário*.[65] A questão toca em um ponto de contínua controvérsia na África pós-colonial e outros lugares, que provavelmente é mais significativa agora, na esteira da crise dos estados pós-independência, do que era para Fanon no momento em que escrevia; uma questão cuja superfície mal foi arranhada pelo foco da conferência do ICA sobre *Pele negra, máscaras brancas*.

Foi em relação à questão da Negritude (que é complicada demais para tentar destrinchar aqui) que Fanon escreveu algumas de suas frases mais mordazes sobre a "ilusão da cultura negra" – e onde, aliás, pode-se encontrar um de seus usos mais ambíguos e surpreendentes da palavra "miragem", que era o título do projeto do ICA:

> Com os olhos na África, o Índio Ocidental [...] descobriu-se um filho transplantado de escravos; ele sentiu a vibração da África nas profundezas de seu corpo e aspirava apenas a uma coisa: mergulhar no grande "buraco negro". Parece, portanto, que as Índias Ocidentais, após o grande erro branco, estão agora vivendo na grande miragem negra.[66]

Esse não foi, de forma alguma, seu último comentário sobre o assunto ou o mais definitivo, mas é bastante decisivo – e profundamente paradoxal, como é muito de Fanon quando se trata da simples apropriação cultural-nacionalista de seu legado. As passagens severamente críticas dirigidas a Césaire e ao movimento de Negritude em *Pele negra, máscaras brancas* são contrabalanceadas em outros lugares por um tratamento mais simpático. A suprema confiança com que Sartre "localizou" a coleção de Senghor como "transitória" em relação a um humanismo universal não assentava facilmente na mente de Fanon. Ele nunca resolveu as tensões entre essas duas demandas.

65 Ver Neil Lazarus, "Disavowing Decolonisation". *Research In African Literatures*, v. 24, n. 4, 1987.

66 F. Fanon, "West Indians and Africans", in *Toward the African Revolution*. Harmondsworth: Penguin, 1970, p. 37.

Concordo, pelo menos neste ponto, com a recente intervenção de Benita Parry que insiste nas "instabilidades persistentes" de Fanon, nos argumentos não resolvidos e nas oscilações incompletas que tornam *Pele negra, máscaras brancas* fundamentalmente um *texto aberto*, e, portanto, um texto *sobre o qual* somos obrigados a continuar *trabalhando*. Trabalhando *com* ele. Em particular, sou atraído novamente pelas muitas vozes de Fanon como signo da multivocalidade do diálogo acontecendo em sua cabeça, que não chegou a conclusões estabelecidas. Parry propõe que *Pele negra, máscaras brancas* é o "processo de aprendizagem" de Fanon, uma espécie de jornada de autoeducação e autotransformação sem o consolo de uma chegada.[67]

Concordo, então, com as razões que Homi K. Bhabha propõe para considerar a importância de *Pele negra, máscaras brancas* nesta conjuntura. Ele caracteriza o texto de Fanon como um "testemunho irregular de deslocamentos coloniais" que no final "recusa a ambição de qualquer teoria total da opressão colonial". Na minha leitura do texto, Fanon *é, de fato*, mais regularmente atraído para "a questão da opressão política" em um contexto histórico especificamente colonial como "a violação de uma 'essência' humana" do que sugere Bhabha. Essa restrição é textualmente insistente, central para sua visão política em desenvolvimento, e menos um "lapso em [...] um lamento em seu momento mais existencial" do que Bhabha permite. Mas também concordo com Bhabha em relação à insistência de Fanon em explorar a questão "O que quer o homem negro?" em suas profundezas. Essa questão, tão enigmática e tão inconscientemente carregada quanto o "O que quer a mulher?" de Freud, nos empurra, no entanto, para aquele ponto perigoso, além do limite, onde "a alienação cultural avança sobre a ambivalência da identificação psíquica".[68] Este é um lugar que muitas críticas "corretas" estão determinadas a evi-

67 Ver B. Parry, "Signs of the Times". *Third Text*, n. 28/29, 1994.
68 H. K. Bhabha, "Recordar Fanon", neste volume, p. 36.

tar. A insistência de Fanon em pensar esse momento perigoso em termos de fantasia e desejo-pelo-Outro transforma nossa noção de política e de demandas políticas. A questão é: o que devemos fazer com a "escuridão incerta" que Bhabha sugere ser sempre o acompanhamento do surgimento do pensamento verdadeiramente radical?

Seria o caso, então, de que "trabalhar com Fanon" exige que façamos uma releitura sintomática de *Pele negra, máscaras brancas*, revendo através das aporias em seu texto um esquema conceitual que de alguma forma está lutando pela sua enunciação; um "ir além" do texto rumo àquela presença ausente que ele implica, mas não pode nomear? Ou devemos reconhecer que ele não o nomeou porque, embora esteja estranhamente mais próximo do problema, de mais maneiras do que muitos de seus seguidores e críticos subsequentes compreenderam, ele também está mais distante? O racismo nunca é, para Fanon, simplesmente algo que o Outro faz com um Nós. Seu pensamento sobre o tema, embora não resolvido em última instância, é moldado pela apropriação de algumas ideias que se afastam significativamente e, em alguns aspectos, contradizem explicitamente o lugar de onde tendemos a "lê-lo" hoje. Isso exige que vivamos com um Fanon muito mais radicalmente incompleto; um Fanon que é de alguma forma mais "Outro" para nós do que gostaríamos, um Fanon que está fadado a nos perturbar não importa a direção que o lemos. Isso também exige que nos envolvamos com a verdade inconveniente de que, assim como "o pensamento verdadeiramente radical nunca surge sem criar uma sombra incerta", também não há "vida" sem sua vida após a morte.

PELE MESTIÇA, MÁSCARA NEGRA: FANON E A RECUSA

FRANÇOISE VERGÈS

[1997]

Um espectro ronda nosso mundo pós-colonial, o espectro de Frantz Fanon.[1] Conviver com o espectro de Fanon é conviver com as memórias, heranças e genealogias da história da descolonização e da clínica na colônia. Muito tem sido escrito sobre a psicologia da relação racial de Fanon, suas visões sobre a cultura nacional, sobre a burguesia nacional e o papel das mulheres na luta nacional. Alguns leram Fanon como psicanalista,[2] outros, como um dos principais teóricos da libertação nacional. Neste ensaio, quero me concentrar em um aspecto particular da teoria de Fanon, possibilitado em parte por sua leitura de Lacan mediada por Sartre e de Freud mediada por Marie Bonaparte: sua recusa [*disavowal*] da história das Antilhas e o romance familiar que ele construiu para si próprio. Para revelar aos mecanismos dessa recusa específica, acho importante fazer uma leitura atenta de *Pele negra, máscaras brancas*,[3] particularmente do capítulo "O negro e

1 [Este texto foi publicado originalmente como "Creole Skin, Black Mask: Fanon and Disavowal". *Critical Inquiry*, v. 23, n. 3, 1997. Tradução de Allan Hillani. – N. E.] Jacques Derrida clamou por "*une politique de la mémoire, de l'héritage et des générations*" [uma política da memória, da herança e das genealogias] em *Les Spectres de Marx. L'État de la dette, le travail du deuil, et la nouvelle Internationale*. Paris: Éditions Galilée, 1993. Ver também Henry Louis Gates Jr., "Critical Fanonism". *Critical Inquiry*, v. 17, 1991.

2 Fanon formou-se como psiquiatra na França. Ele foi profundamente influenciado por François Tosquelles, com quem estudou. Tosquelles foi um importante reformador e teórico da socioterapia, com sua ênfase na vida comunitária, sua convicção de escutar o que o paciente diz. Fanon aplicou os métodos de Tosquelles no hospital psiquiátrico colonial de Blida, na Argélia. Embora tenha adotado uma psiquiatria que emprestou conceitos da psicanálise, Fanon defendia a instituição psiquiátrica. Seguindo Tosquelles, ele queria um hospital psiquiátrico aberto à sociedade, no qual os pacientes fossem considerados temporariamente perturbados e capazes de serem reintegrados à sociedade. Ver seu artigo com o dr. Geronimi: "L'Hospitalisation de jour en psychiatrie, valeurs et limites: introduction générale; considérations doctrinales". *La Tunisie Médicale*, v. 38, n. 10, 1959.

3 De acordo com Charles Balandier, foi Octave Mannoni quem sugeriu o título poderoso e evocativo a Fanon.

a psicopatologia". Penso que, neste momento de retorno a Fanon, é especialmente importante voltar ao texto e à forma como o argumento se desenrola.[4]

Minha leitura foi informada por trabalhos recentes sobre crioulidade, mestiçagem, e o Caribe como uma matriz de hibridização e crioulização.[5] A relação de Fanon com a Martinica era ambivalente. Ele recriou sua família, reinventou sua filiação e situou

4 Isso explica por que há aqui tantas citações e por que o tom é um tanto didático. É um movimento proposital.

5 Sobre crioulização e processos de hibridização, ver: Jean Bernabé, Patrick Chamoiseau, e Raphaël Confiant, *Éloge de la Créolité*. Paris: Gallimard, 1988; Mohamed B. Taleb Khyar, "In Praise of Creoleness". *Callaloo*, v. 13, 1990; Edouard Glissant, *Le Discours antillais*. Paris: Seuil, 1981; "Beyond Babel". *World Literature Today*, v. 63, 1989; Abdelkebir Khatibi, "A Colonial Labyrinth". *Yale French Studies*, v. 83, 1993; Jean-Claude Carpanin Marimoutou, "Écrire métis", in Jean-Claude Carpanin Marimoutou e Jean-Michael Racault, *Métissages: Litterature-histoire*, v. 1. Paris: L'Harmattan, 1993, pp. 247–60. Críticas à masculinidade do discurso sobre a crioulidade podem ser encontradas no volume editado por Maryse Condé e Madeleine Cottenet-Hage, *Penser la créolité*. Paris: Karthala, 1995. Ver, por exemplo, os ensaios de James Arnold, Ama Mazama, bem como Françoise Vergès, "Métissage et créolité: Discours masculin et déni de la mère". Ver também Maryse Condé, "Order, Disorder, Freedom, and the West Indian Writer". *Yale French Studies*, v. 83, 1993. Sobre a psicologia da relação colonial e suas consequências, ver: Jacques André, *L'Inceste focal dans la famille noire antillaise*. Paris: PUF, 1987; Antoine Bouillon, *Madagascar: Le colonisé et son âme*. Paris: L'Harmattan, 1981; Fritz Gracchus, *Les lieux de la mère dans les sociétés afro-américaines*. Paris: L'Harmattan, 1986; Simonne Henry Valmore, *Dieux en exil*. Paris: Gallimard, 1988; Christian Lesne, *Cinq essais d'ethnopsychiatrie antillaise*. Paris: L'Harmattan, 1990; Jean-François Reverzy, "De Babel à Babylone" e "Libération ou aliénation", in Jean-François Reverzy (org.) *Cultures, exils, et folies dans l'océan indien*. Paris: L'Harmattan, 1990; "Les métisseurs du guérir et du souffrir dans l'île de La Réunion dans leurs métissages", in *Métissages. Linguistique et Anthropologie*, v. 2. Paris: L'Harmattan, 1992. Sobre o Caribe como matriz, ver as obras de Aimé Césaire, Paul Gillroy, C. L. R. James, Derek Walcott.

sua ancestralidade simbólica na Argélia.[6] A filiação mestiça, um local de angústia e ambivalência, foi deslocada e, em seu lugar, veio uma filiação revolucionária, onde os heroicos combatentes da luta nacional se tornaram seus pais e irmãos. Mas em cima dessa recusa ele criou uma teoria da masculinidade e da relação entre negros e brancos impregnada de atração, repulsa, negação e angústia e, no processo, levantou a questão, ainda entre nós, das teorias da psicologia na pós-colônia, seu poder potencial de emancipação, bem como seus limites.

Em sua leitura do estádio do espelho de Lacan e de sua teoria da sexualidade feminina, Fanon encontra os meios para operar uma mudança teórica: situar a diferença racial no centro da relação colonial. O homem negro das Antilhas é prisioneiro da imagem projetada no espelho. O Outro em Fanon é *l'autre avec un petit a* [o outro com letra minúscula], o outro imaginário, a alteridade no espelho. Não há um "Outro absoluto", *l'Autre avec un grand A* [o Outro com letra maiúscula], reconhecido para além da relação de miragem, aquele com quem sempre falamos.[7] Embora para Lacan ambos os conceitos – de *petit a* e *grand A* – estejam interligados, Fanon insiste no estádio do espelho como um momento de captura para o negro.

Para Fanon, que escreveu *Pele negra* em 1951,[8] seu ensaio era um "um espelho de infraestrutura progressiva, em que o negro em processo de desalienação possa se encontrar". Tratava-se de um estudo, dizia ele, das Antilhas Francesas: "Tendo em vista nossa origem antilhana, nossas observações e conclusões valem apenas para

6 Embora as obras mais conhecidas dos teóricos da mestiçagem e da crioulidade tenham surgido após a morte de Fanon, já havia, nas obras de Aimé Césaire, Léopold Sedar Senghor e René Depestre, uma teorização dos processos de mestiçagem.

7 Jacques Lacan, *O seminário. Livro 3: As psicoses* [1955–56], trad. Aluisio Menezes. Rio de Janeiro: Zahar, 1985, pp. 286–87.

8 Frantz Fanon, *Pele negra, máscaras brancas* [1952], trad. Sebastião Nascimento e Raquel Camargo São Paulo: Ubu Editora, 2020.

as Antilhas – ao menos no que se refere ao negro *em seu lar*".[9] Seus objetos eram os antilhanos alienados de classe média.[10] O jovem martinicano zombava do projeto da Negritude e afirmava seu caráter francês. "O que é essa história de povo negro, de nacionalidade negra? Sou francês. Estou interessado na cultura francesa, na civilização francesa, no povo francês. [...] Tenho interesse pessoal no destino francês, nos valores franceses, na nação francesa".[11]

E, no entanto, Fanon, quando na França, descobre que, embora seja francês, também é negro, e que ambos os fatos parecem ser excludentes. Uma mentira, uma traição, uma origem impossível de simbolizar podem explicar essa descoberta. Em *Pele negra*, surge o primeiro momento do romance familiar: a recusa. Recusar [*disavow*] e fundar são os dois processos do romance familiar.[12] Mas a recusa (*Verleugnung*), que é o repúdio da realidade por meio de "palavra [*parole*] e ação", implica primeiro uma "aceitação" [*avowal*]. Fanon, que era um negro mestiço das Antilhas Francesas, recusa a história das Antilhas, fonte de ambivalência e angústia. Ele reconstrói a realidade antilhana como sendo tanto protegida da alienação como sujeita à alienação. Ele se deparou com a dificuldade de lidar com uma história que começa com deportação, violência e estupro da mãe, e de localizar essa negatividade em um mundo simbólico. Como contar uma história que começa, para usar a expressão de Jacques Hassoun, em *le trou*

9 Ibid., p. 28.

10 Ibid., pp. 43, 46, 236.

11 F. Fanon, *Pele negra, máscaras brancas*, op. cit., p. 195. Memmi observou que em 1956 Fanon ainda protestava contra a injustiça e os abusos enquanto cidadão francês em sua carta de renúncia (Albert Memmi, "La vie impossible de Frantz Fanon". *Esprit*, n. 406, 1971, p. 250).

12 Romance familiar é o termo de Freud para a fantasia neurótica infantil "em que seus pais são substituídos por outros de melhor linhagem", Sigmund Freud, "O romance familiar dos neuróticos [1909]", in *Obras completas*, v. 8, trad. Paulo César de Souza. São Paulo: Companhia das Letras, 2015.

de la cale [no buraco do porão]?[13] A aceitação da violência que deu início à história das Antilhas é seguida pela destruição de seu significado por meio da interrupção da cadeia associativa.[14] Fanon nunca evoca a escravidão como um sistema simbólico, econômico e cultural. O ancestral colonizado das Antilhas é ignorado. A recusa de Fanon é um processo elaborado por meio do qual ele reconstrói uma realidade que ele não pode integrar.[15] E essa realidade é a escravidão.

Se a filiação é um acidente que não implica nenhum outro dever ou responsabilidade além daqueles que construímos, então Fanon tem o direito de reinventar uma nova filiação com combatentes argelinos como seus pais. Somos livres para inventar histórias sobre nossos ancestrais, mas temos que enfrentar a política implicada por essa escolha. Que desejo essa escolha expressa? Qual é a noção de filiação paterna de Fanon? Qual é a leitura que Fanon faz de Freud e Lacan? Que Fanon leia corretamente ou não Freud ou Lacan não é a questão aqui. Em vez disso, é a política cultural e psíquica que a leitura de Fanon produz para a colônia e para a pós-colônia que está em questão.

A esse respeito, é sempre interessante ler atentamente as notas de rodapé de Fanon. Para começar, *Pele negra* é o texto que contém mais notas de rodapé dentre todos os textos seguintes de Fanon. Algumas dessas notas têm de duas a três páginas. Em *Pele negra*, Fanon frequentemente entra em uma conversa com um oponente imaginário ou apela para memórias pessoais, assim revelando mais sobre seus pensamentos do que o texto. As notas de rodapé de Fanon são como os fundamentos reprimidos e incons-

13 Jacques Hassoun, "Le lien social", palestra proferida em Saint-Denis, março de 1994.

14 Joyce McDougall defende uma distinção clara entre recusa [*disavowal*] e negação [*denial*]. Na segunda, a realidade é retrabalhada por meio da fantasia, e não da palavra e da ação.

15 Para Freud, a recusa diz respeito principalmente à diferença sexual e à cena primordial.

cientes de seu texto. Ou, nas palavras de Gayatri Spivak, elas são a marginália dos textos de Fanon, sua maneira de separar entre seu eu público/privado.[16]

Fanon produz uma teoria da psique que se baseia na teoria psicanalítica, mas cujo objetivo é tornar o inconsciente consciente.[17] Ele demonstra uma relação ambivalente com a psicanálise. Ele declara que *Pele negra* será uma "interpretação psicanalítica da questão negra",[18] mas argumenta que a alienação do homem negro não é uma questão individual e que, contra a perspectiva ontogênica de Freud, uma perspectiva "sociogênica" é necessária.[19] Fanon denuncia o inconsciente como uma ilusão, uma forma de falsa consciência e o conflito inconsciente como um delírio. Ele escreve: "A psicanálise é uma visão pessimista do homem. O cuidado da pessoa deve ser pensado como uma escolha deliberadamente otimista contra a realidade humana".[20] Fanon não adota a posição de Lacan, defendida já em 1932 em sua tese – de que era necessária uma reformulação do conhecimento psiquiátrico a partir do modelo freudiano do inconsciente. Para Fanon, o *vécu de la folie*, a experiência da loucura, sua fala, são expressões de uma profunda alienação e não de um sistema com lógica própria. No entanto, Fanon antecipa as ideias dos teóricos da antipsiquiatria de que a loucura não é doença, mas uma história, a história de uma situação, de uma errância, da impossibilidade de ser escutado, de uma filiação cuja história é de traição, assassinato, escravidão. A história de um homem negro.

O corpo do homem negro está no centro de *Pele negra*. Um corpo humilhado, ridicularizado, espancado, estuprado, agredido,

16 Gayatri Chakravorty Spivak, "Explanation and Culture: Marginalia", in *Other Worlds. Essays in Cultural Politics*. London: Methuen,1988, pp. 103–17.

17 F. Fanon, *Pele negra, máscaras brancas*, op. cit., p. 114.

18 Ibid., p. 24.

19 Ibid., p. 25. Em sua tese (1932), Lacan desafiou as noções de psicogênese e organogênese em favor da noção de psicogenia, ou uma organização puramente psíquica do indivíduo.

20 *L'information psychiatrique*, v. 51, n. 10, 1975.

torturado, assassinado. Fanon grita que é um homem como qualquer outro homem e denuncia contundentemente o racismo que captura o corpo masculino negro e o transforma em "coisa".[21] Homens brancos e mulheres brancas desejam o corpo do homem negro, não por amor, mas para realizar fantasias perversas (fantasias homossexuais passivas para o homem branco, estupro para a mulher branca). E as mulheres negras rejeitam o homem negro porque, por conta da alienação, querem o homem branco. Os *insights* de Fanon sobre a construção do corpo do homem negro como o local de fantasias paranoicas projetadas, como um corpo ameaçador e alarmante que deve ser destruído, permanecem atuais.[22] Este corpo é para o mundo racista um objeto fóbico, um objeto de abjeção, obsessão e fascínio. No entanto, o que Fanon opera é uma reconstrução do corpo masculino negro que evacua qualquer sinal de vulnerabilidade, de passividade. Ele o torna um corpo firme, ereto e imune a qualquer forma de penetração, a fim de protegê-lo contra todas as formas de agressão. A preocupação sobre a qual essa reconstrução repousa é a proteção e, no entanto, ela impede qualquer possibilidade de troca.

Já no início do capítulo "O negro e a psicopatologia", Fanon propõe sua tese: "Uma criança negra normal, tendo crescido em uma família normal, passará a ser anormal ao menor contato com o mundo branco".[23] Isso marca um distanciamento radical em re-

21 Não tenho dúvidas de que a denúncia de Fanon ainda é contundente e direta. Irmãos, amigos, amantes, trouxeram-me testemunhos – quando eu mesma não testemunhava – das maneiras pelas quais seus corpos colonizados são o local da agressividade paranoica de homens brancos.

22 O espancamento de Rodney King e o subsequente julgamento em Simi Valley foram um lembrete de que o corpo masculino negro nos racistas Estados Unidos ainda está sujeito à paranoia branca. Foi um ato de "terror civilizado", como escreve Ruth Gilmore, "pertencente a uma tradição americana firmemente estabelecida de violência entre brancos e negros". Ver Robert Gooding-Williams (org.), *Reading Rodney King: Reading Urban Uprising*. Nova York: Routledge, 1993.

23 F. Fanon, *Pele negra, máscaras brancas*, op. cit., p. 159.

lação a Freud, que insiste o tempo todo que a família e a sexualidade infantil são as fontes dos complexos.[24] Para Fanon, o encontro da criança com a diferença – sexual, social, de gênero – situa-se no social da pós-infância. É o mundo branco o responsável pela alienação e neurose dos negros. O mundo branco faz o "negro". Fanon abraça totalmente a análise de Jean-Paul Sartre em *Reflections sur la question juive* [*Reflexões sobre a questão judaica*], onde Sartre afirmou que "é o antissemita que faz o judeu".[25]

O encontro com o mundo branco provoca um trauma que está no cerne da psicopatologia do negro. Fanon sugere que existe um "inconsciente coletivo" branco, um conceito que ele pegou emprestado de Jung, no qual o negro "simboliza o pecado".[26] Não se trata de, como argumentou Jung, um arquétipo, mas "simplesmente o conjunto de preconceitos, mitos, atitudes coletivas de um determinado grupo".[27] Para Fanon, o inconsciente coletivo é "cultural".[28] Em contraste, a noção de "catarse coletiva" proposta por

24 Embora seja justo notar que Freud também observa que não há comunidade que não seja afetada e constituída, no que a une e divide, pelos afetos do amor e do ódio, por processos psíquicos (identificações, mecanismos de defesa…) cuja primeira qualidade é ser inconsciente. Os grupos sociais são como indivíduos: eles são influenciados por afetos psicológicos.

25 Jean-Paul Sartre, *Réflexions sur la question juive*. Paris: Gallimard, 1954, p. 84. Toril Moi argumenta em seu livro recente *Simone de Beauvoir: The Making of an Intellectual Woman* (Oxford: Oxford University Press, 2009) que a influência de *O segundo sexo* em *Pele negra* tem de ser reconhecida. "Os paralelos entre os dois textos são impressionantes", escreve Moi. Ela aponta corretamente para o fato de que Fanon deve ter estado ciente da análise de Beauvoir sobre a construção das mulheres pelos homens. Fanon era um leitor fiel do *Les Temps Modernes* e em 1948 e 1949 a revista publicou muitos trechos do texto de Beauvoir. Se a mulher é o Outro para o homem, o negro é o Outro para o branco. Para referências a Sartre em *Pele Negra*, ver F. Fanon, *Pele negra, máscaras brancas*, op. cit., pp. 41–44, 57, 102, 108, 130, 133–34, 146–48, 151–52, 165, 174, 180, 185, 193–95, 207, 212, 239.

26 F. Fanon, *Pele negra, máscaras brancas*, op. cit., p. 200.

27 Ibid., p. 199.

28 Ibid.

Fanon entra em jogo ao situar o negro como objeto de agressão, servindo como um canal para liberar a agressão. Fanon evoca histórias em quadrinhos para ilustrar o fenômeno da catarse coletiva. Como as histórias em quadrinhos constroem o negro como "Lobo, o Diabo, o Gênio Maligno, o Mal, o Selvagem", a criança branca inevitavelmente se identifica com o personagem forte e justo (o branco) e rejeita o negro (o personagem que é derrotado e ameaçador ao mesmo tempo). Esse processo de identificação também opera na criança negra,[29] que passa a se ver como branco porque consome produtos culturais semelhantes e porque, para Fanon, é natural se identificar com os fortes.

O cenário fanoniano estabelece uma família antilhana onde reinam a inocência, a segurança e uma forte conexão entre a *imago* de si e a estrutura familiar. Não se observa nenhum complexo de Édipo.[30] O conflito no indivíduo é o produto de um encontro social e cultural traumático com a diferença e o efeito da separação com um mundo não traumático. Antes desse encontro, o eu parece ter experimentado apenas fusão e ausência de conflito. Dentro da constelação da família, a função da mãe assombra e estrutura o texto. [Fanon escreve: "A objetividade científica estava proibida para mim, pois o alienado, o neurótico, era meu irmão, era minha irmã, era meu pai".[31] Jacques André observa que essa enumeração, importante porque designa personagens não sociais, mas familiares na formação das neuroses, é interessante por conta do termo que está ausente na configuração: a mãe[32]].

O martinicano Fritz Gracchus mostrou os limites da abordagem rousseauniana de Fanon, que postula uma família saudável

29 Ibid., p. 163.
30 Ibid., p. 167.
31 Ibid., p. 236.
32 Jacques André, "Fanon entre le réel et l'inconscient: a propos de la relation raciale", *Présence Africaine*, n. 40, 1984, p. 122. Me amparei na análise de André sobre a relação de Fanon com o inconsciente.

contra uma sociedade alienante.[33] No entanto, Fanon é esperto o suficiente para não acreditar na criança em paz no ambiente familiar, sem ser afetada pelos desejos de seus pais. O conhecimento reprimido sobre o conflito infantil retorna aqui e ali em seu texto. E é a mãe que gera conflito. "Em casa", escreve ele, "minha mãe canta para mim, em francês, trovas francesas em que nunca há sequer menção a negros. Quando desobedeço, quando faço muito barulho, dizem para que eu pare de 'agir feito negro'".[34] Não há lugar para a criança negra nas canções de amor de sua mãe. Na linguagem do amor, nenhum negrinho. E quando a criança se expressa, a mãe toma de volta seu amor e acusa a criança de ser um "neguinho". Fanon ressente a mãe antilhana por seu desejo de branquitude, mas evita confrontá-lo totalmente. Gracchus fala da mãe antilhana que concebe uma "criança branca imaginária" e como esse desejo impõe um fardo à criança real. A que ideal a criança antilhana é confrontada na infância? Quais são os desejos, fantasias, representações projetadas pelo pai e pela mãe sobre aquela criança? Fanon argumenta que o desejo por coisas de branco ocorre apenas quando a criança encontra o mundo branco. No entanto, o senhor branco ocupa a história das Antilhas e seu imaginário. O mestre branco gera filhos negros, mas se recusa a inscrever sua paternidade no Simbólico. Ele ocupa o Imaginário onde sua presença sobrecarrega o antilhano em uma busca infrutífera por legitimidade.

Quando Fanon retorna no capítulo à questão de por que o negro é um objeto fóbico, há uma mudança repentina no desenvolvimento do argumento: ele evoca não o social, mas o sexual para explicar a fobia. "A negrófoba é", escreve Fanon, "apenas uma parceira sexual putativa – assim como o negrófobo é um homossexual

33 Fritz Gracchus, *Les lieux de la mère dans les sociétés afro-américaines*. Paris: Caribéennes, 1980, p. 198.

34 F. Fanon, *Pele negra, máscaras brancas*, op. cit., p. 202; ver também p. 230: "'Diga obrigado ao senhor', diz a mãe ao seu filho [...] Mas sabemos que muitas vezes o menino sonha em gritar alguma outra palavra – mais retumbante...".

reprimido".[35] Sartre faz um ponto semelhante em *Réflexions sur la question juive*: "As mulheres antissemitas experimentam muitas vezes uma mistura de repulsa e atração sexual por homens judeus".[36] Fanon entende que a sexualidade tem a ver com significantes e o simbólico e nas páginas seguintes, ele define a relação entre fobia, enquanto atração sexual reprimida, e desejo.[37] A fobia, na teoria fanoniana, é "uma neurose caracterizada pelo medo ansioso de um objeto".[38] O objeto fobígeno, "sobredeterminado", com suas raízes na vida infantil, repele e desperta a repulsa sexual.[39] Mas na fobia, diz Fanon, também se pode procurar uma inversão completa. Portanto, para entender esse paradoxo, de que sob a fobia há atração e desejo, Fanon pergunta: não poderia ser que o medo do estupro por negros "invoca justamente o estupro" por mulheres brancas, e que "seria possível descrever mulheres que anseiam pelo estupro?".[40] Observe o colapso entre atração/repulsa e desejo de estupro. A repulsa e o desejo são explicados pela projeção de poderes fantásticos, temidos e

35 Ibid., p. 171.

36 Jean-Paul Sartre, *Réflexions sur la question juive*. Paris: Gallimard, 1985, p. 56.

37 Ibid., pp. 171–74.

38 Ibid., p. 169. Esta é a definição de Angelo Hesnard. Hesnard era um psicólogo francês que queria reconciliar Freud e Janet. De acordo com Elizabeth Roudinesco, ele queria tornar Freud "francês", para tirar de Freud o que era muito "heterogêneo" e muito relacionado à "filosofia alemã". Ver Elizabeth Roudinesco, *Histoire de la psychanalyse en France*, v. 1: *La Bataille de cent ans, 1885–1939*. Paris: Editions Ramsay, 1982. Fanon cita aqui *L'univers morbide da la faute* de Hesnard.

39 F. Fanon, *Pele negra, máscaras brancas*, op. cit., p. 169.

40 Ibid., p. 170. Freud em "Obsessões e fobias: seu mecanismo psíquico e sua etiologia" observa que "o que o doente receia, na verdade, é a ocorrência de um ataque desses nas condições especiais em que ele acredita não poder evitá-lo". Ele acrescenta: "A angústia desse estado emocional [...] não é derivada de uma lembrança qualquer [...] Sua etiologia específica é a acumulação da tensão genésica". Sigmund Freud, "Obsessões e fobias: seu mecanismo psíquico e sua etiologia" [1895], in *Obras completas*, v. 3, trad. Paulo César de Souza. São Paulo: Companhia das Letras, 2023, p. xy.

desejados, que se atribui ao objeto de desejo. Mas é realmente uma sexualidade "anormal" que sustenta essas fantasias para Fanon, que conclui que "todas as mulheres negrófobas que conhecemos tinham uma vida sexual anormal".[41]

Mas é com sua leitura do estádio do espelho de Lacan que os mecanismos da problemática de Fanon são revelados. Fanon refere-se à noção de estádio do espelho que Lacan desenvolveu no capítulo sobre família escrito para o volume VIII da *Encyclopédie Française* (1938).[42] Não é, portanto, uma referência ao artigo mais conhecido publicado em 1949, que apareceu nos *Escritos* em 1977, "*Le stade du mirroir dans la formation du Je telle qu'elle nous est révélée dans l'experience psychanalytique*". Lacan, no artigo da *Encyclopédie*, afirma a centralidade da família na compreensão dos complexos: a família "mostrou-se o lugar em que surgem os complexos mais estáveis e típicos".[43] A família "desempenha um papel essencial na transmissão da cultura" e "prevalece na educação primária para a repressão das pulsões e a aquisição da linguagem apropriadamente chamada de língua materna".[44] Os complexos familiares estão no cerne da formação da personalidade humana,

41 F. Fanon, *Pele negra, máscaras brancas*, op. cit., p. 172.

42 Fanon leu a tese de Lacan (ibid., p. 94) e usou alguns de seus conceitos em sua própria tese. A contribuição de Lacan foi reeditada em 1984 sob o título *Les Complexes familiaux dans la formation de l'individu*. Paris: Navarin, 1984. Para mais informações sobre a colaboração de Lacan, ver Elisabeth Roudinesco, *Jacques Lacan: Esquisse d'une vie, histoire d'un système de pensée*. Paris: Fayard, 1993, pp. 193–204; e *Histoire de la psychanalyse en France*, v. 2: *La Bataille de cent ans, 1925–1985*. Paris: Seuil, 1986, pp. 156–58. Lacan, em 1951, publicou mais de setenta artigos em diferentes revistas da psicanálise. No estágio do espelho, Fanon refere-se apenas ao desenvolvimento desse conceito na *Encylopédie* e não ao seu desenvolvimento no ensaio publicado na *Revue Française de Psychanalyse*, n. 4, 1949, pp. 449–55 que foi incluído em *Escritos* [1966], trad. Vera Ribeiro. Rio de Janeiro: Zahar, 1998.

43 Jacques Lacan, "La famille". *Encyclopédie Française*, v. 8. Paris: Seuil, 1938, pp. 40–45.

44 Ibid., pp. 40–43.

que é estruturada por meio de representações inconscientes ou imagos que, por sua vez, definem um modo de identificação de reconhecimento ou des-reconhecimento. Lacan, portanto, coloca a família bem no centro dos processos identificatórios – que é o que Fanon contesta para os antilhanos.

Lacan distingue dois estágios anteriores ao complexo de Édipo. Primeiro, há o "complexo de desmame" [*complexe du sevrage*] que representa a "forma primordial da *imago* materna". Depois, há o "complexo de intrusão" [*complexe de l'intrusion*]. O estádio do espelho ocorre no final do período de desmame e permite que o sujeito perceba uma unidade especular do eu onde o outro não tem lugar: "Este mundo, como veremos, não contém o outro".[45] O sujeito restaura por meio desse estágio a unidade perdida do eu (uma unidade ficcional), uma unidade experimentada por meio da relação simbiótica com a mãe. Essa especularidade é, segundo Lacan, a forma mais intuitiva de unidade afetiva, da identidade. "O que o sujeito saúda nessa representação é a unidade mental que é inerente a essa mesma representação."[46] No mesmo momento, a *imago* dá forma ao eu – sustenta a unidade do sujeito – e aliena radicalmente essa unidade.

Fanon escreve sobre o estádio do espelho de Lacan:

> Certamente valeria a pena, com base na noção lacaniana do estádio do espelho, questionar em que medida a imago do semelhante, cons-

45 Lacan escreve: " Nous voulons pénétrer sa structure mentale avec le plein sens du mythe de Narcisse; que ce sens indique la mort: l'insuffisance vitale dont ce monde est issu; ou la réflexion spéculaire: l'imago du double qui lui est centrale; ou l'illusion de l'image: ce monde, nous l'allons voir, ne contient pas d'autrui [Gostaríamos de penetrar sua estrutura mental com o sentido pleno do mito de Narciso; que esse sentido indica a morte: a insuficiência vital da qual este mundo brota; ou a reflexão especular: a *imago* do duplo que lhe é central; ou a ilusão da imagem: este mundo, como veremos, não contém o outro]" (ibid., pp. 40–41).

46 Ibid.

truída no jovem branco na idade que já sabemos, não sofreria uma agressão imaginária quando surgisse o negro.[47]

Fanon argumenta, "só que, para o branco, o Outrem é percebido no plano da imagem corporal, exatamente como o não eu, quer dizer, o não identificável, o não assimilável".[48] A questão é diferente para o negro por causa das "realidades históricas e econômicas". Quando o sujeito (branco) experimenta angústia e suspeita, essa unidade é ameaçada, "o outro intervém" e a fantasia do negro como "assassino" aparece.[49] Há alucinação e, em vez de ver a *imago* de si próprio no espelho, o sujeito vê a *imago* do outro – que é negro e ameaçador (por causa do inconsciente coletivo branco descrito anteriormente).[50] Na abordagem fanoniana, o outro para o branco deve ser o negro, e vice-versa, por causa da dialética que Fanon adota: o outro é a projeção no espelho do que o sujeito deseja e rejeita – a mulher para o homem; o judeu para o antissemita; o negro para o branco.

Na psicanálise, alucinação refere-se a um processo específico: regressão ao início, seguida por um momento em que a realidade é quebrada e o que é reprimido é tomado como real. Em Fanon, alucinação é a identificação com um Outro ameaçador. O eu perdeu sua unidade ficcional e o Outro se torna esse eu fictício do estádio do espelho. O cenário fanoniano postula um eu que é inteiro, mas, quando ameaçado em sua totalidade por algum momento psicótico, alucina e vê um outro que foi culturalmente construído como ameaçador. Mas se a "alucinação especular" é a do negro em relação ao branco, e do branco em relação ao negro, para o antilhano, a alucinação especular é "sempre neutra".[51] O que Fanon quer dizer é que, embora a alucinação deva ser

47 F. Fanon, *Pele negra, máscaras brancas*, op. cit., p. 174, n. 35.
48 Ibid., p. 175, n. 35.
49 Ibid.
50 Ibid.
51 Ibid.

o branco para o antilhano, é outro negro que desempenha essa função. Isso se deve à alienação das Antilhas.[52]

Fanon dá dois exemplos pessoais para ilustrar o fato de que é outro homem negro que ocupa a posição de *imago* alucinada para o negro antilhano. Quando criança, ele era fascinado por histórias de veteranos martinicanos da Primeira Guerra Mundial que descreviam a "crueldade" dos soldados senegaleses. Mas um detalhe sobre esses soldados capturou sua imaginação: seu uniforme e particularmente seu *fez* e cinturão vermelhos. Então, quando os soldados senegaleses estavam na cidade, Fanon, que tinha treze anos, procurou os soldados pelas ruas de Fort-de-France e seu pai fez "a alegria da família" quando trouxe para casa esses itens.[53] O segundo incidente ocorreu durante a Segunda Guerra Mundial, quando professores de Guadalupe vieram de sua ilha para a Martinica para corrigir os exames do *baccalauréat* [equivalente ao vestibular]. O jovem Fanon e seus colegas "impelidos pela curiosidade, íamos ver de perto, até mesmo no hotel em que estava hospedado, o sr. B., um professor de filosofia que tinha a fama de ser excessivamente negro".[54] Negros de outros lugares, África Ocidental ou Guadalupe, eram a *imago* alucinada. Corpos negros

52 Ibid., pp. 176–77, n. 35.

53 Ibid., p. 176, n. 35. O *fez* vermelho era o símbolo do soldado senegalês. Com sua borla preta, ele aparece com destaque nos anúncios do exército colonial. A famosa marca de chocolate, Banania, tinha um soldado senegalês rindo com um *fez* em suas caixas com o slogan "Y'a bon Banania!" [ver ibid., p. 48, n. 27]. O soldado senegalês foi construído como destemido, cruel e sexualmente ameaçador nos textos e representações do exército colonial francês. Eles eram frequentemente empregados como forças repressivas contra nativos rebeldes – em Madagascar, Reunião, Indochina. Para uma interpretação do corpo do soldado negro como fonte de ansiedade racial na Alemanha, ver Klaus Theweleit, *Male Fantasies*, v. 1. Minneapolis: University of Minnesota Press, 1987.

54 F. Fanon, *Pele negra, máscaras brancas*, op. cit., p. 177, n. 35. Os martinicanos de classe média tendem a considerar os guadalupenses com algum desprezo por conta de sua "negritude".

militarizados ou avaliadores da ilha irmã eram os ameaçadores outros para o jovem martinicano.

O corpo do homem negro – fetichizado por meio de um cinto vermelho ou adereço ou por causa da cor de sua pele – era para o jovem Frantz um objeto de fascínio, sua "alucinação especular". Para o jovem Fanon, *fez* e cinto com sua cor vermelha incorporavam um corpo masculino negro saturado de sexualidade crua e associado à força física. Onde ele deveria ter visto um branco, ele viu um negro porque estava usando uma máscara branca. Fanon explicou esse deslocamento culturalmente. Se o senegalês era o outro para seu eu jovem, era porque, quando menino, ele havia sido traumatizado por imagens negativas do africano. Embora Fanon tenha notado a dimensão sexual da atração/repulsa na construção do negro como outro para o branco, ele insistiu no aspecto cultural de sua atração/repulsa pelo corpo masculino negro ou pelos objetos fetichizados associados a esse corpo.

Fanon teme o estupro. Estupro pelo pai branco, pelo senhor, pelo racista. Mas também há o medo de ser seduzido pelo negro senegalês. Esses medos não têm o mesmo significado. O estupro pelo pai branco é um ato de pura violência, de inscrição no corpo masculino negro sua Lei de poder. O corpo masculino negro senegalês ou guadalupense é infundido com poder e mistério. O jovem Frantz precisa vê-los. Um vislumbre de sua negritude, um toque em suas roupas faz sua alegria. Mas ele tem medo de seu poder sedutor. Fanon conta a história de um menino atraído por corpos negros, mas desiste de investigar mais a fundo essa atração, exceto para ressaltar o aspecto cultural de seu desejo. Para Fanon, a unidade do eu, por mais fictícia que seja, constituída durante o estádio do espelho e sustentando a concepção individual do eu, está ausente no desenvolvimento do negro por razões históricas e econômicas. Quando a unidade do eu é ameaçada, ocorre a alucinação. Para o branco, a *imago* alucinada é um negro, enquanto para o negro, é um branco. Essa dupla alucinação não funciona para o antilhano que, por pensar que é branco, por usar uma máscara branca, tem uma *imago* alucinada negra.

O significado do "olhar" na construção do Outro é evidente em Fanon.[55] Em *O ser e o nada*, Sartre insiste no significado do "olhar" para o sentido de ser de alguém: "experimentamos nosso inapreensível ser-Para-outro na forma de uma *posse*. Sou possuído pelo Outro; o olhar do Outro modela meu corpo em sua nudez, causa seu nascer, o esculpe, o produz como é, o vê como jamais o verei".[56] O eu é constituído pelo olhar do Outro: *L'Autre me voit donc je suis* [o outro me vê, logo sou].[57] Fanon apresenta o negro como prisioneiro do olhar do homem branco e vice-versa. O olhar do Outro se torna nossa própria consciência e a ilusão de ser constantemente observado exclui qualquer possibilidade de ambiguidade, porque o Outro é o espelho no qual nos vemos. Brancos e negros estão atados em um abraço mortal.

Mas Lacan atacou a filosofia de Sartre – e, por extensão, a de Fanon. Em seu ensaio sobre o estádio do espelho, Lacan escreveu:

> Essa filosofia [do ser e do nada], infelizmente, só a capta [a negatividade] dentro dos limites de uma *autossuficiência* da consciência, que, por estar inscrita em suas premissas, encadeia nos desconhecimentos [*méconnaissances*] constitutivos do eu a ilusão de autonomia em que se fia.[58]

55 A autora opta por "*look*" em vez de "*gaze*" dada a associação do primeiro a Sartre e do segundo a Lacan. Em sua leitura, o olhar como "*gaze*" é sempre impessoal, enquanto o olhar como "*look*" vem sempre de alguém, mais próximo da concepção fanoniana. [N. T.]

56 Jean-Paul Sartre, *O ser e o nada: ensaio de ontologia fenomenológica* [1943], trad. e notas Paulo Perdigão. Petrópolis: Vozes, 2011, p. 454.

57 François Georges, *Deux études sur Sartre* (Paris: Christian Bourgois, 1976) apud M. Jay, "Sartre, Merleau-Ponty, and the Search for a New Ontology of Sight", in D. M. Levin (org.), *Modernity and the Hegemony of Vision*. Berkeley: University of California Press, 1993, p. 156. [N. T.]

58 J. Lacan, "O estádio do espelho como formador da função do eu: tal como nos é revelada na experiência psicanalítica" [1949], in *Escritos*, op. cit., p. 102.

A leitura que Fanon faz de Lacan via Sartre amparou tanto sua teoria lacaniana do desejo aplicada à situação colonial como sua teoria da consciência sartriana, que animava sua luta por emancipação. O desejo por um outro era um desejo de que outro desejasse a si, ou melhor, o que o negro desejava era o desejo do branco (mesmo negativo) pelo negro, e vice-versa. No entanto, Fanon foracluiu no mesmo gesto a inscrição simbólica desse desejo porque ele poderia integrar o desejo do negro pelo branco apenas como produto da alienação social. O desejo e a diferença precisavam ser anulados mudando a ordem do mundo. Fanon aspirava a um universal – o universalmente humano – e a diferença só poderia ser injusta. O inconsciente era o negativo da consciência; mascarava a consciência. O objetivo era, portanto, destruir a máscara branca na consciência negra. O projeto político nascido dessa abordagem não era de singularidades, mas de uma totalidade. Por trás da máscara, a verdade revelada. A recusa da história antilhana e o consequente romance familiar foram, portanto, construídos sobre a aceitação dos mecanismos do desejo na colônia, mas essa aceitação foi recuperada por um apelo à consciência transparente. Para Lacan, na abordagem sartriana, trata-se de "uma consciência do outro que só se satisfaz pelo assassinato hegeliano".[59] A possibilidade de uma "psicanálise existencial" foi descartada por Lacan, para quem a função da *méconnaissance* era o ponto de partida de qualquer compreensão do processo de formação do sujeito. Em contraste, a abordagem de Fanon negou qualquer *méconnaissance* porque esta questionaria a liberdade sartriana do sujeito. O sujeito empírico precedeu o sujeito psíquico. O des-reconhecimento era produto da alienação social.

Fanon também respondeu à observação de Lacan sobre a relação entre paranoia e complexo fraterno. Lacan argumentou que essa relação poderia ser explicada porque o "grupo familiar

59 J. Lacan, "O estádio do espelho como formador da função do eu: tal como nos é revelada na experiência psicanalítica", op. cit., p. 102.

é reduzido à mãe e aos irmãos". Fanon aplicou essa observação à colônia e escreveu: "Há alguns anos, costumávamos dizer aos amigos com quem conversávamos que, de modo geral, o branco se comporta em relação ao negro como um primogênito reage ao nascimento de um irmão".[60] Se o irmão mais velho branco reagiu com ciúme e paranoia à intrusão do irmão negro mais novo, quem era a mãe? Seria a França, a mátria francesa? Frantz provou sua lealdade quando a França foi ameaçada: "Quando homens [...] invadiram a França para escravizá-la, minha condição de francês me mostrou que meu lugar não era à margem, mas no centro do problema".[61] *Fraternité* era uma promessa da Revolução Francesa; os homens antilhanos pensaram que seriam bem-vindos por seus irmãos metropolitanos. Mas os irmãos da metrópole reagiram com ciúme e demonizaram o irmão mais novo negro, projetando nele todos os seus sentimentos agressivos misturados com culpa por esses sentimentos, bem como atração e desejo.

Fanon fez campanha para Césaire em 1946, quando os anticolonialistas nas Antigas Colônias – Martinica, Guadalupe, Guiana, Reunião – lutavam pelo status de departamento ultramar, pela assimilação e pela aplicação de leis e regulamentos sociais no local de trabalho. A aspiração era a igualdade social com os irmãos metropolitanos e Fanon analisou corretamente em termos psicanalíticos a rejeição aos irmãos colonizados, causada pela angústia, ciúme e medo dos irmãos metropolitanos. No entanto, o corpo pelo qual os homens das Antilhas estavam lutando não era apenas a França, mas a França republicana e seus ideais – herdados da Revolução Francesa.[62] Os antilhanos

60 F. Fanon, *Pele negra, máscaras brancas*, op. cit., p. 171.

61 Ibid., p. 213.

62 Ver os discursos de Aimé Césaire, Gaston de Monnerville, Léon de Lepervanche e Raymond Vergès nos Arquivos da Assembleia Nacional Constituinte de 1945. De fato, esses líderes anticolonialistas exigiam assimilação e esse gesto pode ser lido como apenas uma demanda de tolos alienados (que é a leitura de Fanon em *Os condenados da terra*). No entanto, seria muito sim-

não se consideravam brancos porque acreditavam que eram cidadãos franceses.

Mas, para Fanon, o negro antilhano permanecia aprisionado no estádio do espelho, na miragem do outro imaginário. O negro antilhano é capturado para sempre nesta miragem. Fanon pressupõe o sujeito empírico da sociologia, e a realidade empírica se opõe à realidade psíquica – embora Fanon saiba e argumente que a realidade psíquica informa a realidade empírica. Estamos em um sistema de presença/ausência – ver implica presença. A existência de um termo é determinada pela presença do outro. Em vez de pensar a relação eu/outro em termos dinâmicos, Fanon postula um ponto de *stasis*. O negro se olha no espelho e vê um branco. Tirando a máscara, ele deve ver a si mesmo. Não há terceiro termo. Nenhuma linguagem que media o desejo e a subjetivação. A identidade é governada pelo Outro, em vez de ser articulada tanto pelo desejo quanto pela diferença do Outro. Nos parágrafos que seguem sua teoria do estádio do espelho, Fanon se volta para sua teoria da sexualidade feminina. Ele analisa as razões pelas quais "o negro representa o perigo biológico",[63] por que o "Negro = biologia = pênis".

Ele afirma que a concepção do negro como biologia é necessária para realizar fantasias sexuais, seja de homossexuais passivos brancos[64] ou de mulheres brancas sexualmente reprimidas.[65] Para desenvolver sua análise da sexualidade feminina, Fanon explora o que ele chama de "fantasia: um negro me estupra".[66] Fanon usa as teorias da sexualidade feminina de Helene Deutsch e Marie Bonaparte para construir um cenário que

---

plista reduzir o radicalismo dos ideais republicanos nas colônias à alienação. Fanon postulou a raça como fundamento da comunidade. Os anticolonialistas postularam a classe e a república.

63 F. Fanon, *Pele negra, máscaras brancas*, op. cit., p. 178.

64 Ibid., p. 190.

65 Ibid., pp. 178, 190.

66 Ibid., p. 190.

explica a sexualidade e a fantasia feminina branca. Ele segue a visão de Deutsch e Bonaparte sobre o desenvolvimento sexual progressivo do sujeito feminino: do prazer clitoriano ao prazer clitoriano-vaginal até assumir seu destino dentro da feminilidade, isto é, seu papel de mãe.

O cenário construído por Fanon sobre as teorias de Deustch e Bonaparte propõe que o desejo da menina de ser violada é ativado ao testemunhar uma criança sendo espancada pelo pai, o objeto no qual a menina investe uma libido agressiva. Ela quer ser espancada pelo seu pai também. Mas o pai se recusa a cumprir o papel agressivo exigido pelo inconsciente da menina quando ela tem cerca de cinco anos. A agressividade da menina agora está sem suporte e precisa ser investida em outro lugar. Como nessa idade a menina tem acesso à cultura e ao folclore, o negro se torna o "depositário predestinado dessa agressividade". "Haveremos de constatar" – escreve Fanon – que "quando a mulher vive a fantasia do estupro por um negro, é de certa forma a realização de um sonho pessoal, de um desejo íntimo. [...] é a mulher que se estupra".[67] A prova desse fenômeno seria que as mulheres costumam gritar para seus parceiros durante a relação sexual: "Me machuque!". Fanon conclui que ela está realizando um desejo: ser ferida como gostaria de machucar sua mãe; ela realiza indiretamente o desejo de estripar a mãe.

Fanon parece ter adotado a leitura de Marie Bonaparte do cenário de Freud, em vez da de Freud propriamente.[68] Bonaparte argumenta que, se na fantasia da menina a criança espancada é na maioria das vezes um menino, é "sobretudo porque ela deseja que seu pai bata no que é equivalente ao menino em seu inconsciente, ou seja, seu pequeno falo masculino, o clitóris multiplicado como um plural majestático na fantasia última de espancamento".[69]

67 Ibid., p. 191.
68 Marie Bonaparte, "'A Child is Being Beaten'... or a Woman", in *Female Sexuality*. New York: International Universities Press, 1953, pp. 83–86.
69 Ibid., p. 84.

Bater é um ato, disse Bonaparte, "preliminar à penetração, à efração. Bate-se em uma porta antes de entrar. Sacode-se, se necessário, a fechadura ou a chave". O pênis torna-se para a mulher o substituto da "vara" com a qual, quando menina, ela desejava ser espancada. O pênis do homem dá "golpes" na mulher e é uma "espécie de surra" que ela adora, conclui Bonaparte. O cenário de Fanon ecoa o de Bonaparte. O "Me machuque!" que ele afirma que as mulheres gritam para seus parceiros é a expressão de seu desejo de que o pênis aja como uma vara.

A fantasia "um negro está me estuprando" é, portanto, a conjunção de dois desejos, estripar a mãe e ser espancada/penetrada pelo pênis do pai, e ambos os desejos são realizados através da fantasia de ser estuprada pelo negro. O negro ocupa tanto a posição do pai cumprindo o desejo de ser ferida como o desejo de atacar a mãe. Há uma fusão entre a menina e o negro e esse último se torna o agressor do corpo feminino/materno. O negro pode ocupar este lugar porque a cultura o construiu como violento e assassino. Na fantasia freudiana, bater também significa para a criança uma afirmação do amor paterno. O negro então daria à mulher branca uma afirmação masoquista de amor. Fanon então se pergunta como essa fantasia funciona para a mulher de cor e conclui, parafraseando Freud sobre a sexualidade feminina: "Não sabemos". No entanto, mesmo que não saiba, Fanon ainda é capaz de argumentar que, para muitas mulheres das Antilhas, o agressor típico é representado pelos senegaleses, ou pelo menos por um homem social ou racialmente inferior.[70]

70 Ibid., p. 192. Mas vimos que era o pequeno Frantz que era fascinado pelos senegaleses. Homi K. Bhabha, em seu ensaio "Recordar Fanon", refere-se a essa passagem (neste volume, p. 50). Ele diz que Fanon ignora a diferença de gênero e que seu uso do termo "homem" conota toda humanidade. Bhabha então escreve que Fanon "evita uma discussão psicanalítica mais completa sobre a produção de agressividade psíquica na identificação e na relação dela com a diferença cultural" ao citar o estereótipo cultural como "a meta predestinada da pulsão sexual". Parece-me que Fanon propõe uma discussão

Com base em sua interpretação das fantasias sexuais das mulheres, Fanon constrói uma teoria da masculinidade negra que exige das mulheres negras um amor que "trabalhará [com o homem negro] na assunção da [sua] virilidade" – que parece ser a concepção de amor de Fanon.[71] Fanon presume que existe uma concepção de masculinidade que requer submissão feminina. As mulheres são um espelho degradado para o homem negro, e os homens são o espelho eficaz que reafirma a unidade do eu. O psiquiatra martinicano entende claramente que a feminização do homem colonizado implica ao mesmo tempo desejabilidade e fraqueza, e que a identidade sexual está inevitavelmente ligada à identidade cultural e às estruturas de poder. Mas a recuperação dessa masculinidade ferida é feita às custas dos próprios desejos das mulheres. O falocentrismo de Fanon pode ser uma resposta à emasculação feita pelos brancos, mas a história que ele conta é uma história entre homens com corpos de mulheres como reféns na guerra racial. O desejo de estupro é central na análise fanoniana da sexualidade feminina. Dentro de seu modelo de desenvolvimento, Fanon postula um ego ferido pelo colonialismo que pode recuperar sua unidade e autonomia por meio de uma catarse violenta. É um ego transparente. A insistência de Fanon no cultural, bem como sua concepção de masculinidade, leva-o, ao cabo, a abraçar a noção de um eu puro alcançado através de estágios de desenvolvimento progressivo.

Foi na Argélia que Fanon encontrou o homem viril que desmentiria a construção colonial da masculinidade emasculada. O que Dora tinha sido para Freud e sua teoria da histeria, o que Aimé tinha sido para Lacan e sua teoria da paranoia, o homem

---

psicanalítica sobre a sexualidade e a relação racial. Fanon colide cultural e psicológico porque essa síntese é a própria base de sua teoria. A questão não é trazer uma "acusação fácil de sexismo" contra Fanon, que é o que Bhabha quer evitar, mas desconstruir os termos pelos quais Fanon chega às suas conclusões sobre a sexualidade feminina.

71 F. Fanon, *Pele negra, máscaras brancas*, op. cit., p. 57.

árabe muçulmano foi para Fanon e sua teoria da psicopatologia colonial. Fanon encontrou no combatente argelino um indivíduo cuja masculinidade foi ferida, mas que teve, em contraste com o homem negro das Antilhas, a coragem de atacar o mestre castrador (o francês) e castrá-lo em troca. Albert Memmi argumentou que, para Fanon, "a identificação com a pátria argelina substituiu uma identificação impossível com a pátria martinicana".[72] Fanon abraçou a Argélia totalmente. Como Memmi escreveu, ele foi para um "país onde nunca havia posto os pés. Ele não conhecia sua língua nem sua civilização. Ele não era de sua religião e, no entanto, em um tempo incrivelmente curto, decidiu que este país seria seu país, que este povo seria seu povo".[73] Fanon pensava que os antilhanos não poderiam se libertar a si próprios. "Um dia desses, a França vai forçá-lo a tomar sua independência chutando sua bunda. Você deve isso à Argélia, nossa Argélia", disse ele a um amigo guianense em 1958.[74] Bertène Juminer descreveu como Fanon estava se regozijando quando, algumas semanas depois, houve tumultos na Martinica. Muitos martinicanos foram mortos pela polícia francesa e Fanon disse: "Eles deveriam pegar seus mortos, estripá-los e exibi-los em caminhões por toda a cidade, gritando para o povo: 'Este é o feito dos colonialistas'. Mas eles nunca farão tal coisa. Eles votarão novamente a favor de algumas moções miseráveis e retornarão às suas vidas miseráveis. De certa forma, essa explosão de raiva tranquiliza os colonialistas. É apenas uma libertação, algo como um sonho erótico. Faz-se amor com uma sombra. Suja-se a cama. Mas no dia seguinte, tudo está de volta à ordem. Não se pensa mais nisso".[75] Manifestações furiosas contra o colonialismo na Martinica eram, para Fanon, o sonho sexual de um homem.

72 A. Memmi, "La vie impossible de Frantz Fanon", op. cit., p. 254.

73 Ibid., p. 258.

74 Testemunho de Bertène Juminer em "Hommages à Frantz Fanon", *Présence Africaine*, n. XL, 1962/1, p. 126.

75 Ibid.

A filosofia do sujeito alienado de Fanon, que pressupunha um antes baseado em verdade e integridade e um depois de autenticidade recuperada não poderia ser aplicada ao sujeito mestiço [*creole*]. Não havia cultura e sociedade pré-coloniais para retornar, nenhum passado para glorificar, nenhum pai heroico, nenhum momento antes do senhor. Assim, Fanon recusou uma sociedade na qual o senhor está sempre presente, na cena histórica e na cena primordial. Fanon rejeitou a filiação mestiça: o pai escravizado e a mãe estuprada não podiam ser seus pais. Tampouco ele simbolizava a mestiçagem, esse encontro, violento ou amoroso, entre pessoas de diferentes raças do qual ele era um produto. Para Fanon, as Antilhas eram homens emasculados. A Argélia deu a Fanon sua sonhada filiação. Ela incorporava o futuro da "humanidade" emancipada e poderia reivindicar, imaginava Fanon, um passado pré-colonial não contaminado pelos brancos.[76]

A Argélia foi o cenário autêntico da virilidade recuperada. Fanon alegou que finalmente encontrou seus pais. Ele disse "*Nos pères*" [nossos pais] quando falou dos argelinos.[77] Para Fanon, os antilhanos estavam presos no reino do Imaginário. A relação com o Outro foi distorcida porque o Outro é sempre o branco, que ocupa a posição do Simbólico, da linguagem e da Lei. Foi a mãe nativa que impediu o acesso do sujeito a um Simbólico autêntico negro. Fanon falou de "lactação", ou amamentação pela mãe, para designar o desejo alienado de brancura.

76 F. Fanon, *Towards the African Revolution*. New York: Grove Press, 1967, pp. 146 e 179. Christopher Miller observou o aspecto missionário dessa visão. Ele escreve que a "relação entre o Norte e o Sul, entre a 'Argélia africana' e 'toda a África' foi concebida por Fanon como uma 'relação de elevação, tutela e assimilação'" (Christopher L. Miller, *Theories of Africans*. Chicago: University of Chicago Press, 1990, p. 49).

77 Em um artigo de *El Moudjahid*, citado em A. Memmi, "La vie impossible de Frantz Fanon", op. cit.

A análise de Fanon da psicopatologia do negro das Antilhas, do negro mestiço, influenciou profundamente a psiquiatria pós-colonial e seu projeto terapêutico. Sua recusa da *créolité* da família antilhana e sua construção de uma masculinidade e feminilidade mestiças, inteiramente submetidas ao desejo do branco, apoiaram uma concepção de masculinidade e feminilidade que reforçaram normas heterossexuais e modernizadoras. As sociedades mestiças podem ter sido "não heroicas", mas sua "resposta não heroica garante que parte do palco sempre permaneça ocupada pelos 'covardes' e 'concessores' que podem, em algum momento oportuno, afirmar sua presença".[78] A noção de masculinidade de Fanon propunha uma modernização do homem mestiço por meio de sua entrada em um "patriarcado responsabilizado". O homem das Antilhas era fraco; ele estava dançando, cantando, imitando o homem branco quando teve de pegar em armas e lutar.

Hoje, discursos semelhantes definem os homens mestiços dos territórios franceses como homens que não sabem cuidar de suas famílias. Eles não são disciplinados. Eles se recusam a trabalhar. Eles são tudo o que o homem branco moderno não é: violento, bêbado, preguiçoso, progenitor sem ser paternal. A história da generificação da masculinidade na colônia é inseparável da história das estratégias do Estado francês para disciplinar os colonizados e da história dos locais de resistência às concepções francesas de masculinidade. Os *insights* de Fanon sobre a construção de masculinidades na colônia merecem ser reconsiderados com trabalhos recentes em antropologia, teoria feminista e psicologia, com as obras de poetas e escritores cujas palavras falam sobre as pessoas que "não tiveram Revolução Industrial, nenhuma revolução de qualquer tipo, nenhuma Era de Nada, nenhuma guerra mundial, nenhuma década de turbulência equi-

78 Ashis Nandy, *The Intimate Enemy: Loss and Recovery of Self under Colonialism*. Delhi: Oxford University Press, 1989, pp. 110–11.

librada por décadas de calma".[79] Mas pessoas cuja imaginação, mitos, narrativas contam a história de senhores, escravos, quilombolas, loucos, mulheres e homens jogados juntos em pequenas ilhas pelo jugo da história.[80]

79 Jamaica Kincaid, *A Small Place*. New York: Plume Book, 1988, pp. 79–80.

80 Quero agradecer a Homi Bhabha, Mariane Ferme, David Lloyd, François Flahault, Mike Rogin e Lisa Wedeen por seus comentários e críticas.

EM DIREÇÃO AO PRINCÍPIO SOCIOGÊNICO: FANON, IDENTIDADE, O ENIGMA DA EXPERIÊNCIA CONSCIENTE E O QUE É SER “NEGRO”

SYLVIA WYNTER

[2001]

Em reação à tendência constitucionalizante do final do século XXI, *Freud, por meio da psicanálise, exigiu que se levasse em conta o fator individual. Ele substituiu uma tese filogenética pela perspectiva ontogenética. Veremos que a alienação do negro não é uma questão individual. Além da filogenia e da ontogenia, existe a sociogenia.*

Frantz Fanon, *Pele negra, máscaras brancas*

A experiência consciente é um fenômeno generalizado. Ocorre em muitos níveis da vida animal, embora não possamos dar como certa sua presença nos organismos mais simples [...] (*Alguns extremistas não pouparam esforços para negá-la até mesmo nos mamíferos diferentes do homem*) [...] *Mas, independentemente das variações formais, o fato de um organismo ter de algum modo uma experiência consciente significa, basicamente, que há algo como ser aquele organismo.* [...] *Mas, fundamentalmente, um organismo tem estados mentais conscientes se e somente se existir algo que signifique ser esse organismo, algo que signifique ser para o organismo. Podemos chamar isso de o caráter subjetivo da experiência.*

Thomas Nagel, "What It Is Like to Be a Bat"

Contra o reducionismo, argumento que a consciência pode ser explicada por um novo tipo de teoria. Ainda não conhecemos os pormenores de tal teoria, mas um raciocínio cuidadoso e inferências bem fundamentadas podem revelar algo sobre sua natureza geral. Por exemplo, essa teoria provavelmente envolverá novas leis fundamentais, e o conceito de informação pode vir a desempenhar um papel chave. Esse pequeno vislumbre sugere que a teoria da consciência pode alcançar consequências surpreendentes no que diz respeito à nossa visão do universo e de nós mesmos.

David Chalmers, *The Puzzle of Conscious Experience*

Este capítulo[1] propõe que a investigação de Frantz Fanon sobre a duplicidade da "experiência vivida do negro" em terceira e em primeira pessoa, conduzida em seu livro *Pele negra, máscaras brancas*, buscava desenvolver as ideias de pensadores negros americanos, como W. B. Dubois, que o antecederam no que se refere à "dupla consciência" conflituosa do Negro na civilização ocidental,[2] ao mesmo tempo que tentava evidenciar um novo objeto de conhecimento teórico como causa dessa "dupla consciência", o que abriu caminhos para o questionamento da definição puramente biológica da nossa cultura atual sobre o que *significa ser* [what it is to *be*] e, portanto, sobre o que *é ser* [what it is *like to be*] humano. Embora Fanon tenha chamado esse novo objeto de conhecimento de *sociogenia*,[3] adaptei o termo para *princípio sociogênico*[4] para, a partir dele, aproximar-me do princípio genômico que define as identidades das espécies de vida puramente orgânica e, ao mesmo

1 Este texto foi publicado originalmente como "Towards the Sociogenic Principle: Fanon, Identity, the Puzzle of Conscious Experience, and What It Is Like to Be 'Black'", in Antonio Gomez-Moriana & Mercedes Duran-Cogan, *National Identities and Sociopolitical Changes in Latin America*, 1. ed. London/New York: Routledge, 2001 (reproduzido por meio de acordo com Taylor & Francis Group), no qual foi editado em razão de restrições quanto à extensão do volume. Buscando preservar a integridade do argumento de Sylvia Wynter, as intervenções limitaram-se às partes introdutórias, que versam sobre o panorama histórico do capítulo. Esta é, portanto, a versão editada do texto. Tradução de Juliana Pavão. [N. E.]

2 Ver W. E. B. Dubois, *Writings*, org. Nathan Huggins. New York: Library of America, 1986, pp. 364–65.

3 F. Fanon, *Pele negra, máscaras brancas* [1952], trad. Sebastião Nascimento e colaboração de Raquel Camargo. São Paulo: Ubu Editora, 2020, p. 25.

4 Utilizei esse conceito pela primeira vez em um ensaio intitulado "After Man, Its Last Word: Towards The Sociogenic Principle" [Depois do homem, sua última palavra: em direção ao princípio sociogênico]. O ensaio foi publicado em espanhol como "'Tras 'El Hombre', Su Ultima Palabra: Sobre El Posmodernismo, Les Damnes Y El Principio Sociogenico", trad. Ignacio Corona-Gutierrez. *Nuevo Texto Critico*, v. IV, n. 7, Dept. of Spanish and Portuguese, Stanford, California, pp. 43–83.

tempo, contrastar ambos. Proponho ainda que a nova concepção de humano de Fanon, totalmente inédita, bem como a noção de experiência vivida por seus personagens franco-caribenhos sobre o que *é ser* negro (epígrafe 2), abre caminhos para a solução do problema definido por David Chalmers como o "enigma da experiência consciente". Esse enigma se refere tanto a como "uma experiência subjetiva pode emergir de processos neurais de dentro do cérebro"[5] quanto aos motivos pelos quais todo esse processamento precisa vir "acompanhado de uma vida interior experimentada".[6] Por que existe, para todos os efeitos, a obrigatoriedade da *experiência*, ou da necessidade de consciência? Contrariando o reducionismo da tese psicanalítica, que propõe que essa mente ou consciência *é*, simplesmente, *o que* o cérebro faz, Chalmers formula a hipótese (citada na epígrafe 3) de que existem "leis fundamentais" ainda não desvendadas, específicas ao fenômeno da experiência consciente. Ele argumenta que essas leis, por envolverem "primariamente o conceito de informação", deveriam ter como base a proposição de que "a experiência consciente é considerada uma [...] característica, *irredutível a algo mais básico*" e, por isso, também deveriam ser capazes de ultrapassar a lacuna explicativa de modo a especificar *como* a experiência enquanto característica por si só poderia depender, mesmo assim, de um "processo físico subjacente".[7]

Nesse contexto, uma vez que a questão sobre o problema da consciência, levantada especificamente por pensadores negros do Novo Mundo, de W. B. Dubois ao próprio Fanon, tem sido colocada em primeira pessoa e situada socialmente com raízes diretas na natureza dolorosa e conflituosa de sua própria consciência e, portanto, de suas identidades como "Negros", e não como a questão puramente em terceira pessoa do *porquê*

5 D. Chalmers, "The Puzzle of Conscious Experience", op. cit., p. 80

6 Id., *The Conscious Mind: In Search of a Fundamental Theory*. New York/Oxford: Oxford University Press, 1996, p. vii.

7 Id., "The Puzzle of Conscious Experience", op. cit., p. 83.

existir uma experiência consciente proposta por Chalmers, este capítulo tensionará o seguinte: o conceito explicativo de *sociogenia* de Fanon, apresentado como uma resposta em terceira pessoa a seu próprio questionamento em primeira pessoa, serve, quando relacionado aos argumentos presentes no ensaio de 1974 "What It Is Like to Be a Bat", de Thomas Nagel (epígrafe 2), para confirmar o postulado de Chalmers no que se refere ao funcionamento empírico de leis psicofísicas, uma vez que essas leis atuam no nível da experiência *humana*. Além disso, proponho que tais leis não sejam redefiníveis apenas como sociogênicas ou de cultura/natureza, mas também como leis cujos processos de funcionamento, embora indissociáveis dos processos físicos que as implementam (ou seja, neurobiológicos), não possam ser deduzíveis apenas desses processos e, portanto, derivadas das leis da natureza que governam tais processos, uma vez que são condições indispensáveis ao que *é ser* humano. Adicionalmente, se, como proposto por Nagel, um organismo só é capaz de ter "estados mentais conscientes" se houver "algo que signifique *ser* esse organismo, algo que signifique ser *para* o organismo", para que esse organismo se identifique como tal, a exploração da "experiência vivida do negro" de Fanon e, consequentemente, dos processos de funcionamento dessas leis psicofísicas nos termos das nossas formas de identidade atuais (em si mesmas, mas também como uma *variante* dos modos de existência híbridos de *natureza/cultura* únicos para nós, seres humanos), pode ao mesmo tempo iluminar o funcionamento dessas leis e a maneira como elas atuam no nível de formas de vida puramente orgânica. Ou seja, a investigação de Fanon pode iluminar as leis que governam o reino da experiência subjetiva vivida, humana e não humana, e que governam, portanto, o fenômeno inter-relacionado de identidade, mente e/ou consciência.

"PARE DE AGIR FEITO NEGRO!" SOBRE OS ASPECTOS QUALITATIVOS DOS ESTADOS MENTAIS DO NEGRO CARIBENHO ANTES DE CHEGAR À FRANÇA

> *Mas me traí, falei de Apolo! Nada que possa ser feito: sou um branco. Inconscientemente, porém, suspeito do que é negro em mim, ou seja, da totalidade do meu ser.* [...] *Em casa, minha mãe canta para mim, em francês, trovas francesas em que nunca há sequer menção a negros. Quando desobedeço, quando faço muito barulho, dizem para que eu pare de "agir feito negro".*
>
> Frantz Fanon, *Pele negra, máscaras brancas*

> *Veremos que a abordagem em terceira pessoa não parece suficiente para explicar todos os fenômenos em primeira pessoa. Comecemos com as* qualia. Qualia *são os aspectos qualitativos de nossos estados mentais, como a percepção de cores, o sabor do chocolate, do prazer e da dor. Olhar para um retalho de tecido vermelho desencadeia um padrão específico de descargas neurais. Por que essa sensação tão profundamente subjetiva existe? Por que essa sensação, por que não o verde? E quanto dessa sensação é pessoal?*
>
> Stan Franklin, *Artificial Minds*

No primeiro capítulo, "O negro e a linguagem", Fanon analisa a situação do Negro ou Preto franco-caribenho antes de chegar à França, antes de se deparar com os "olhares brancos" como "os únicos verdadeiros". No Caribe, a imposição generalizada das culturas francesa e europeia, em conjunto com a difamação por elas promovida de todas as coisas de origem africana, fez com que, quando ele e seus colegas se comportassem mal na infância, fosse por fazer barulho demais, por desobedecerem ou se comunicarem em crioulo (o vernáculo afro-francês comum ao caribe francófono), fossem severamente repreendidos por suas mães e ensinados a parar de "agir feito negro".[8] Contudo, quando estavam no Caribe, eles ainda tinham escolha. Apesar de Negros, podiam escolher *não se comportar como um*, evitando assim cair inteiramente na não existência, na negação do ser humano. Surge aqui um paralelo útil, que nos permite compreender a ideia de espaço transcultural ou a perspectiva de identidade humana apresentada recentemente por Mikhail Epstein. Epstein defendia que, já que "a cultura [...] é o que o ser humano cria e, ao mesmo tempo, o que cria o ser humano, o ser humano deveria ser percebido (simultaneamente) como criador e criatura". Se "na esfera do sobrenatural temos o mundo do criador, e na natureza temos o mundo das criaturas", é na verdade "a justaposição desses dois papéis no ser humano que faz dele um ser cultural". O problema aqui, no entanto, é que, se de um lado, a cultura nos libertou da natureza, só foi capaz de fazê-lo sob a condição de submeter-nos a suas próprias categorias, já que é através das categorias dessa cultura específica que podemos nos aperceber, nos termos de Fanon, como seres desde sempre socializados. A proposta de Epstein é, portanto, que somente a *transcultura*, o espaço aberto entre diferentes culturas, pode nos libertar de nossa subordinação às categorias da cultura única: a partir da mediação transcultural, alcançamos experimentar a nós mesmos como seres humanos.

Há aqui um paralelo transcultural: a injunção "pare de agir feito negro" funcionava para Fanon e seus pares franco-caribenhos de classe média da mesma forma que agia sobre os voduístas do Haiti. Para a religião sincrética originária do Haiti, derivada da religião inicialmente africana e hoje afrocatólica, abster-se do que é proibido por ser considerado comportamento antissocial é

8 F. Fanon, *Pele negra, máscaras brancas*, op. cit., p. 202. Fanon revela aqui o papel desempenhado tanto pela escola quanto pela família como agentes de reforço do Outro, na socialização do sujeito colonial caribenho de descendência africana para ser antinegro, no ensino do desprezo por tudo que vem da África. A experiência subjetiva da autofobia negra como racismo antinegro é, portanto, apresentada por Fanon como sendo construída objetivamente. Ver especificamente o texto citado na nota 4 deste capítulo.

uma ordem sancionada pelos próprios praticantes por medo de serem transformados em zumbis. Essa é uma punição aplicada pela sociedade secreta Bizango, cujos membros eram e ainda hoje são responsáveis por punir tais comportamentos. Para o voduísta, se o ser ou a identidade "normal" estiver ancorada em um *ti bon ange* [anjinho bom] (ou seja, "o componente da alma do voduísta que forma o caráter, a força de vontade e a personalidade"), ser transformado em um zumbi – graças à aplicação da poderosa tetrodotoxina, que deixa a vítima a um estado físico facilmente confundido com a morte[9] – significa ser induzido a um torpor cataléptico, um estado supostamente *causado pela perda do ti bon ange*, da alma. Tendo em vista que, uma vez extraída a alma, o corpo se torna um mero recipiente vazio, sujeito aos comandos de uma força estranha que manteria o "controle do *ti bon ange*",[10] para voduístas, a ameaça de sofrer uma zumbificação é ainda pior do que a ameaça da própria morte física.[11]

Se, no caso do sistema simbólico de crenças que estrutura seu senso de identidade, "é a noção de forças externas assumindo o controle do indivíduo que aterroriza o voduísta", o que Fanon nos permite enxergar a partir dessa análise não é apenas a forma como o *senso de identidade* no sistema simbólico de crenças imposto culturalmente pela burguesia francesa estrutura o *senso de identidade* do Negro de classe média colonizado no Caribe francês, mas também que é um *senso de identidade* em que a noção de

9 Ver Wade Davis, *Passage of Darkness: The Ethnobiology of The Haitian Zombie*. Chapel Hill & London: The University of North Carolina Press, 1988.

10 Ibid.

11 No livro *Passage of Darkness: The Ethnobiology of the Haitian Zombie* [Passagem das trevas: a etnobiologia do zumbi haitiano] (op. cit.), Wade Davis, apesar das lamentáveis implicações da primeira parte do título, consegue, mesmo assim, desmontar estereótipos relacionados ao processo de zumbificação tanto ao mostrar seu papel institucional como um sistema de sanções dissuasivo quanto por revelar as propriedades da toxina usada pelos membros da Sociedade Secreta Bizango para induzir o estágio "morto-vivo" dos zumbis.

"agir feito negro", e portanto resvalar na não existência – tal qual a ameaça de zumbificação para o voduísta –, funciona como um sistema internalizado de sansões que motiva seu comportamento, agindo de forma semelhante a "vigiar como uma guarnição na cidade conquistada".[12] Nesse contexto, uma perspectiva transcultural dessas duas injunções bastante diferentes entre si que relacionam dois *sensos de identidade* também bastante distintos, ainda que atuantes em prol do mesmo objetivo, nos permite reconhecer os estados mentais qualitativos correlacionados a sensações aversivas ou ao medo de se comportar, por um lado, de forma tão antissocial que torne a ameaça de zumbificação real e, por outro, que torne a ameaça de "negrificação"[13] real. Ambos fazem parte das mesmas modalidades instituídas objetivamente e experimentadas subjetivamente, mesmo quando a noção cultural de identidade, ou do que significa ser humano, não é a mesma.

Contudo, como podemos perceber a partir da exploração de Fanon, desde que o Negro caribenho permaneça na Martinica ou em Guadalupe, ele não percebe a si mesmo enquanto *negro*. Na verdade, seu senso de identidade, que o impele a invalidar o "agir feito negro", é, conforme demonstrado por Fanon, concebido como normal; logo, como uma "*identidade branca*". É produzido como um dos modos de ser da burguesia francesa, em cujos códigos ele foi socializado por intermédio dos processos educacionais tanto formais quanto familiares. Sua "pele negra" realmente usa uma "máscara branca", mas, enquanto ele estiver no Caribe, não se verá forçado a confrontar essa contradição. Assim, somente após sua

12 F. Fanon, *Pele negra, máscaras brancas*, op. cit., p. 161.

13 O que Fanon nos apresenta aqui é que a ameaça de "negrificação" funciona também como uma ameaça de não existência no contexto da concepção de identidade humana da nossa cultura (e classe) atual. Nos termos, portanto, do princípio sociogênico dominante. É nesse contexto que o desejo por "lactificação", também explorado pelo autor, pode ser compreendido como o desejo por ser plenamente humano dentro da nossa concepção atual de ser humano. Ver ibid., pp. 62 e 126.

chegada à França, os gritos de "Negro imundo" o obrigarão a experimentar a si mesmo como sendo, concretamente, esse *Negro Outro* que, até então, existia apenas como uma ameaça no sistema de sanções sociais da sociedade caribenha colonial. No entanto, para que possamos entender plenamente os principais aspectos da "experiência vivida" do Negro caribenho antes mesmo de chegar à França, temos que reconhecer o papel crucial da linguagem, do sistema de significados imposto no qual o Negro é induzido a se perceber como resultado direto da sua "subjugação colonial". No coração dessa linguagem, há uma noção específica de o que é ser humano e, portanto, da definição de seu papel dentro desse conceito. "Não resta nenhuma dúvida", escreve Fanon, "que ela alimente sua veia principal no coração [isto é, da autodivisão do Negro] das diversas *teorias que pretenderam fazer do negro o lento encaminhamento* do macaco ao homem, ninguém ousa contestar".[14]

Fanon nos alerta aqui que o papel atribuído ao Negro nessas teorias é uma função indispensável da concepção puramente ontogênica do ser humano na nossa cultura atual, que retrata as espécies como parte de uma rede puramente continuísta de vida orgânica, definindo-a a partir do modelo de organismo natural.[15] Consequentemente, considerando a natureza tão ampla dessa concepção da identidade humana, não basta simplesmente entender as causas da divisão do Eu Negro. É preciso eliminá-la. Para isso, devemos reconhecer que "falar" não significa apenas "ser capaz de empregar determinada sintaxe, [...] se apossar da morfologia de uma ou outra língua". Significa "acima de tudo assumir uma cultura, suportar o peso de uma civilização".[16] A situação enfrentada pelo Negro no Caribe existe, portanto, no interior da lógica de uma civilização específica na qual ele se encontra, no interior da língua que ele fala e que fala dele. O "Negro" se verá "propor-

14 Ibid., p. 31 (grifo nosso).

15 Ver Michel Foucault, *The Order of Things; An Archaeology of the Human Sciences*. New York: Vintage Books, 1973.

16 F. Fanon, *Pele negra, máscaras brancas*, op. cit., p. 31.

cionalmente mais branco" e, assim, proporcionalmente "mais próximo de ser um ser humano de verdade" em "relação direta" ao domínio da língua francesa; ou, quando nos EUA e no Caribe anglófono, em relação direta ao domínio da língua inglesa nos padrões da classe média (o "inglês correto").[17] Como consequência, o Negro do Caribe, pois também ele fala uma língua vernácula crioula afro-francesa (ou afro-inglesa), sempre terá de encarar "o problema da linguagem". Esse fato é só um fragmento de um quadro mais amplo e determina a experiência pessoal enquanto "Negro" e enquanto nativo "colonizado". Tanto é assim que:

> Todo povo colonizado – isto é, todo povo em cujo seio se originou um complexo de inferioridade em decorrência do sepultamento da originalidade cultural local – se vê confrontado com a linguagem da nação civilizadora, quer dizer, da cultura metropolitana.[18]

Nessa situação, não apenas o Negro colonizado "se evadirá da própria selva tanto mais adotar os valores *culturais* da metrópole", mas também se tornará cada vez mais branco "quanto mais rejei-

17 A reação visceral e o furor em torno da proposta do Oakland School Board of California [Conselho da Escola Oakland da Califórnia] nos EUA, que determina que o crioulo Afro-Inglês (vergonhosamente chamado por eles de "Ebonics") deve ser compreendido por professores de inglês padrão, cujos alunos – principalmente do interior – usavam como vernáculo no dia a dia, deve ser entendida em um contexto paralelo. A sugestão do Conselho Escolar de que a origem linguística africana da maior parte dos usos gramaticais do inglês afro ou negro deveria ser ensinada se deparou com a mesma resposta negativa que recebe tudo o que vem da África, não apenas pela classe média branca, mas também por diversos membros proeminentes da classe média negra intelectual. O que se define em termos de afrofobia pode ser reconhecido aqui como um atributo indispensável para a concretização de uma identidade "normal" no que se refere à nossa opção atual do ser humano "Homem", bem como uma fobia diretamente direcionada ao significante da não existência de acordo com os critérios do que é ser plenamente humano.

18 F. Fanon, *Pele negra, máscaras brancas*, op. cit., p. 32.

tar sua escuridão, sua selva".[19] Uma vez que a lógica desses novos padrões culturais "totemizaram" o que é ser plenamente humano (quer dizer, o mais longe possível dos primatas e, por isso, mais evoluídos), é no complexo de cultura e fisionomia europeia que o Negro caribenho, ao "rejeitar sua escuridão, sua selva", percebe a si mesmo como *mais humano*. Como consequência, o Negro caribenho, tendo sido educado para tornar-se tanto membro da elite burguesa francesa quanto branco, o sonho de emigrar para a França se torna o Santo Graal, é claro. Todo Negro caribenho que tenha vivido na França e conseguido, após extensiva e rigorosa prática, falar o "francês da França" descobre que esse é um dos aspectos que o transforma mais radicalmente, pois "o negro que conhece a metrópole é um semideus".[20] A fenomenologia do "negro que conhece a metrópole" passa, assim, por uma reestruturação definitiva – ou seja, ele passa a perceber a si mesmo de maneira bastante diferente:

> O negro que por algum tempo viveu na França retorna radicalmente transformado. Falando em termos genéticos, diríamos que seu fenótipo sofre uma metamorfose definitiva, absoluta. Desde antes da partida, o que se sente, a se tomar pelo aspecto quase etéreo de seu passo, é que novas forças foram acionadas.[21]

Em nota, Fanon esclarece que sua intenção era dizer que "os negros que voltam para junto dos seus dão a impressão de ter completado um ciclo, de ter amealhado algo que lhes faltava. Eles voltam literalmente *cheios de si*". Ao mesmo tempo, ele propõe, no corpo do texto, que essa transformação da identidade do Negro caribenho experimentada subjetivamente decorre diretamente de uma *situação sociocultural* específica, que acaba por ativar um

19 Ibid.
20 Ibid., p. 33.
21 Ibid.

correlato bioquímico e, portanto, psicanalítico; pegando emprestados os termos de Bohm,[22] *significados* transformados levaram a transformações na *matéria*, a uma transformação no modo de experimentar o *Eu*. Fanon deixa claro com isso que, *para* o Negro franco-caribenho, aprisionado em uma ilha colonial contaminada pela pobreza e "perdido em meio a uma atmosfera sem o menor escape", esse apelo pela Europa é "como um respiradouro". O mundo aparentemente "se abrirá" *para* ele somente quando deixar a ilha para trás e pisar na França. Logo, ao receber a notícia de que ele, de fato, irá para a França e terá a oportunidade de "começar a viver", entra em êxtase. Ele mesmo toma a decisão de transformar-se. Vemos que, segundo Fanon, com a mudança na sua situação cultural de um cenário restrito e bloqueado para um conjunto de possibilidades relativamente mais amplo, ele "muda de estrutura independentemente de qualquer atitude reflexiva". Para corroborar sua hipótese, Fanon recorre ao exemplo de um estudo conduzido por dois pesquisadores estadunidenses que, a partir de uma série de pesquisas realizadas com casais, descobriram que em alguma etapa do casamento "os cônjuges sofrem uma alteração bioquímica".[23] Seria "igualmente interessante [...] investigar os desequilíbrios humorais bruscos dos negros quando chegam à França". Ou apenas "estudar, por meio de exames" as modificações psíquicas que ocorrem.

O que Fanon revela, no que se refere às questões levantadas por Chalmers e Nagel, é que há processos experimentados subjetivamente acontecendo, cujos funcionamentos não podem ser explicados com base *apenas* nas ciências naturais, ou nas leis da física. Como no caso do Negro caribenho que vai para a França, a transformação da experiência subjetiva é, para seres humanos,

22 Ver David Bohm, "Interview". *Omni*, jan. 1982.

23 Fanon se refere a esses pesquisadores como Pearse e Williamson. Ele menciona o Centro de Pesquisa a que estão vinculados como "Peckham", mas não oferece nenhuma outra informação (F. Fanon, *Pele negra, máscaras brancas*, op. cit., p. 36).

determinada culturalmente e, portanto, social e situacionalmente, e tais determinações funcionam para ativar seus correlatos psicanalíticos. Consequentemente, se a mente é o que o cérebro *faz*, *o que* o cérebro *faz* é também culturalmente determinado por intermédio do *senso de identidade* socializado, bem como da situação "social" em que esse *Eu* se encontra. Fanon está, mais uma vez, desafiando o cerne da premissa puramente biocêntrica de concepção de ser humano na nossa cultura atual, uma vez que tal noção foi elaborada não pela psicologia, mas por todas as disciplinas que formam as ciências humanas. E essas disciplinas têm, ele argumenta, "um drama", e esse drama se baseia em uma questão central. Deve-se postular, como nas abordagens tradicionais, "uma realidade humana padrão e descrever suas modalidades psíquicas, considerando apenas suas imperfeições"? Ou o imprescindível para a pesquisa deve ser "buscar incansavelmente uma compreensão concreta e sempre nova do homem"?[24]

Segundo a resposta oferecida pela abordagem padrão das ciências humanas, é possível ler, por exemplo, "que a partir dos 29 anos o homem não é mais capaz de amar, que é preciso esperar até os 49 para que ressurja sua afetividade". Ao deparar-nos com essa afirmação, "sentimos faltar-nos chão". Portanto, se queremos recuperar nosso equilíbrio, é necessário reconhecer que existe um propósito principal nessa abordagem padrão, compreender que "todas essas descobertas, todas essas pesquisas tendem a uma única coisa", têm um "único objetivo". Esse objetivo visa especificamente "fazer com que o homem reconheça que ele não é nada, absolutamente nada, e que precisa dar cabo desse narcisismo que o leva a se sentir diferente dos outros 'animais'".[25] Aceitar isso, aceitar que o ser humano é um modo de existência determinado apenas biologicamente,[26] "não é nem mais nem menos que

24 Ibid., p. 37.

25 Ibid.

26 É de acordo com essa concepção de humano como um ser puramente biológico que, tanto os povos de descendência africana (Negros) quanto todos

a *capitulação do homem*". Ao recusar-se a aceitar a "capitulação do homem", Fanon apresenta um contramanifesto a respeito da identidade humana. Após refletir sobre a possibilidade de formulá-lo de acordo com os termos da perspectiva padrão, ele declara:

> agarro o meu narcisismo com as mãos e repudio a abjeção daqueles que querem fazer do homem um mecanismo. Se o debate não for capaz de se abrir para o plano filosófico, isto é, o do requisito fundante da realidade humana, consinto em levá-lo ao da psicanálise, isto é, das 'falhas', no sentido em que se diz que um motor tem falhas.[27]

É esse nível que possibilita algumas descobertas. Como o fato de que quando uma mudança específica (bioquímica) ocorre no Negro caribenho ao chegar na França, essa mudança se dá *somente* pois "*para ele*, a metrópole *representa* o tabernáculo". Essa representação não é arbitrária nem acidental. Não só sua educação escolar prévia e seu cotidiano na Martinica o doutrinaram culturalmente de modo a permitir tal representação como verdade absoluta, mas também ocasionou uma "amputação de seu ser", através da qual a experiência de uma existência completa não poderia ocorrer senão pela mediação da França e de seus artefatos culturais. A mudança nas propriedades fenomenais do *senso de identidade* do Negro caribenho (em conjunto com seus correlatos bioquímicos) só ocorre devido a um processo específico de socialização, efetivado e verificado em todos os níveis da sua existência na ilha colonial francesa. Sua socialização enquanto sujeito é, portanto, como francês, "nativo" colonial e, ao mesmo tempo, como Negro – consequentemente, como Homem e como o Outro do Homem.

---

aqueles povos não brancos e "nativos" colonizados (o que inclui, principalmente, os povos "nativos" das Américas denominados Indígenas) devem ser vistos como desprovidos do status humano normal ou genérico dos povos indo-europeus. Além disso, povos de descendência africana devem ser considerados o elo perdido entre primatas e os verdadeiros humanos.

27 F. Fanon, *Pele negra, máscaras brancas*, op. cit., p. 37.

Para esse sujeito "nativo" da colônia francesa, para seu *senso de identidade* aliado à perspectiva específica que surge dele, o poder e a existência plena podem emanar *exclusivamente* do centro colonizador, da França. A amputação cultural de sua psiquê, produzida pelas estruturas cotidianas da Martinica, faz com que o homem prestes a partir "com destino à metrópole" crie ao seu redor "um círculo mágico no qual as palavras Paris, Marselha, Sorbonne, Pigalle representam pedras angulares". Em seu caminhar até o píer de onde irá embarcar, "a amputação de seu ser desaparece à medida que ganha contornos o costado do navio". Ao mesmo tempo, "ele lê sua potência, sua mutação, nos olhos daqueles que o acompanharam: 'Adeus, madras, adeus, fular…'". Ele foi escolhido. Ele se tornou um dos poucos selecionados a desfrutar da possibilidade de escapar do estereótipo da não existência exótica imposta sobre os não escolhidos, a quem não resta alternativa senão permanecer em sua terra natal. Como resultado, alterações bioquímicas que acontecem em seu interior conforme ele "lê sua potência, sua mutação" pelos olhos de outros (e, com isso, o reconhecimento de si mesmo meio à cultura dominante e àqueles que a ela pertencem) são determinadas pela mudança em sua situação cultural: o deslocamento de uma experiência amputada de existir a uma experiência de existir quase "inteira" (ou seja, quase branca), quase burguês, quase francês. O que significa, segundo Bohm, ser marcado positivamente, sofrer uma transformação – positiva – na matéria.

Eis que ele chega na França. Os assustadores gritos de "Negro imundo"[28] o confrontam com a compreensão de que, aos olhos dos que agora o cercam – os olhos brancos que, segundo Fanon, são "os únicos verdadeiros"[29] – ele não tem mais a opção de comportar-se ou não *como* um negro. Diante daqueles olhos, ele *é* um negro. E aquele grito o fixa em um estado sub-humano "como se

28 Ibid., p. 231.
29 Ibid., p. 131.

fixa um corante com um estabilizador".[30] Aqueles olhares e aquele grito ativaram as propriedades fenomenológicas de um novo estado mental qualitativo, explorado por Fanon no quinto capítulo "A experiência vivida do Negro". Ser marcado negativamente afetou – negativamente – a matéria.

"NEGRO IMUNDO!", "OLHE, UM NEGRO!", "MAMÃE, O NEGRO VAI ME COMER!": MEU CORPO ME ERA DEVOLVIDO COMO UM OBJETO... DESMEMBRADO, DISTORCIDO

> *Meu corpo me era devolvido desmembrado, desmantelado, arrebentado, todo enlutado naquele dia branco de inverno. O negro é uma besta, o negro é mau, o negro é malicioso, o negro é feio; olhe, um negro, faz frio, o negro treme, o negro treme porque sente frio, o menino treme porque tem medo do negro, o negro treme de frio, aquele frio de torcer os ossos, o belo menino treme porque acha que o negro treme de raiva, o menino branco corre para os braços da mãe: mamãe, o negro vai me comer.*
>
> Frantz Fanon, *Pele negra, máscaras brancas*

> *Embora os conceitos sejam, em si, conectados a um ponto de vista específico e a uma fenomenologia visual específica, tudo o que for apreendido a partir daquele ponto de vista não o é.*
>
> Thomas Nagel, "What It Is Like to Be a Bat"

Fanon abre o capítulo cinco, "A experiência vivida do Negro", com um relato sobre sua resposta experimentada subjetivamente aos epítetos jogados em sua direção, como "Negro imundo" ou simplesmente "Olhe, um negro". Naquele momento, a ideia que ele tinha de si mesmo como alguém que veio ao mundo "preocupado em sus-

30 Ibid., p. 125.

citar um sentido nas coisas" e com a alma "cheia do desejo de estar na origem do mundo" estava despedaçada. Os insultos atirados a ele, aquelas exclamações, fizeram com que ele se descobrisse um "objeto em meio a outros objetos". Todas as tentativas de escapar daquela "objetividade esmagadora" acabaram falhando. O outro, com seus olhares, "fixou-me, como se fixa um corante com um estabilizador". "Eu me enfureci, exigi uma explicação… Nada adiantou. Explodi. Eis aqui os estilhaços recolhidos por um outro eu."[31]

Esse outro eu "recolhido" passa a analisar sua experiência, percebendo-a como comum a todo homem negro. A qualidade dessa experiência, ele reconhece, era de alguma forma nova. Ela era desconhecida para eles quando estavam entre os seus, em casa na pequena colônia francesa da Martinica. Ali, o negro "não precisará […] pôr seu ser à prova de outrem". Ele deverá confrontar-se diretamente com uma realidade que ainda não havia se revelado em toda sua dureza até sua chegada: a realidade de "ser o homem negro".

> Pois o negro já não precisa ser negro, mas *precisa sê-lo diante do branco*. Alguns teimarão em nos lembrar de que a situação tem duplo sentido. Respondemos que isso é falso. O negro não tem resistência ontológica aos olhos do branco. Os negros, de um dia para o outro, passaram a ter dois sistemas de referência em relação aos quais era preciso se situar. Sua metafísica, ou, menos pretensiosamente, seus costumes e as instâncias às quais remetem foram abolidos, pois estavam em contradição com uma civilização que eles desconheciam e que *lhes foi imposta*.[32]

Fanon definiu o princípio central do que ele havia anteriormente identificado como sociogenia, a partir da qual tanto negros quanto brancos são socializados. Enquanto o homem negro deve perceber a si mesmo como o *correlato defeituoso* do homem branco – da mesma forma que a mulher negra deve se perceber em relação

31 F. Fanon, *Pele negra, máscaras brancas*, op. cit., p. 125.
32 Ibid.

à mulher branca –, qualquer pessoa branca, independentemente do gênero, percebe a si mesma como nada menos que o ser humano em sua completude e universalidade, ainda que essa universalidade só possa ser compreendida a partir da clara evidência de *falta* de completude do outro, da não universalidade do outro. Os aspectos qualitativos dos estados mentais desses dois grupos no que se refere a seus sensos de identidade e suas respectivas experiências não são meramente contrários, mas também dialeticamente opostos: as características de cada experiência subjetiva dependem uma da outra para serem percebidas uma como positiva, outra como negativa. Já que na Martinica, em meio a seu próprio grupo, não havia o reconhecimento dessa dialética, o homem negro chega à França despreparado para o momento "em que sua inferioridade passa pelo outro".

> Então nos coube enfrentar o olhar branco. Um peso fora do comum passou a nos oprimir. O mundo real disputava o nosso espaço. No mundo branco, o homem de cor encontra dificuldades na elaboração do seu esquema corporal. O conhecimento do corpo é uma atividade puramente negacionista. É um conhecimento em terceira pessoa.[33]

Uma ampla diferença separa agora a forma como ele vivencia seu corpo "no interior de um mundo espacial e temporal" da maneira como ele é forçado a vivenciar pelo *olhar branco do Outro*. No primeiro caso, no mundo espaço-temporal, se ele quiser fumar, sabe que será repreendido por certos movimentos. Para alcançar o maço de cigarros na outra ponta da mesa, ele precisará esticar o braço direito. Para pegar a caixa de fósforos "na gaveta da esquerda", ele precisará "recuar um pouco". Esses gestos são executados por ele "não por hábito, mas por um conhecimento implícito". E esse conhecimento implícito é um esquema preestabelecido tão específico ao que significa *fisicamente* ser humano (no sentido da

33 Ibid., p. 126.

dimensão puramente filogenética/ontogenética) quanto o esquema preestabelecido único do morcego. Podemos falar então sobre um mundo governado por suposições biologicamente determinadas – suposições estas corroboradas por fatos objetivos referentes ao que significa ser membro da espécie humana. Mas ele não vivenciará esse eu e esse corpo dessa forma, no mundo especificamente histórico-cultural em que deve perceber-se humano a partir da interação com o outro "normal" – que é, necessariamente, branco. Nessa interação, ele já não controla mais o processo de efetivar a "construção do meu eu" baseada no conhecimento implícito do esquema biológico que é o seu corpo. Aqui, surge outra modalidade de experiência consciente. Essa modalidade o força a conhecer seu próprio corpo *por meio* de um "esquema histórico-racial" sempre previamente imposto: um esquema que predefine seu corpo como uma impureza a ser sanada, uma falta, um defeito que deve ser corrigido para alcançar a "verdadeira" existência, o ser branco.

> Já faz alguns anos que laboratórios tentam descobrir uma poção de desnegrificação; com a maior seriedade do mundo, laboratórios enxaguaram seus tubos de ensaio, calibraram suas balanças e deram início a pesquisas que permitirão aos pobres negros se branquearem e, assim, não mais terem de carregar o peso dessa maldição corporal. Eu havia criado, por baixo do esquema corporal, um esquema histórico-racial.[34]

Emerge aqui a pergunta central proposta por Stan Franklin (no resumo feito das discussões levantadas por Chalmers em 1991 sobre o difícil problema da consciência).[35] Por que, questiona Franklin referindo-se à qualia sensorial, o vermelho é percebido como vermelho? Ou, simplesmente, por que o percebemos? Além

34 Ibid.
35 Ver Stan Franklin, *Artificial Minds*. Cambridge: MIT Press, 1995.

disso, no que se refere a conteúdos mentais, se uma coisa se refere a algo, a elefantes brancos, digamos, e se "das nossas suposições psicanalíticas, surgem pensamentos a partir de descargas neurais", por que "as descargas neurais *têm alguma relação* com elefantes brancos"[36] – ou, em nosso caso, com "Negro imundo"? Por que, ademais, os disparos neurais a partir do olhar do "Branco Outro" que Fanon é forçado a vivenciar têm relação com a "maldição corporal" colocada sobre os corpos negros no contexto de um esquema histórico-racial específico em que tanto o portador desse corpo quando os olhos brancos que encaram esse corpo se veem presos? Ou ainda: por que o estado mental e as propriedades fenomenológicas específicas dos que olham (isto é, aqueles em processo de viver a experiência de ser "branco"), bem como o estado mental e as propriedades fenomenológicas específicas daqueles a quem se destinam o olhar e cujos efeitos negativos são obrigados a experimentar, *só podem ser esses estados específicos*?

Fanon responde ao questionamento. Diferentemente da imagem de seu corpo, como funcionava antes em um mundo puramente espaço-temporal desprovido de Brancos Outros, esse outro *eu* que ele agora é forçado a vivenciar foi construído "pelo outro, o branco, que teceu para mim milhares de detalhes, anedotas, relatos". Consequentemente, o "conteúdo mental" dessa nova visão qualitativa de seu corpo e os "disparos neurais" a ela correlacionados são ligados de forma não arbitrária por intermédio dessas "anedotas", desses "relatos" que agora o tecem, relatos estes que elaboram o próprio esquema histórico-racial e a "maldição corporal", cujos significados negativos se impõem à sua existência. Há uma ordem dialética em jogo aqui. É justamente em função dessas anedotas e desses relatos (nos termos binariamente opostos de "*bendição* corporal" em vez de "*maldição*") que o *senso de identidade* do sujeito branco é tecido como "normal", pois, a partir de seu ponto de vista, a cor e a fisionomia do Negro devem ser

36 Ibid., p. 31.

percebidas negativamente e causar reações aversivas. Ao mesmo tempo, é esse senso de identidade já tecido como normal que tece o Negro em sua negação, em sua "outridade", a partir de "milhares de detalhes". Anedotas e relatos que são, portanto, constituintes do "Branco" como sujeito normal e do "Negro" como o Outro anormal.

Esse foi o raciocínio que levou Fanon, confrontado pelos olhos que o veem através dessas redes tecidas, enquanto ele acreditava bastar apenas "construir um eu fisiológico, equilibrar o espaço, localizar sensações", a descobrir que seria obrigado a fazer mais. Ou seja, deveria construir a si mesmo nos termos daqueles elementos predeterminados, de modo a "enxergar" a "verdade" pelo olhar dos outros, perceber a "verdade" na ordem de consciência deles e fazê-lo de modo a confirmar tanto a identidade puramente biológica de ser humano em sua concepção burguesa quanto em sua noção normativa segundo as condições "brancas". Na prática, significava transformar a si mesmo na concretização da negação, que por si só já autoriza a experiência de ser "branco". Para que isso ocorra, no escopo das narrativas que possibilitam isso, ele deve experimentar a realidade material de seu corpo como se houvesse, desde sempre, sido modificado pelos estereótipos negativos que o situam em uma realidade sub-humana. Ele vivencia os efeitos dessa substituição em várias situações. Ao viajar de trem, por exemplo, ele se sente "atacado em vários pontos", e seu "esquema corporal [...] então desabou, dando lugar a um esquema epidérmico racial". Ao sentar-se, entendeu que "não se tratava mais de um conhecimento do meu corpo na terceira pessoa, mas em tripla pessoa". A ele, era cedido não só um, mas três assentos: "Eu existia triplamente: ocupava um lugar, ia na direção do outro [...] e o outro – evanescente, hostil, mas não opaco, e sim transparente, ausente – desaparecia. Era nauseante...".[37]

Seu corpo havia se materializado em algo que provoca, por reflexo, comportamentos aversivos inseparáveis das sensações

37 F. Fanon, *Pele negra, máscaras brancas*, op. cit., p. 127.

aversivas dos estados mentais qualitativos compartilhados coletivamente por todos aqueles que o evitam. Esses estados mentais são provavelmente ativados pela sequência de associações negativas, que emanam de todos os lados e o predefinem, tornando-o, ao mesmo tempo, responsável pelo seu corpo, pela sua raça e pelos seus ancestrais, todos necessariamente canibais. E isso é tão totalizante que ele se vê impelido a enxergar a si mesmo pelos olhos "brancos", os únicos olhos "verdadeiros", já que esses são os únicos "olhos normais".

> Eu me percorri com um olhar objetivo, descobri minha negrura, meus traços étnicos – e então me arrebentaram o tímpano com a antropofagia, o atraso mental, o fetichismo, as taras raciais, os negreiros e, acima de tudo, acima de tudo o mais: "*Y'a bon banania*".[38]

Agora, ele começa a perceber-se através da mediação dos conceitos estereotipados *específicos a um ponto de vista e uma fenomenologia visual particulares*. Em outras palavras, não como ele *é*, mas sim como ele *deve ser* segundo uma perspectiva específica. Contudo, qual é a origem dessa perspectiva específica, dessa fenomenologia visual? Qual é a fonte de cultura específica dessas "anedotas", desses "relatos", a partir da qual ambos formam e continuam sendo construídos? Se, como apontado por Michel Foucault

38 F. Fanon, *Pele negra, máscaras brancas*, op. cit., p. 127. [Segundo nota da edição brasileira de *Pele negra, máscaras brancas*: "A expressão refere-se ao personagem L'ami Y'a bon, um caricato fuzileiro senegalês sorridente criado em 1915 pelo publicitário Giacomo de Andreis para estampar embalagens e materiais promocionais da marca de achocolatados Banania, acompanhado do slogan "y'a bon" ("é bom", em *petit-nègre*). Amplamente denunciados por suas conotações racistas, personagem e slogan tiveram sua utilização comercial interrompida a partir de 1967 e de 1977, respectivamente. Novos proprietários da marca tentaram resgatar o personagem e o slogan em 2005, mas enfrentaram forte resistência de movimentos antirracistas, que obtiveram uma medida judicial que fez com que fossem finalmente abandonados em 2011". – N. T.]

em *As palavras e as coisas*, o Homem como uma nova (e amplamente universal pois supracultural) concepção de ser humano é, de fato, invenção de uma cultura específica, a cultura da Europa ocidental desde o século XVI, o antropólogo Jacob Pandian argumenta que essa invenção só foi possibilitada graças a uma criação paralela.[39] Ele explica que isso aconteceu porque, enquanto a Europa ocidental transformava a identidade religiosa medieval do *Verdadeiro Homem Cristão* em uma nova concepção secularizada do *Homem*, se viu obrigada a inventar uma nova Outridade binariamente oposta ao *Homem*; um Outro que pudesse reocupar, em termos seculares, o lugar que o *Falso Homem Cristão* ocupava na matriz cultural-religiosa de concepção de Homem, o *Cristão*. Consequentemente, se o Outro para o *Verdadeiro Homem Cristão* na Europa medieval era o *Falso Homem Cristão* (enquanto os Outros externos seriam *Idólatras* e/ou *Infiéis*), com a invenção do *Homem* de duas formas (uma durante o Renascimento, no contexto da revolução intelectual do humanismo cívico, e a outra no contexto do humanismo liberal ou econômico, ocorrida entre o fim do século XVIII e início do século XIX), a Europa precisava inventar o Outro do *Homem* em duas formas paralelas. E, já que o *Homem* era agora postulado como um universal supracultural, seu Outro precisava ser definido logicamente como o Outro Humano.

Na primeira forma, os povos indígenas do Caribe e das Américas, denominados "índios", precisaram ser construídos discursivamente como o referencial físico do "selvagem" e, portanto, o Outro Humano *Irracional* para o novo "senso de identidade" do Homem, definido como *homo politicus* e o Homem Racional. Ao mesmo tempo, os povos escravizados e transportados da África, denominados *Negros*,[40] também foram assimilados a essa cate-

39 Ver Jacob Pandian, *Anthropology and The Western Tradition: Towards in Authentic Anthropology*. Prospect Heights, IL: Waveland Press, 1985.

40 Essa classificação tinha um significado específico para a cultura judaico-cristã e para o campo identitário cosmogônico do Ocidente. O relatório criado pelo frade espanhol Antonio de Teruel nos permite reconhecer a es-

goria de Outro Irracional como sua forma extrema: como um modelo de humano tão irracional que constituía o elo perdido entre a espécie humana racional (e criação divina) e as espécies animais (igualmente criações divinas). Assim, era necessário que fossem dominados e governados para seu próprio bem. No entanto, com a reinvenção do *Homem* segundo esses novos conceitos, no despertar da Revolução Darwinista (que substituiu a cosmogonia ou a Origem Narrativa da Gênese e seu modelo de Criação Divina pela Narrativa da Evolução hibridamente científica e cosmogônica em conjunto com seu modelo de Seleção Natural), uma mudança era iminente. Agora seria a categoria dos Negros, definidos como todos os povos de descendência africana englobados, miscigenados ou não, juntamente com seu continente de origem, a África, que seriam construídos discursivamente como o referencial físico da concepção do Outro Humano do *Homem*. Seria, portanto, nos termos dessa constelação e desse esquema histórico-cultural específico que uma "maldição corporal" seria colocada sobre todas as pessoas de descendência africana, como sendo o Outro extensivamente não evoluído e não escolhido (Pandian, 1988) e, portanto, de raça inferior, ao verdadeiro humano, o

---

pecificidade cultural do uso europeu da expressão. Segundo Teruel, congoleses contaram aos traficantes de escravizados portugueses que não deveriam chamá-los de negros, mas sim de pretos (*prietos*). Para eles, negros eram os escravizados. E nos termos da cultura tradicional congolesa, a alcunha de negro se referia a uma categoria social específica, considerada legitimamente passível de escravização. Tal categoria incluía pessoas que haviam perdido a proteção de seus ancestrais e que, em vez de continuar pertencendo ao status normativo da ordem (isto é, o status de haver nascido como homem ou mulher livre e de pertencer plenamente a sua linhagem), tornaram-se homens e mulheres renegados. Entretanto, para os portugueses monoteístas judaico-cristãos, todas as pessoas de descendência africana, uma vez que eram descendentes da figura amaldiçoada do Cam bíblico, eram passíveis de escravização, de compra e venda. Ver Georges Balandier, *Daily Life in the Kingdom of the Kongo from the Sixteenth to the Eighteenth Century*, trad. Helen Weaver. New York: Pantheon Books, 1968.

Homem, e que reocuparia, em termos agora puramente seculares, o lugar na matriz do *Falso Homem Cristão*.[41]

Assim como Du Bois havia feito, Fanon, socializado através de uma educação burguesa para ser o *Homem* e, portanto, para ser "normal", deve agora experimentar a si mesmo em termos duplamente conscientes, sendo tanto a norma quanto o Outro. Fosse "branco", ele não teria experimentado qualquer disjunção: ele jamais seria capaz de conceber o que significa não ser o *Homem*, ser um "homem negro" e, com isso, ser o outro ao ser humano, sua negação, o portador de uma "maldição corporal". Somente a partir de sua própria experiência e vivência de ser tanto o *Homem* (no sentido de classe média) e o Outro liminarmente desviante (no sentido de raça) é que Fanon poderá realizar a exploração dupla em primeira e terceira pessoa do que significa ser de uma só vez e paralelamente *Homem* nos termos de nossa concepção etnoclasse atual e a personificação de seu critério antinegro e anti-humano. A partir dos gritos de "Olhe, um Negro!", Fanon escreve que seu corpo lhe era "devolvido desmembrado, desmantelado, arrebentado, todo enlutado naquele dia branco de inverno". Ele experimenta uma disjunção entre si e seu corpo: se vê como a consciência branca normativa o vê e se descobre despedaçado segundo o olhar dessa consciência. Ele dá início, então, a uma série de associações, cuja progressão predeterminada e inevitável pode ser prevista por sua própria perspectiva duplamente consciente. Nesse instante, ainda que ele seja o alvo das sensações ativadas por essa série de associações, ele consegue ver a si mesmo como deve ver, seja por um "ponto de vista e fenomenologia visual específicos" ou, indo além, por um ponto de vista e uma fenomenologia que são hoje globalmente hegemônicos – do mesmo modo em que o *senso de identidade* no contexto em que ele havia sido socializado para alcançar uma subjetividade normativa. Ele se

41 J. Pandian, *Anthropology and The Western Tradition: Towards in Authentic Anthropology*, op. cit., pp. 3–9.

torna consciente da cor de sua pele, sua fisionomia, como se fosse um libré, uma farda até: "Não a havia visto antes. Ela é realmente feia. Mas paro aqui, pois quem me dirá o que é a beleza?", já que desse "ponto de vista específico" – segundo os quais os aspectos qualitativos dos estados mentais seriam particulares a esse senso de identidade ou ao modo de sociogenia na nossa concepção atual etnoclasse do que significaria ser humano –, como sua pele de cor preta e sua fisionomia poderiam *não* ser consideradas esteticamente *feias*? De fato, como o estado de ser Negro poderia ser qualquer coisa que não experimentar a si mesmo como um *gênero* diferente do "verdadeiro" humano, de acordo com uma concepção específica de ser humano que representa a si mesmo a partir de uma estratégia retórica formadora[42] como se fosse um isomorfo do próprio ser humano? Fanon declara:

> [...] já me dissecam os olhares brancos, os únicos verdadeiros. Sou *fixado*. [...] eles objetivamente realizam cortes na minha realidade. Sou traído. Sinto, vejo nesses olhares brancos que não é um homem novo que está entrando, mas um novo tipo de homem, um novo gênero. Um negro, ora essa![43]

42 Paolo Valesio define essa estratégia como o *topos* da iconicidade. Ele demonstra o funcionamento dessa figura em sua análise de um fragmento de Heráclito, em que um modo de vida específico, relacionado à reverência, é equiparado do próprio processo de viver. Essa estratégia deve estar conectada à formulação proposta por Whitehead e Russell no que se refere à diferença existente entre uma classe de classes (ou o "maquinário") e um mero membro da classe (isto é, tratores, guindastes etc.). O *topos* da iconicidade absolutiza um modo de vida, um membro da classe das classes, a vida humana em geral, permitindo assim, nos termos de Todorov, a confluência de espécies com o gênero, do gênero com a espécie. Ver Paolo Valesio, *Nova Antiqua: Rhetorics as Contemporary Theory*. Bloomington: Indiana University Press, 1980; e Todorov, *Theories of the Symbol*, trad. C. Porter. Ithaca: Cornell University Press, 1982.

43 F. Fanon, *Pele negra, máscaras brancas*, op. cit., p. 131.

SOBRE O PORQUÊ DA EXPERIÊNCIA SUBJETIVA, A NATUREZA ARTIFICIAL E RELATIVA DE SER HUMANO, IDENTIDADE E AS LEIS FUNDAMENTAIS DA CONSCIÊNCIA

Por que os estados subjetivos existem, para começo de conversa?

Stan Franklin, *Artificial Minds*

Continuando a inventariar o real, num esforço para determinar o momento da cristalização simbólica, foi perfeitamente natural que eu me visse às portas da psicologia junguiana. A civilização europeia se caracteriza pela presença, dentro do que Jung chama de inconsciente coletivo, de um arquétipo: expressão dos maus instintos, do obscuro inerente a todo Ego, do selvagem não civilizado, do negro adormecido em cada branco.

Frantz Fanon, *Pele negra, máscaras brancas*

Os povos indígenas do Congo têm a cor preta; alguns são mais escuros, outros, mais claros. Muitos têm uma tonalidade mais castanha, enquanto outros têm coloração mais morena. Mas aqueles com a cor negra mais intensa são considerados por eles os mais bonitos. [...] *Há crianças nascidas com a pele branca, embora seus pais sejam negros.* [...] *E essas crianças são vistas, pelos congoleses, como monstruosas.* [...] *Havendo tamanha valorização da pele escura entre eles, nós, europeus, somos percebidos como feios aos seus olhos* [...] *e, portanto, as crianças da região, lugar esse onde nenhum branco havia sido avistado até então, fogem de nós aterrorizadas, completamente apavoradas, na mesma medida em que uma de nossas crianças fugiria horrorizada ao avistar um negro.*

Antonio de Teruel, *Descripción narrativa de la Missión Serafica de los Padres Capuchinos y sus progresos em el Reino de Congo*

Já que este mundo composto por nações é uma construção do homem, busquemos identificar as instâncias em que todos os homens concordam univocamente, em que sempre concordaram. Essas instituições nos per-

> *mitirão inferir princípios universais e eternos, como toda ciência deve ter, sobre os quais todas as nações foram fundadas e em cujas bases devem ser preservadas.*
>
> Giambattista Vico, *Ciência nova*

> *Não precisamos explicar a experiência subjetiva. Somos todos o que sentimos ser. Nossas autoexperiências de intenções e "desejos" não são ilusões epifenomenais.*
>
> Terence W. Deacon, *The Symbolic Species: The Co-evolution of Language and the Brain*

De fato, por que os estados subjetivos existem? Por que a *experiência* deveria ser considerada, como sugerido por Chalmers, um aspecto fundamental por si só? A proposta aqui é que a tese de Fanon de que existe uma sociogenia além da filogenia e da ontogenia revela que a construção cultural de "estados mentais qualitativos" específicos (como a reação aversiva de europeus brancos e de nós mesmos, negros, à nossa cor e fisionomia), são estados específicos aos modos de experiências subjetivas definidoras do que é ser humano de acordo com a nossa cultura atual. E, segundo seu princípio sociogênico, assim como a experiência subjetiva de um morcego sobre o que é ser um morcego, esses estados definem o que significa ser a expressão viva de um princípio genômico específico de espécies. Como isso se deu? No livro *Rhetoric and Philosophy: The Humanist Tradition*,[44] Ernesto Grassi argumenta que o surgimento do nosso modo humano de ser só foi possível graças à ruptura que nossa espécie foi evolutivamente pré-programada para realizar por meio da habilidade exclusiva da linguagem e da substituição da hegemonia dos "sinais de comando" controlados geneticamente, que incitam os comportamentos de formas de vida puramente orgânicas, por

44 Ernesto Grassi, *Rhetoric and Philosophy: The Humanist Tradition*. University Park: University of Pennsylvania Press, 1980.

novos sinais de um código humano dominante inscrito na Palavra, no Logos Sagrado do discurso religioso. Esse discurso, ao prescrever ritualisticamente o que *deveria* ser dito e o que *deveria* ser feito, *necessitava* compulsoriamente dos comportamentos de seus sujeitos tanto quanto os "sinais de comando" programados geneticamente precisavam dos comportamentos específicos das espécies de formas de vida puramente orgânica, impulsionando-os.[45] O autor explica que os novos sinais de comando do Logos só puderam emergir na vida do planeta em uma época em que os "sinais de comando" genéticos de uma espécie passaram a ser experimentados como *"insuficientes"*, e que essa carência inicial foi o que levou à ascensão da Palavra. Com ela, surgiu um novo *código humano* dominante e, por meio da mediação verbal desse novo código, "a vida receberia agora um significado completamente diferente em comparação ao da vida biológica".[46]

Dois pesquisadores, Donald Campbell, sociólogo, e Philip Lieberman, linguista, definiram essa insuficiência em termos semelhantes. Campbell propôs que, embora humanos vivamos em sociedades ainda mais complexas e maiores do que as sociedades de insetos sociais, nós, diferentemente deles, não nos integramos com base no alto grau de correspondência genética que, no caso dos insetos, possibilita a coesão social.[47] É verdade que insetos sociais conseguem demonstrar comportamentos altruístas para com membros do seu próprio grupo (algumas categorias, como as castas estéreis, abrem mão da possibilidade de se reproduzirem de modo a desempenhar tarefas que permitam a reprodução de toda a colmeia, no caso das abelhas), mas isso ocorre porque seus altos níveis de semelhança genética garantem que a informação gené-

45 Ibid., p. 106.

46 Ibid., p. 110.

47 Ver Donald Campbell, "The Two Distinct Routes Beyond Kin Selection to Ultra-Sociality: Implications for the Humanity and Social Sciences", in Diane L. Bridgman (org.), *The Nature of Pro-Social Development: Interdisciplinary Theories and Strategies*. New York: Academic Press, 1982.

tica deles será transmitida por seus irmãos. Isso não acontece com seres humanos. Humanos, como todos os demais membros da família dos primatas, seguiram um caminho evolutivo diferente, que levou a um alto grau de individualização genética e, portanto, de competitividade reprodutiva. Ao mesmo tempo, a evolução desenfreada do cérebro humano se correlacionou com a opção pelo bipedismo: a postura ereta tornou o nascimento precoce necessário, e o estágio prolongado em que seus filhotes permanecem indefesos requeria então um modo de criação cooperativo e, com isso, um modo de eussocialidade que fosse além dos limites colocados pelos modos de parentesco geneticamente determinados característicos dos primatas. Os modos geneticamente programados de eussocialidade característicos de todas as outras formas de vida orgânica se mostraram insuficientes para a espécie humana.

No mesmo contexto, o linguista Philip Lieberman também propôs que a evolução da habilidade humana de linguagem surgiu como resposta à necessidade de tipos de comportamentos mais inclusivos e altruístas, indispensáveis aos modos humanos de eussocialidade.[48] Se, de um lado, no nível genético-instintivo, humanos são capazes de responder altruisticamente apenas àqueles dentro do estreito limite de seu círculo de parentesco genético, no nível da linguagem podem ser induzidos a fazê-lo através das palavras e seus significados, demonstrando assim um modo de altruísmo mais generalizado e inclusivo.[49] Eles são induzidos, na verdade, a demonstrá-lo àqueles *artificialmente* parecidos consigo por meio do processo institucional de socialização, por meio do qual, como sujeitos agora clonados, todos os participantes da mesma ordem de consciência simbolicamente codificada, instituída no princípio sociogênico de cada cultura dominante e de seus códigos para a "falsa" semelhança, poderiam então experimentar a si próprios

48 Ver Philip Lieberman, *Uniquely Human: The Evolution of Speech, Thought and Selfless Behavior*. Cambridge: Harvard UP, 1991.

49 Ibid., pp. 166–72.

subjetivamente como sendo da mesma espécie codefinida culturalmente, como parentes simbólicos. Como Campbell também defendeu, é na natureza indispensável dos processos condicionantes necessários para suplantar os limites estreitos do parentesco genético e para induzir artificialmente modos de altruísmo mais inclusivos, necessários para a coesão das ordens humanas, que devemos entender a presença dominante dos esquemas de "pecado e tentação na moral das pessoas de nossas tradições religiosas". Esquemas esses, sejam eles religiosos ou em suas formas seculares mais recentes, que podem ser compreendidos como os comportamentos "artificiais" motivadores de "narrativas" cujas "linguagens vernáculas de crença e desejo",[50] estruturam nossas ordens de consciência da cultura específica, modos de pensamento e, portanto, de existência. São esses esquemas e a natureza coercitiva de seus sistemas de significados que possibilitam que cada modo de sociogenia e seus sensos de identidade artificialmente marcados existam como algo capaz de anular, quando necessário, o senso de identidade genético-instintivo. Eles são ativados não apenas para reocupar o espaço previamente hegemônico do Eu genético, mas também para direcionar seu ímpeto ao agora definido culturalmente Eu sociogênico.[51]

50 Jonathan Miller, "Trouble in Mind" in *Mind/Brain*, edição especial da *Scientific American*, 1992, p. 182.

51 Em seu livro *Genealogia da moral*, Nietzsche chegou à brilhante conclusão de que a vida humana passou a existir como a forma única de vida que é graças ao "imenso trabalho" que as espécies infligiram em si mesmas por meio de uma "moralidade do costume". Como ele descreve, "o trabalho do homem em si mesmo durante o período mais longo da existência da raça humana, todo o trabalho pré-histórico encontra em si mesmo seu significado, sua justificativa, apesar da severidade, da tirania, da estupidez e do idiotismo que ele contém: com a ajuda da moralidade dos costumes e da camisa-de-força social, o homem foi se tornando efetivamente previsível". Ver Friedrich Nietzsche, *The Basic Writings of Nietzsche*, trad. William Kaufman. New York: The Modern Library, 1968.

Se observarmos, portanto, que a experiência *do que é ser humano* só foi possibilitada, em um primeiro momento, por uma cultura sacro-religiosa – e, na contemporaneidade, pelos discursos objetivos da cultura secular e de suas tecnologias de coerção semântica, por meio das quais o Eu individual genético-instintivo é transformado naquele *senso de identidade* culturalmente prescrito ou no princípio sociogênico em função dos processos de condicionamento social –, é esse princípio, e as instituições por meio das quais ele é imposto, que provêm a constância capaz de oferecer uma "realidade comum" transcultural: a constante que Vico, em seu apelo por uma Ciência Nova específica para sociedades humanas, previu como o complexo institucional passível de ser encontrado como o elemento comum em todas as sociedades.[52] Já que, nesse contexto, pode-se agora propor que o fenômeno da "mente" enquanto modo de consciência exclusivo do ser humano é a propriedade emergente desses *sensos de identidade* programados (e, portanto, "artificiais" ou socializados), logicamente, infere-se um novo corolário. Assim, as leis ou regras que regem nossos processos naturais-culturais inscritos em nossos modos de existência sociogênicos e, portanto, "mentais", podem ser identificados como a forma humana das leis psicofísicas cuja existência já havia sido postulada por Chalmers. Como resultado, já que funcionam no nível híbrido de nossos modos de existência, a identificação dessas leis deve ser capaz não apenas de solucionar o enigma da experiência consciente no nível das formas humanas de vida ao revelar seu papel como concomitante indispensável dos nossos modos de vida ou *sensos de identidade* culturalmente relativos, mas também deve ser capaz de responder à pergunta do *porquê* existem experiências subjetivas em geral, bem como o *porquê* da centralidade da experiência de identidade à nossa experiência do que significa ser humano.

52 Ver Giambattista Vico, *Ciência nova* [1725], trad. Vilma de Souza. São Paulo: Hucitec, 2015.

A hipótese formulada pelo neurocientista Gerald Edelman é muito esclarecedora. Edelman defende que cada organismo, à medida em que é confrontado pelo ambiente, deve necessariamente conhecer e classificar o mundo de um modo que permita uma vantagem *adaptativa* ao organismo a fim de orientar comportamentos necessários para sua sobrevivência, realização e reprodução. Em outras palavras, o organismo deve conhecer e classificar seu mundo *adaptativamente*, embora a forma como ele o conheça não esteja totalmente de acordo com aquilo que o mundo realmente *é*, fora de um ponto de vista que não o seu próprio.[53] O que fica claro aqui é que, segundo proposto pelo biólogo Richard Dawkins, se o organismo conhece e classifica o mundo de acordo com a vantagem adaptativa, ele o faz para benefício em longo prazo e reprodução estável dos genes que constituem seu genoma, para os quais o organismo é um mero veículo para o imperativo da reprodução.[54] Esse objetivo de longo prazo *só pode ser garantido*, entretanto, pela mediação do que esse "veículo", a saber, o organismo individual, *sente* ser vantajoso para si como modo de existir no mundo. A partir da mediação, portanto, do que ele vivencia subjetivamente como sendo "bom" ou "ruim" para *si mesmo*, ele interage com o meio ambiente, apresentando os comportamentos que são a vantagem adaptativa para sua realização, sobrevivência e reprodução.

Logo, se propusermos, por analogia, que o sujeito normal "socializado" de cada ordem deva, assim como o organismo, conhecer e classificar o mundo em termos de vantagem adaptativa para seu "senso de identidade" construído socialmente – ou "artificialmente" – e não em termos de uma verdade genuína sobre o que o mundo *é* empiricamente, fora de sua própria perspectiva, o corolário se sustenta. Isso acontece pois, embora essa forma de compreensão a partir de um ponto de vista seja vantajosa adap-

53 Ver Gerald Edelman, *Neural Darwinism. The Theory of Neuronal Group Selection*. New York: Basic Books, Inc. Publishers, 1987.

54 Ver Dawkins apud Niles Eldridge, *Reinventing Darwin: The Great Debate at The High Table of Evolutionary Theory*. New York: John Wiley & Sons, Inc., 1995.

tativamente, no longo prazo, para a manutenção da reprodução estável do princípio sociogênico constituinte do modo de vida especificamente cultural do ser humano, a *única* forma de manter esse tipo de compreensão depende do que o sujeito individual humano *sente* como vantagem adaptativa para si mesmo (isto é, se é "bom" ou "ruim" para si) à medida que interage tanto com os ambientes físicos e sócio-humanos – ou "mundos". Isso implica que a pessoa deve filtrar o que vem de fora segundo o que é socializada para sentir, de acordo com o que sua cultura identifica especificamente como "bom" ou "ruim". Fanon evidencia que os negros escolarizados de classe média são socializados para sentir suas/nossas próprias fisionomias, bem como as fisionomias de suas/nossas culturas africanas de origem, como "ruins", como arquetipicamente más, nas palavras de Aimé Césaire, ou como "*le part maudite*" [a parte amaldiçoada] da qual deve separar-se para tornar-se plenamente humano[55] e "sentir-se bem", nos termos de nossa concepção etnoclasse atual do que é humano.

A pergunta de Franklin – "por que os estados subjetivos existem?" – pode ser respondida aqui com outra pergunta. Como, precisamente, no nível de vida orgânica, cada organismo é capaz de *sentir* objetos no mundo nos termos específicos da ordem de percepção e categorização do seu sistema nervoso como sendo vantajoso adaptativamente (ou seja, bom), ou como sendo desvantajoso adaptativamente (logo, ruim)? Além disso, no nível de formas humanas de vida, como *exatamente* um "sujeito normal" consegue sentir objetos no mundo, pelo sistema de percepção e categorização da sua cultura específica, como sendo vantajosos adaptativamente (bons) ou desvantajosos (ruins)? As conclusões de bioquímicos, alcançadas no auge das incríveis descobertas durante as décadas de 1970 e 1980 sobre a existência de moléculas endógenas semelhantes à morfina, de peptídeos opioides no cé-

55 Ver Roger Toumson e Simone Henry-Vallmore, *Aimé Césaire, Le Negre Inconsole*, Paris, Syros, 1993, p. 212, em que relatam uma entrevista com Césaire.

rebro, ou de um sistema nervoso que atravessa o corpo de todas as espécies sugerem uma resposta. E essa resposta não apenas explica por que, como sugerido por Chalmers, a *experiência subjetiva* deve ser compreendida como aspecto fundamental, impossível de ser reduzida a uma forma mais elementar, como também responde à pergunta de Nagel no que diz respeito a como "processos objetivos podem fazer emergir estados subjetivos"; além disso, valida a identificação de Fanon dos processos objetivos socioculturais que levam às "aberrações afetivas" por parte tanto de pessoas brancas quanto não brancas/não negras, bem como do racismo antinegros e da autofobia negra. Essas aberrações se tornaram comuns a todos os sujeitos culturalmente ocidentalizados na concepção etnoclasse do Homem.

Em seu livro *Addiction: From Biology to Drug Policy* [Vício: da biologia às políticas antidrogas],[56] o neurobiólogo Avram Goldstein, enquanto debatia sobre a neuroquímica do prazer e da dor, levanta a hipótese de que, em todas as espécies vivas, "há um sistema opioide natural cujo objetivo é sinalizar tanto recompensas (provavelmente por beta-endorfina) quanto punições (por dinorfinas)". Além disso, "o equilíbrio entre esses peptídeos opioides opostos podem ser reguladores de vários aspectos" do que é vivenciado como "estado mental regular". Ele supõe que esse sistema de recompensas possa ser o que "motiva comportamentos adaptativos". Esses sistemas:

> sinalizam como 'bom' quando um animal faminto encontra e consume algum alimento, quando um animal sedento descobre e bebe água, quando atividade sexual é prometida e então consumada, ou quando uma situação ameaçadora é evitada.[57]

56 Avram Goldstein, *Addiction: From Biology to Drug Policy*. New York: W. H. Freeman, 1994.
57 Ibid., p. 60.

Por outro lado, quando "ao praticar comportamentos nocivos ou sente dor", o sistema "sinaliza como 'ruim'". Dessa forma, quando "os sinais passam a ser associados às situações nas quais são gerados e assim lembrados", seu funcionamento parece "representar o processo necessário através do qual animais aprendem a buscar o que é benéfico e a evitar o que é nocivo [...]".[58]

O que Goldstein argumenta é que a fenomenologia da experiência subjetiva (o que é *percebido como bom* e o que é *percebido como ruim* para cada organismo) é determinada neurológica e quimicamente no que se refere à motivação de comportamentos específicos de cada espécie. Logo, é esse sistema bioquímico estruturado *objetivamente* que determina o modo como cada organismo perceberá, classificará e categorizará o mundo nos termos adaptativos necessários para sua própria sobrevivência e realização reprodutiva enquanto organismo tal. Mesmo assim, somente por intermédio da *experiência* do que o organismo *percebe como bom* e do que *percebe como ruim* e, portanto, do que significa *ser* aquele organismo (a razão pela qual esses sentimentos específicos existem), aquele repertório específico de comportamentos que constituem vantagem adaptativa tanto *para* o organismo quanto para a transmissão reprodutiva de sua informação genética será apresentado e motivado de forma estável. Ao mesmo tempo, aqueles que constituem desvantagem tanto para o organismo como para seu genoma serão desencorajados, porque eles devem ser experimentados subjetivamente como "ruins" pelo organismo. Assim, para que os genes que compõem o genoma de cada espécie se reproduzam por meio de comportamentos adaptativamente adequados para lidar com os desafios específicos do ambiente em que o organismo-veículo (para usar a formulação de Dawkins)[59]

58 Ibid.

59 Embora Dawkins defenda, em seu livro *O gene egoísta*, que organismos são "máquinas de sobrevivência construídas pelos genes", ele também propõe que o ser humano e a consciência humana podem ser vistos como "a culminação de uma tendência evolutiva dirigida à emancipação das máqui-

se encontra, a *única* forma desses comportamentos se manifestarem é através da experiência subjetiva *pelo* organismo a respeito do que existe bioquimicamente para ser *bom* ou *ruim para* ele, à medida em que interage com seu ecossistema: é somente a partir da experiência única do que significa *ser* aquele organismo. O porquê da experiência subjetiva, como compreendido no fato de que o morcego de Nagel, por exemplo, classifica o mundo segundo o que é bom e o que é ruim para si, é tão objetivamente determinante para a reprodução estável daquele modo de ser da espécie daquele organismo (ou o princípio genômico) quanto sua arquitetura fisiológica, por meio da qual os sistemas opioides naturais específicos da espécie possibilitam tamanho modo de experiência subjetiva para um organismo individual.

Mas e quanto a nós, enquanto sujeitos humanos? Enquanto sujeitos de nossa ordem contemporânea? Como demonstra Fanon, para nós é "normal" ser antinegro, no caso de Negros socializados como o *Homem*. Uma contradição central começa a se formar entre o sistema opioide natural (segundo o qual, sendo geneticamente determinado, nossa fisionomia deveria ser percebida como "boa") e a realidade de um modo de identidade cultural e, portanto, de sociogenia, segundo o qual essa fisionomia deve ser percebida como "ruim". Goldstein nem toca nessa questão. Considerando que sua hipótese, pois centrada em humanos, é construída com base em uma concepção de humano ontogenética e, portanto, biocêntrica, que funciona como a premissa não questionada de nossa ordem epistemológica atual, sua conclusão logicamente pressupõe que tais sistemas de comportamento mo-

---

nas de sobrevivência, enquanto tomadoras de decisões executivas, de seus derradeiros mestres, os genes". Ele argumenta ainda que isso foi possibilitado graças ao novo "caldo da cultura humana, na qual memes, como unidades de transmissão cultural, assumirão o controle". Ver *O gene egoísta*, trad. Rejane Rubino. São Paulo: Companhia das Letras, 2007, edição digital. O argumento que tento elaborar sobre o assunto é que, uma vez instalado, o princípio sociogênico é igualmente "egoísta".

tivados por recompensa e punição opioides funcionam da mesma forma para nós e para todas as demais formas de vida puramente orgânica. Ele elabora sua conclusão em meio à sua luta contra a legalização das drogas. O uso generalizado de drogas com potencial viciante, ele argumenta, só pode ser compreendido em um contexto evolutivo, uma vez que, se observarmos a partir dessa perspectiva, o efeito de "sensações boas" que essas drogas causam pode ser reconhecido justamente por não serem "estranhas ao corpo", já que sua ação é "simplesmente imitar ou bloquear os neurotransmissores que normalmente funcionam para sinalizar recompensas". O vício profundo em drogas perturba "o sistema delicadamente regulado", "aperfeiçoado pela evolução há milhares de anos para possibilitar a sobrevivência de todas as espécies", cujas funcionalidades naturais inalteradas permitem que humanos "experimentem prazer e satisfação a partir de comportamentos biologicamente adequados e situações rotineiras".[60]

Mas será que nós, seres humanos, só sentimos prazer e satisfação por meio de comportamentos *biologicamente* apropriados? O sistema opioide, no nosso caso, só funciona de forma *natural*? Se, como proposto por Goldstein, a resposta para ambas as perguntas for "sim", como explicar o fato de que, como os relatos do começo do século XVII no Congo revelaram, o que era experimentado subjetivamente como esteticamente "correto" e apropriado pela população congolesa (de um lado, seus estados mentais qualitativos de aversão ativados por dinorfina; de outro, os estados de "prazer e satisfação" ativados por betaendorfina) era totalmente oposto ao que era experimentado subjetivamente por sujeitos ocidentais e ocidentalizados como sendo esteticamente correto e apropriado? Como podem os mesmos objetos, a saber, a pele de cor branca e a fisionomia caucasiana da variedade humana de ascendência indo-europeia e a pele de cor preta e fisionomia negra da variedade humana de ascendência congolesa/africana,

60 Avram Goldstein, *Addiction: From Biology to Drug Policy*, op. cit., p. 60.

provocarem experiências subjetivas totalmente opostas entre si em termos puramente biológicos? Stan Franklin chama a atenção para o fato de que *qualia* é o termo usado para os aspectos qualitativos dos nossos estados mentais, como a percepção de cores, o gosto do chocolate, o prazer e a dor[61] – e, portanto, também a sensação de aversão provocada pelo horror. Sendo assim, por que pessoas congolesas, também culturalmente autocêntricas, sentem sua própria cor preta e a cor branca dos europeus em termos binariamente opostos à forma como essas mesmas cores são experimentadas subjetivamente por aqueles europeus que gritavam "Negro imundo"? Por que aqueles negros sentem sua própria fisionomia e sua própria cor com tamanha aversão? É possível atribuir essa sensação de aversão provocada pelo horror (ou seja, por estados mentais qualitativos específicos), vivenciada pelas pessoas no Congo ao avistar uma pele branca e fisionomia caucasiana *apenas* a uma repulsão genético-instintiva a pessoas cujos traços fisionômicos sejam tão diferentes dos próprios traços, e vice-versa? Se sim, como explicar o papel central simbólico da monstruosidade sagrada e liminarmente desviante, traçada sobre a pele branca de congoleses albinos de acordo com a cultura tradicional autocêntrica então dominante,[62] cuja categoria cultural de desvio anormal – categoria cujos membros, como também explica Teruel, "são considerados monstruosos por congoleses" – assimila igualmente os europeus brancos? Não estamos aqui diante de uma evidência de que é justamente porque, como estudos etnográficos hoje evidenciam, a figura do albino tem papel arquetípico na constelação cultural tradicional congolesa semelhante ao papel hoje desempenhado na nossa "constelação cultural" puramente secular pela figura do "Negro", segundo a religião politeísta agrária, e conforme aponta Fanon (epígrafe 2)? O "Negro" agora

61 Stan Franklin, *Artificial Minds*, op. cit., p. 32.

62 Ver Georges Balandier, *Daily Life in the Kingdom of the Kongo from the Sixteenth to the Eighteenth Century*, op. cit., pp. 217–19.

é análogo ao "marcador de fronteira" do ser humano normal e, como tal, em nossa concepção biocêntrica, é a "personificação de instintos ruins", do "selvagem não civilizado" que ameaça sobrepujar os sujeitos "normais", "brancos" de classe média da nossa ordem contemporânea.

Não estaremos, em ambos os casos, lidando com processos de funcionamento de dois sistemas diferentes de opioides culturalmente programados, dos quais os dois *sensos de identidade* diferentes são uma função? Haveria outra explicação, no caso da *qualia* sensorial correlacionada ao grito de "Negro imundo", para que a mesma resposta aversiva seja sentida subjetivamente não só pelas pessoas do Ocidente, mas também, como investiga Fanon, por pessoas negras que fomos ocidentalizadas? Descendentes de sujeitos congoleses outrora "normais" agora são classificados, nos termos da cultura imposta a eles, como "Negros" e, portanto, anormais? Não está claro que a proposição de que sentir subjetivamente "negros" e "brancos" como meras expressões de duas normas somáticas narcísicas genético-instintivas diferentes, uma Branca, outra Negra, não faz sentido? Ao constatar que era uma questão puramente somática, deveríamos então ser compelidos a questionar o que aconteceu com o narcisismo somático, não apenas dos negros que usam máscaras brancas (isto é, que desejam uma aparência branca), mas também dos milhões de não europeus que recorrem cada dia mais a cirurgias plásticas em busca de uma aparência mais próxima da fisionomia indo-europeia em sua configuração burguesa. Por que existe uma necessidade tão generalizada de narizes semitas serem encurtados e reduzidos, de narizes mexicanos-indígenas serem empinados, de dobras epicânticas asiáticas serem removidas, de olhos ganharem formatos arredondados? Por que, de forma ainda mais abominável no admirável mundo novo de nosso século biotecnológico, o termo "melhoria genética" (um eufemismo para eugenia) é usado para se referir aos processos de engenharia biogenética criados para garantir o nascimento de bebês com olhos azuis, com olhos e narizes fenotipicamente europeus? Para assegurar apenas a "produção" dessas fisionomias esculpidas nos termos da estética hegemônica de concepção e do critério burguês-ocidental de ser humano?[63]

A comparação de dois pontos de vista e de duas respostas psicoafetivas diferentes (como definidos por Nagel), segundo a perspectiva de uma "realidade comum" fora dos termos de ambos, permite propor aqui, fazendo coro a Fanon, que esse princípio sociogênico culturalmente construído, em ambos os casos – ao mapear ou totemizar significados negativos/positivos (como parte de uma série cultural) na diferença instituída pelo não humano (como uma série natural)[64] –, é o que ativa, a partir de uma reprogramação semântica, o sistema opioide em termos de cultura? É isso o que permite, então, respostas subjetivas qualitativas opostas

63 No livro *Towards The Final Solution: A History of European Racism* [Por uma solução definitiva: história do racismo europeu] (Madison: The University of Wisconsin Press, 1985), George Mosse apresenta as interrelações entre a nova estética burguesa e o racismo moderno. O tipo ideal grego, postulado no século XVIII, é representado desde o Iluminismo como determinado biologicamente e padrão de beleza "normal" e, portanto, fisionomias negras e judias passaram a ser estigmatizadas como a negação do padrão.

64 No clássico ensaio "O totemismo", Claude Lévi-Strauss argumenta que os totens animais de culturas tradicionais não eram "para serem comidos", como antropólogos pensavam anteriormente, mas sim "para serem pensados". Com isso, por exemplo, cada clã tinha seu próprio totem, como uma águia, um urso, uma foca, então a *série natural* das diferentes espécies era mapeada em uma variedade de *diferenças socioculturais* inventada. Se observarmos atentamente as formas com que os últimos, enquanto sistemas de diferenciação *inventados* por humanos, são absolutizados ao serem mapeados na diferença natural das séries, então o sistema de crenças da *raça* pode ser compreendido como uma forma de totemismo. Isso fica evidente na utilização de constantes de variações humanas hereditárias (uma série natural) para absolutizar diferentes hierarquias e identidades sociais, fabricadas por nossa ordem contemporânea. A oposição Branco/Negro, por exemplo, autoriza o princípio de organizador de status de diferenças genéticas representado como um modo de valor-diferença determinado evolutivamente que mapeie e, portanto, legitime, a hierarquia social fabricada de classes.

aos mesmos *objetos*? A hipótese de Fanon é que, no caso da nossa própria cultura, *peles negras* usam *máscaras brancas*, sendo estas apenas uma particularidade do fato de que todos os seres humanos usamos máscaras culturais ("além da filogenia e da ontogenia, existe a sociogenia") e, como resultado, apesar de nascermos como humanos biologicamente falando (com peles humanas), só *podemos vivenciar a nós mesmos enquanto humanos* pela mediação dos processos de socialização efetivados pela *tékhne* ou pela tecnologia cultural a que batizamos como cultura. Se é assim, então o reconhecimento, como aponta Terence Deacon (epígrafe 5), de que, como humanos, somos *o que sentimos como nossa existência* (isto é, o que somos socializados cultural e verbalmente para sentir *ser*) não apenas responde à pergunta de Franklin como também, ao mesmo tempo, permite que o enigma de Chalmers sobre a experiência consciente deixe de ser um enigma. Uma vez que todos os modos de experiência consciente humana e, portanto, de *consciência*, podem ser entendidos como a expressão de um modo de experiência subjetiva culturalmente construído específica ao funcionamento de cada senso de identidade sociogênico de cada cultura, podemos extrapolar por analogia o mesmo reconhecimento para os sensos de identidade específicos das espécies como expressão do princípio genômico definidor de todas as formas de vida orgânica. Em ambos os casos, portanto, estados de informação específicos devem ser vistos como inseparáveis de cada forma de vida (seja ela puramente orgânica ou hibridamente humana) vivenciando subjetivamente *o que é* e *o que significa ser* tal modo de vida e, assim, devem comportar-se adequadamente (cultural ou biologicamente) nas modalidades necessárias para a realização, sobrevivência e reprodução de cada modo de existir.

Nesse contexto, podemos inverter o processo análogo a fim de propor que o princípio organizacional genômico de codificar as informações do morcego (que inclui e centraliza a neuroquímica do sistema opioide de recompensa e punição da espécie) serve para induzir comportamentos apropriados graças à mediação da experiência subjetiva de cada morcego sobre o que ele *percebe* como bom e o que *percebe* como ruim para si. Assim, no caso da espécie humana, o princípio sociogênico como princípio organizacional genômico de codificar informações sobre os critérios de ser/não ser em cada cultura é o que ativa artificialmente a neuroquímica do caminho para recompensa e punição, e o faz nos termos necessários para instituir sujeitos humanos como modos de existência e senso de identidade específicos à cultura e, portanto, definidos verbalmente, se implementado fisiologicamente. Um princípio cuja fenomenologia (ou seja, os parâmetros de seus estados mentais qualitativos, de sua ordem de consciência e de seu modo da experiência subjetiva) é tão objetivamente construído no que se refere à fisionomia quanto o morcego é estruturado, pois biologicamente objetivo.

ENTRE A LINGUAGEM NATURAL / CIENTÍFICA DA NEUROBIOLOGIA E A LINGUAGEM HÍBRIDA NATUREZA / CULTURA DO SOCIODIAGNÓSTICO DE FANON E DA CIÊNCIA DO MUNDO DE CÉSAIRE: REINVENTANDO A "FENOMENOLOGIA OBJETIVA" DE NAGEL

Agarro o meu narcisismo com as mãos e repudio a abjeção daqueles que querem fazer do homem um mecanismo.

Frantz Fanon, *Pele negra, máscaras brancas*

Ao contrário do que diz o senso comum, o principal significado metafísico da inteligência artificial é poder contrapor-se à influência ligeiramente desumanizadora das ciências naturais, das quais tantos críticos culturais reclamaram. Ela o faz ao demonstrar, de modo cientificamente aceitável, como é possível que seres psicológicos ocupem um mundo material e, mesmo assim, sejam devidamente distinguidos de "matéria comum". Longe

> *de comprovar que seres humanos não são "nada além de máquinas", ela confirma nossa insistência de que somos criaturas essencialmente subjetivas vivendo em meio às nossas próprias construções da realidade.*
>
> Margaret Boden, *Artificial Intelligence and Natural Man*

A hipótese acima nos leva de volta à proposta de Fanon para um sociodiagnóstico como a única "cura" possível para a aberração afetiva induzida nas pessoas negras pelo "complexo psicoexistencial" massivo em que elas se encontram aprisionadas, bem como para o desafio de Nagel a que se relaciona. Esse é o desafio referente à possibilidade de elaborar uma fenomenologia objetiva com base em uma metodologia análoga à das ciências naturais, mas ao mesmo tempo diferente. Uma fenomenologia, portanto, baseada na "particularidade do ponto de vista" do sujeito que experimenta subjetivamente, mas que consiga postular uma "realidade comum" além das fronteiras desse ponto de vista. Aqui, acredito que tanto o apelo de Nagel por uma fenomenologia objetiva quanto o anseio de Chalmers por identificar leis fundamentais específicas à consciência (se relacionadas à hipótese de Fanon no que se refere à natureza híbrida da identidade humana) permitem postular, no caso da espécie humana, leis que não se restringem às naturais, mas que, entretanto, funcionam juntamente com elas, a fim de dar vida aos modos híbridos natureza / cultura de existência ou às formas de vida específicas aos seres humanos. Como resultado, se a consciência "é implementada por processos neurológicos", como Jonathan Miller indicou no ensaio de 1992, "a linguagem da neurobiologia" permanece incapaz de explicar *o que é* ser consciente e, portanto, a proposta é que as descobertas de uma nova "linguagem" capaz de fazê-lo só foi possível a partir do novo postulado: da existência de leis culturais que funcionam autonomamente, que dão origem às nossas ordens da consciência adaptativa em seu "curso habitual" (*cursus solitus culturae*), aos modos de experiência subjetiva, à *qualia* sensorial ou aos "estados mentais qualitativos". De forma semelhante, a "linguagem da neurobiologia" só foi possibilitada a partir da revolução intelectual do humanismo no Renascimento e de sua nova poética, segundo a qual o postulado do funcionamento não arbitrário e autônomo (ou seja, não mais regulado arbitrária e divinamente) das leis da natureza (isto é, *cursus solitus naturae*), indispensáveis para o advento das ciências naturais, pôde ser conceitualizado.[65] Ao mesmo tempo em que ele se tornaria o novo postulado – ocupando o lugar da crença milenar na Causalidade Divina Supernatural, das leis da natureza operadas autonomamente como a "causa" do funcionamento de processos físicos, e, no auge do darwinismo, dos processos biológicos –, isso também libertaria os níveis de realidade física e puramente orgânica de continuarem sendo conhecidas de forma adaptativa, não verídica, permitindo assim o surgimento de um novo modo científico e natural de cognição humana.

Paralelamente, uma nova linguagem capaz de transmitir *o que é* ser consciente fora dos termos de cada ordem de consciência específica à cultura também só poderia ser revelada a partir do postulado das leis culturais de funcionamento autônomo, como leis específicas para o nível híbrido e terceiro de existência ontogenética / sociogênica (além do físico e do puramente biológico) – nível este que seria domínio específico de investigação dessa nova linguagem. Considerando que os parâmetros de o que é ser humano, o que é ser *nós* – em outras palavras, os parâmetros das nossas ordens de consciência e modos de experiência subjetiva – se instituem em formas consistentes específicas ao *senso de identidade* ou princípio sociogênico de cada cultura (com os estados mentais aversivos e gritos de "Negro imundo" de sujeitos brancos "normais" e daquela autofobia de sujeitos negros "normais" sendo tão determinados por nosso senso de identidade atual e pela concepção do que significa ser humano quanto os estados mentais aversivos dos congoleses à pele branca e à fisionomia dos

65 Ver Fernand Hallyn, *The Poetic Structure of The World: Copernicus and Kepler*, trad. Donald M. Leslie. New York: Zone Books, 1990.

europeus por seu "senso de identidade" ou princípio sociogênico), somente uma nova "linguagem" poderia responder tanto ao apelo de Nagel por uma fenomenologia objetiva como ao pedido de Fanon por um sociodiagnóstico.

Se os processos de motivação que determinam comportamentos (não apenas para sujeitos humanos, mas também aqueles específicos a espécies de vida puramente orgânica) *não podem operar senão por intermédio de estados mentais subjetivos* – sendo esses estados, portanto, condição indispensável para a realização de cada organismo ou cada sujeito humano enquanto organismo ou sujeito, ao mesmo tempo em que são condições da reprodução do princípio sociogênico, por um lado, e do princípio genômico, por outro, do qual cada organismo e cada sujeito humano é a expressão viva –, o paradoxo com que inevitavelmente nos deparamos é: no caso de seres humanos, como a *particularidade* do ponto de vista de cada modo de experiência consciente e, portanto, de cada modo de existência específica à cultura do sujeito, pode ser *reconhecida* por cada sujeito *fora* do princípio sociogênico que o institui como sujeito ou modo de existência específico – fora, assim, dos termos da ordem de consciência que o institui? Um ponto levantado por Jonathan Miller em seu ensaio revela a dimensão desse paradoxo. Ao longo de seu argumento contra a possibilidade de que uma "linguagem da neurobiologia" e sua suposição puramente psicanalítica sejam capazes de dar conta da fenomenologia da consciência, Miller ressalta que, embora neurocientistas tenham ajudado a esclarecer as formas em que o fenômeno da consciência é implementado neurofisiologicamente pelo cérebro, e embora a consciência seja autopercebida por qualquer pessoa que a possua, ela não pode ser localizada no cérebro ou identificada como sua propriedade.[66] Ela não é uma propriedade identificável, nas palavras de Nagel, como parte de uma "realidade comum".

66 J. Miller, "Trouble in Mind", op. cit., p. 182.

A principal questão a ser levantada aqui é o que Miller identifica corretamente como a *autopercepção* da consciência por todos que a possuem. Mas é exatamente essa consciência autopercebida que Fanon se sentiu obrigado não só a questionar, mas também a denunciar como sendo a própria causa da autofobia nas pessoas negras, bem como a "aberração afetiva" antinegros nas pessoas brancas. Dessa forma, como Miller argumenta, se a linguagem da neurobiologia não é capaz de "transmitir o que é ser consciente", a consciência autopercebida só pode expressar com clareza o que significa ser consciente segundo o que sua própria consciência diz ser um "sujeito normal" no seio de sua cultura específica, *de quem e para quem* essa ordem de consciência específica – e necessariamente adaptável – pode ser experimentada como autopercebida. A capacidade de enxergar essa autopercepção pode ser reconhecida como uma propriedade em si mesma, de acordo com a socialização de cada sujeito em um modo específico de ser humano. Esses termos, então, ditam os parâmetros adaptativamente vantajosos em que cada sujeito deve, necessariamente, conhecer, além de responder psicoafetivamente, a Si, ao Outro e ao Mundo, bem como as condições da reprodução adaptativamente vantajosa de cada um desses modos de ser humano. Então, a consequência lógica é que, no caso da nossa ordem contemporânea de consciência, os modos de experiência subjetiva expressos, por um lado, pelo racismo antinegro e antipessoas-não-brancas e, por outro, pela autofobia negra, são, como todos os "*ismos*" correlatos, expressões de uma ordem de consciência autopercebida por seus sujeitos. Mas essa ordem de consciência é, simultaneamente, indispensável para a instituição dinâmica e para a reprodução estável de nossa concepção ou nosso critério etnoclasse de ser humano, bem como para a ordem / nossa ordem contemporânea global como campo específico socioglobal em que um único modo de existência e gênero de identidade humana pode ser realizável. Se for mesmo o caso – se o complexo psicoexistencial branco/negro e a respectiva "aberração afetiva" (ou seja, o racismo antinegro e a autofobia negra) não forem apenas uma vantagem adaptativa "normal" para nosso modo atual de ser humano, para seu princípio sociogênico dominante – como podemos nos libertar? E, principalmente, como Fanon foi capaz de dar um passo na direção da possibilidade de emancipação a partir de sua concepção de o que significa ser humano?

Em seu estudo de 1973 sobre o povo Borana da Etiópia e sua ordem cultural tradicional,[67] o antropólogo Asmarom Legesse forneceu uma perspectiva transcultural no que se refere à autopercepção da consciência. A partir dos dados de sua pesquisa, Legesse propôs que intelectuais da ordem Borana, da mesma forma que todas as ordens humanas, inclusive a nossa ordem contemporânea, devem necessariamente funcionar como guardiões, elaboradores e disseminadores das categorias prescritivas institucionais sobre as quais suas sociedades são fundadas. Como condição para a realização dinâmica e reprodução estável de suas ordens sociais específicas, portanto, intelectuais Boranas, assim como todos os intelectuais, incluindo nós mesmos, costumamos permanecer aprisionados nos mesmos modelos estruturais que elaboramos – isto é, no "modelo nativo" adaptável de realidade que nós mesmos construímos como condição para a produção e para a reprodução de nossos modos de ser humano específicos à cultura, bem como às ordens sociais específicas que configuram as condições da encenação de sua expressão. Como resultado, segundo ele, é somente a partir do campo da experiência vivida da categoria liminarmente desviante de cada ordem – por intermédio dos modos negados de diferença "anormal" que permitem à sociedade "normal" experimentar a si mesma como "normal" e, ao mesmo tempo, como comunidade socialmente coesa[68] – que a ordem de consciência normativa gerada a partir

67 Ver Asmarom Legesse, *Gada: Three Approaches To The Study of an African Society*. New York: The Free Press, 1973.

68 A. Legesse, *Gada: Three Approaches To the Study of an African Society*, op. cit., pp. 114–15.

da própria negação ontológica pode ser criticamente questionada e ter sua autopercepção contestada.[69] Para todos os efeitos – embora não haja, para intelectuais convencionais como gramáticos de sua / nossa própria ordem, algo "externo" ao "modelo nativo" cujas bases fazem do "normal", normal; do real, *real*;[70] e da autopercepção, autopercepção; para suas sociedades e para os modos de existência de suas sociedades –, é a categoria liminar de que a experiência de sua ordem de consciência necessariamente conflituosa e a relação interno / externo dos pontos de vista dos "modelos nativos" que, ao buscar emancipar-se de seu papel imposto sistemicamente, pode "lembrar-nos de que temos de não permanecer eternamente prisioneiros de nossas prescrições".[71] Prisioneiros, portanto, da autopercepção da ordem de consciência que, em todos os lados, é propriedade do princípio sociogênico de cada cultura e do modo de simbiose natureza / cultura originado por cada princípio.

O ponto de partida da investigação de Fanon sobre as bases da experiência vivida do negro pode, assim, ser reconhecido na perspectiva liminar do que significa ser tanto *Homem* (como sujeito ocidentalizado, escolarizado e de classe média) quanto seu Negro Outro; ser, ao mesmo, a personificação dos critérios ocidentais burgueses do que significa ser um bom homem ou uma boa mulher de seu tipo (e, dessa forma, portadores positivamente marcados de uma consciência normativa autopercebida) e seu anticritério – e, como tal, a morte simbólica negativamente marcada de seu Eu genético-instintivo "ruim". É a partir dessa perspectiva conflituosa que ele consegue, portanto, nos alertar para a possibilidade de

69 Ibid., pp. 269–71.

70 Essa questão de extrema importância sobre as formas como cada cultura cria o "normal" e o "real", proposta em outros termos, é levantada por Michael Taussig no livro *Shamanism, colonialism and the Wild Man: A Study in Terror and Healing* [Xamanismo, colonianismo e o Selvagem: um estudo sobre terror e cura]. Chicago: University of Chicago Press, 1987.

71 A. Legesse, *Gada: Three Approaches To the Study of an African Society*, op. cit., p. 271.

alcançarmos a totalidade de nossa anatomia humana, inseparável da possibilidade não apenas de uma fenomenologia objetiva, nos termos ainda aculturais de Nagel, mas também, de forma mais ampla, de uma nova ciência, específica ao ser humano segundo Vico, ou de uma nova ciência da Palavra, nos termos propostos em 1946 pelo poeta e pensador Aimé Césaire, conterrâneo de Fanon. Se compararmos a hipótese de Fanon (elaborada a partir de sua análise do material educativo e da literatura com que tanto a classe média negra do Caribe francês como a própria classe média francesa são educadas e socializadas)[72] de que era e ainda é *normal* para o primeiro ser tão antinegro quanto o segundo com a resposta aversiva de horror por reflexo, não menos culturalmente

72 Fanon deixa muito claro quando demonstra como a narrativa de origem mítica central para a história francesa, em sua conceitualização burguesa – isto é, "nossos ancestrais da Gália (em oposição aos nobres que alegam descendência aristocrática dos Francos) –, foi solenemente repetida por estudantes negros na Martinica como parte de um currículo padrão ensinado também a eles. "Nas Antilhas, o jovem negro", ele escreve, "que na escola repete incessantemente 'nossos pais, os gauleses', identifica-se com o explorador, com o civilizador, com o branco que traz a verdade aos selvagens, uma verdade toda branca. Há identificação, ou seja, o jovem negro adota subjetivamente uma atitude de branco. Ele imputa ao herói, que é branco, toda a sua agressividade [...]. Pouco a pouco, vemos formarem-se e cristalizarem-se no jovem antilhano uma atitude e um hábito de pensar e de ver que são essencialmente brancos. Quando, na escola, ele às vezes lê histórias de selvagens nos livros brancos, sempre pensa nos senegaleses [...] Mas é que o antilhano não se considera negro; ele se considera antilhano. O negro vive na África. Subjetivamente, intelectualmente, o antilhano se comporta como um branco. Mas ele é um negro. Isso ele perceberá ao chegar à Europa, e, quando falarem de negros, ele saberá que se trata dele tanto quanto do senegalês" (F. Fanon, *Pele negra, máscaras brancas*, op. cit., pp. 147–48). Numa nota de rodapé, referindo-se ao mito originário dos "nossos pais, os gauleses" transposto da França a seus sujeitos negros colonizados, ele diz: "Como em muitas outras circunstâncias, é o sorriso que despertamos ao relatar esse lado do ensino na Martinica. É inevitável constatar o caráter cômico disso, mas não mencionamos suas consequências de longo prazo. Porém, são elas que importam, pois é com base em três ou quatro dessas frases que se desenvolve a visão de mundo do jovem antilhano" (ibid., p. 163).

normal, experimentada pelos sujeitos tradicionais normais do Congo, ao avistar o que, para eles, era a monstruosidade albina desviante de pele branca europeia, conseguimos identificar o conceito fanoniano de sociogenia como uma constante transcultural que constitui uma "realidade comum" separada dos *pontos de vista* particularizados de cada cultura. A descrição das ciências naturais de como o ser humano percebe o *som* como "um fenômeno de ondas" oferece uma descrição de um ponto de vista extra-humano que não nega, de forma alguma, a realidade do sujeito humano que vivencia *subjetivamente* o fenômeno como sendo *som*, e oferece também a possibilidade de uma descrição objetiva desses dois estados mentais qualitativos opostos, mas ao mesmo tempo paralelos, ou modos de experiência subjetiva. Nossa descrição também não visa reduzir experiências subjetivas específicas às respectivas culturas do que significa ser humano e, portanto, do que significa ser essencialmente consciente de acordo com a ordem de consciência adaptável de cada cultura – fenômeno este identificado por Marx como ideologia ou "falsa consciência".

Contudo, diferentemente da "realidade comum" de um fenômeno sonoro, o princípio sociogênico não é objeto de conhecimento natural e científico. Se, no caso dos seres humanos, essa constante transcultural é o princípio sociogênico enquanto *senso de identidade* culturalmente programado (e não geneticamente articulado) – com a "propriedade" mental ou consciência humana localizada somente no processo dinâmico de interação simbiótica entre o sistema opioide de recompensa e punição do cérebro e o código dominante específico à cultura ou princípio sociogênico específico a cada um dos modos de ser híbrido natureza / cultura (como o agente ativador de semântica) e, portanto, de experimentar-nos a nós mesmos enquanto humanos –, a identificação da propriedade híbrida da consciência, possibilitada por esse princípio, requereria outra forma de conhecimento científico além das fronteiras das ciências naturais – incluída aqui a neurobiologia, cuja abordagem natural-científica ao fenômeno da consciência baseia-se paradoxalmente na concepção puramente biocêntrica e adaptativa, amplamente difundida na nossa cultura, do que significa ser humano.

Nesse contexto, se é essa concepção puramente biocêntrica do que significa ser humano, que reduz uma pessoa ao status puramente orgânico de animal, para a qual Fanon formula, "agarrando seu narcisismo com as mãos",[73] seu contramanifesto sobre o que significa ser humano ("além da filogenia e da ontogenia, existe a sociogenia"), seu apelo por um sociodiagnóstico em si sugere a necessidade de uma nova ordem de conhecimento científico, capaz de confrontar o hibridismo de nossos modos de existência e de lidar com eles. Mais especificamente, deve conseguir dar conta do fato de que, como indicou Nagel, a metodologia aplicável no caso de uma fenomenologia objetiva não poderia ser a metodologia natural-científica baseada em ignorar a forma como coisas subjetivas se apresentam para nós. Em vez disso, precisamos de uma metodologia que dê conta tanto da forma como coisas se mostram regular e consistentemente para nós como sujeitos normais de nossa ordem, e são assim *autopercebidas* por nossa consciência, quanto, no caso do Negro franco-caribenho antinegro de Fanon, de nossos estados mentais qualitativos reflexivos e/ou *qualia* sensorial como objetos de nossa investigação. São essas experiências subjetivas que nos fornecem dados objetivos dos processos do código dominante específico à cultura ou princípio sociogênico em cujos termos fomos socializados enquanto sujeitos e os quais, portanto, determinam tais estados, bem como os comportamentos que levam a eles.

Essa nova ciência deveria, portanto, ser capaz (como Fanon já havia sugerido em sua investigação sobre a experiência vivida do negro) de amarrar as descobertas das ciências naturais (inclusive das neurociências) com seus propósitos, além de transcendê-las por meio de uma nova síntese que permita tornar nosso modo de ser híbrido natureza / cultura, nossa identidade humana, passível

73 F. Fanon, *Pele negra, máscaras brancas*, op. cit., p. 37.

de uma "descrição científica de outra maneira".[74] É a mesma nova ciência que o conterrâneo de Fanon, poeta da Negritude, ensaista e ativista político Aimé Césaire, partindo da mesma experiência vivida de ser tanto *Homem* quanto seu Outro liminar, já havia proposto em 1946. Em um artigo escrito naquele mesmo ano para uma conferência, intitulado *Poésie et connaissance* [Poesia e conhecimento], Césaire, após demonstrar que as ciências humanas, apesar de todas as conquistas no que se refere aos tipos de conhecimento capazes de prever o mundo natural, permaneceram "incompletas" devido à incapacidade de tornar o mundo humano inteligível, propôs que, da mesma forma que a "nova álgebra cartesiana permitiu a construção da física teórica", também "a palavra promete ser uma equação algébrica que torna o mundo inteligível", capaz de nos oferecer base para uma nova "ciência teórica e incauta, para a qual a poesia poderia fornecer uma noção aproximada". Uma ciência, portanto, em que o "estudo das palavras" providenciaria as condições necessárias para "o estudo da natureza".[75]

Chego à conclusão de que não é apenas nos termos desta nova ciência – em que o "estudo das palavras" (para todos os efeitos, o estudo da retórica da nossa identidade humana)[76] conectará o estudo do princípio sociogênico (enquanto constante aplicável

74 Ver Heinz R. Pagels, *The Dream of Reason: The Computer and The Rise of the Sciences of Complexity*. New York: Simon & Schuster, 1988.

75 Aimé Césaire, "Poetry and Knowledge", in Clayton Eshleman e Annette Smith (eds.), *Aimé Césaire: The Collected Poetry*. Berkeley/Los Angeles/London: University of California Press (1983), p. xxix.

76 Essa é a questão central proposta por Ernesto Grassi no livro *Rhetoric as Philosophy: The Humanist Tradition* [Retórica como filosofia: A tradição humanista] (University Park, London: The Pennsylvanian State University Press, 1980). Aqui, o conceito de Grassi de modos de identidade humana relativos verbal e culturalmente coincide com a hipótese de Fanon de que, no caso dos humanos, "além da filogenia e da ontogenia, existe a sociogenia". Ver especialmente o capítulo "Language as The Presupposition of Religion: A Problem of Rhetoric as Philosophy", pp. 103–14.

transculturalmente capaz de servir como "realidade comum" dos nossos variados modos de ser e de experimentar a nós mesmos enquanto humanos) ao estudo de seus correlatos bioquímicos/neurofisiológicos ativados por seus significados positivos/negativos (o estudo da natureza) – que o apelo de Fanon por um sociodiagnóstico, o de Nagel por uma fenomenologia objetiva e o de Chalmers pela identificação de leis psicofísicas fundamentais específicas para a experiência consciente serão todos possibilitados. Precisamos, nos termos de Fanon, "libertar o homem". Considerando que, segundo o ponto de vista da concepção biocêntrica de ser humano da nossa cultura atual, não só o fenômeno da mente e da experiência consciente deve permanecer um enigma, mas os processos por meio dos quais nos construímos objetivamente – ou como Margaret Boden chamou, "criaturas subjetivas vivendo em suas próprias construções mentais da realidade"[77] – também devem necessariamente continuar opacos para nós. O resultado é que nos vemos limitados tanto pela nossa ordem adaptável atual de conhecimento objetivo quanto pelo não menos adaptável complexo psicoexistencial dos estados mentais qualitativos (na qual a resposta aversiva autofóbica ao "Negro imundo" é só uma, talvez a mais extrema, de uma série de respostas intercambiáveis a uma série de Outros materializados),[78] viabilizados pela noção biologicamente absoluta de identidade humana da nossa cultura

77 Ver Margaret Boden, *Artificial Intelligence and Natural Man*, op. cit., p. 473.

78 Aimé Césaire capturou com brilhantismo a natureza interrelacionada dessa série quando escreveu no poema "Diário de um retorno ao país natal": "Se existem homens-hienas e homens-panteras, /eu serei um homem judeu / Um homem cafre / Um homem-hindu-de-Calcutá / Um homem-do-Harlem-que-não-vota / Homem fome, homem insulto, homem tortura que a qualquer momento / pode ser abusado e espancado a murros, ou morto – sim, claro / matá-lo, então – sem a ninguém dar contas nem apresentar desculpas / Um homem judeu / Um homem pogrom / Um cachorro / Um mendigo". Ver Aimé Césaire, *Cahier d'un retour au pays natal* [Diário de um retorno ao país natal], in Clayton Eshleman e Annette Smith (orgs.), *Aimé Césaire: The Collected Poetry*, op. cit.

atual e expressada pelo Senso Humano "normal".[79] "Devo me lembrar", Fanon escreve na conclusão de seu livro *Pele negra, máscaras brancas*, "de que o verdadeiro *salto* consiste em introduzir na existência a invenção. [...] Sou solidário com o Ser, na medida em que o supero".[80]

79 Nosso "aprisionamento" na concepção biocêntrica vigente de identidade e, assim, de seus modos adaptativos de conhecer e sentir, logicamente levam aos tipos de comportamentos "normais", cujas consequências coletivas podem variar negativamente de pequenas humilhações cotidianas à privação de comida e pobreza em massa, bem como ao genocídio em larga escala que já se tornou característico do século XX. Em *Towards The Final Solution: A History of European Racism*, George Mosse deixa isso claro quando trata do Holocausto, que tinha como alvo principal judeus da Europa, juntamente com outros grupos classificados biologicamente como "vidas indignas de viver". Cabe apontar aqui para um dos maiores estigmas postos sobre judeus por Nazistas: serem de uma "raça vira-lata afro-asiática". Ver ainda Henry Friedlander, *The Origins of Nazi Genocide: From Euthanasia to the Final Solution* [As origens do genocídio nazista: da eutanásia à solução final] (Chapel Hill: University of North Carolina Press, 1995), em que ele defende que "o genocídio nazista não aconteceu em um vácuo". Pelo contrário, ele se deu no contexto de uma ideologia de desigualdade humana determinada geneticamente, nascida das ciências biológicas justificáveis no século XIX com o surgimento da teoria de Darwin. Essa ideologia se tornou inseparável da descrição puramente biológica de ser humano e da ideologia genético-racial que a originou. No interior dessa ideologia, todos os grupos populacionais classificados como geneticamente inferiores (ou seja, "vidas indignas de viver"), fossem pessoas com deficiência, com transtornos mentais, idosas, homossexuais ou de "raça inferior" (isto é, ciganos e judeus, principalmente) entraram para a lista de extermínio.

80 F. Fanon, *Pele negra, máscaras brancas*, op. cit., p. 241.

A QUARTA ERA DE FRANTZ FANON

ACHILLE MBEMBE

[2011]

Com demasiada frequência se esquece que Frantz Fanon pertence a uma geração que, repetidamente, sentiu na pele o desastre e passou pela experiência de mundo e de fim do mundo que toda catástrofe acarreta.[1] Ele poderia ter sido uma das inúmeras vítimas da Segunda Guerra Mundial, de que participou aos dezenove anos, e *Pele negra, máscaras brancas* e *Os condenados da terra*[2] nunca teriam vindo a lume. Ele conheceu a colonização: sua atmosfera sangrenta; sua estrutura manicomial; seu quinhão de ferimentos; suas maneiras de arruinar a relação com o corpo, com a linguagem e com a lei; seus estados inauditos; a guerra da Argélia.

Essas duas provações – o nazismo e o colonialismo –, a que devemos acrescentar o amargo encontro com a França metropolitana e os primeiros fulgores das independências africanas, não constituem apenas experiências fundadoras, mas chaves de leitura de toda sua vida, de seu trabalho e de sua linguagem. Ele surge inteirinho do molde desses acontecimentos e se mantém de pé, firme, no intervalo que ao mesmo tempo os separa e une.[3] É *aí, nessas três clínicas do real*, que nasce, cresce e se esgota o nome de Fanon. A essas três cenas – e, em seu bojo, a injunção de cuidar que atravessa cada uma delas – devemos o essencial de sua palavra, semelhante – em sua beleza dramática, sua fulgurância e seu brilho luminoso – ao verbo crucificado do homem-deus ameaçado pela loucura e pela morte.[4]

1 Este capítulo foi publicado originalmente pelas edições La Découverte, em outubro de 2011, como prefácio do livro *Frantz Fanon Œuvres*, com o título "La quatrième âge de Frantz Fanon", em homenagem aos 50 anos da morte de Frantz Fanon. Tradução de Fernando Scheibe. [N. E.]

2 Frantz Fanon, *Pele negra, máscaras brancas* [1952], trad. Sebastião Nascimento e Raquel Camargo. São Paulo: Ubu Editora, 2020; e *Os condenados da terra* [1961], trad. Ligia Fonseca Ferreira e Regina Salgado Campos. Rio de Janeiro: Zahar, 2022. [N. E.]

3 Ver as duas biografias de referência: David Macey, *Frantz Fanon, une vie*. Paris: La Découverte, 2011; Alice Cherki, *Frantz Fanon. Um retrato*, trad. Rainer Patriota. São Paulo: Perspectiva, 2022.

4 Yelles Mourad, "Frantz Fanon et la création poétique". *Portulan*, n. 3, 2000.

Verbo crucificado e, portanto, inclinado ao sopro e à disseminação, já que, do início ao fim, é sempre questão de gênese, de engendramento de formas novas, de encaminhamento, de interminável criação. É sempre questão do que é iminente, em germe; do que começa, do que nasce, se abre, se cria, surge sob nossos passos, neste aqui e agora, para além até das esperanças humanas, na urgência, a totalidade da vida e o grande mar aberto do mundo revelado ele próprio como tal, carne aberta e prometida ao imprevisto do encontro.

Trata-se sempre, é preciso enfatizar, da luta e do futuro que é preciso abrir, custe o que custar. Essa luta tem por meta produzir a vida, derrubar as hierarquias instituídas por aqueles que se acostumaram a vencer sem ter razão; a "violência absoluta" desempenha, nesse trabalho, uma função desintoxicante e instituinte. Essa luta tem uma tripla dimensão. Visa, em primeiro lugar, destruir aquilo que destrói, amputa, desmembra, cega e provoca medo e cólera – o devir-coisa. Em segundo, tem por função acolher a queixa e o grito do ser humano mutilado, daqueles e daquelas que, destituídos, foram condenados à abjeção; tratar e, eventualmente, curar aqueles e aquelas que o poder feriu, violou e torturou, ou simplesmente deixou loucos. Finalmente, essa luta tem por objetivo fazer brotar um sujeito humano inédito, capaz de habitar o mundo e compartilhá-lo a fim de que sejam restauradas as possibilidades de comunicação e de reciprocidade sem as quais não poderiam existir nem a dialética do reconhecimento nem a linguagem humana.

Fanon chamava esse labor gigantesco de "saída da grande noite", "libertação", "renascimento", "restituição", "substituição", "surgimento", "emergência", "desordem absoluta", ou ainda de "caminhar o tempo todo, noite e dia", "erigir um ser humano novo", "encontrar outra coisa", forjar um novo sujeito humano inteiramente saído da "argamassa do sangue e da cólera", livre do fardo da raça e dos atributos da coisa. Um sujeito quase-indefinível, sempre inacabado, como um desvio que resiste à lei e mesmo a todo limite.

De resto, e bem melhor que outros escritos da época, os textos de Fanon desvelam a extensão dos sofrimentos psíquicos causados pelo racismo e pela presença viva da loucura no sistema colonial.[5] De fato, em situação colonial, o trabalho do racismo visa, em primeiro lugar, abolir qualquer separação entre o eu interior e o olhar exterior. Trata-se de anestesiar os sentidos e transformar o corpo do colonizado numa coisa cuja rigidez lembra a do cadáver. À anestesia dos sentidos se acrescenta a redução da própria vida à penúria extrema da necessidade. As relações do ser humano com a matéria, com o mundo, com a história se tornam simples "relações com a comida", afirmava Fanon. Para um colonizado, acrescentava ele, "viver não é encarnar valores, inserir-se no desenvolvimento coerente e fecundo de um mundo". Viver é simplesmente "não morrer", "manter a vida". E concluía: "É que a única perspectiva é esse estômago cada vez mais encolhido, decerto cada vez menos exigente, mas que é preciso contentar mesmo assim".

Essa anexação do ser humano pela força quase-fisiológica da necessidade e pela matéria do estômago constitui o "tempo de antes da vida", a "grande noite" de que é preciso sair. Esse tempo pode ser reconhecido assim: enquanto ele impera, o colonizado não tem como dar um sentido a sua existência e a seu mundo, tudo o que ele pode é dar um sentido à sua morte. E foi a esclarecer as bases desse diferendo e a infleti-lo em favor das "reservas de vida" que Fanon se dedicou.

Só que mais do que uma obra finalizada, Fanon nos legou uma teia que ele próprio se esforçou por tecer durante uma existência breve, arriscada e, no fim das contas, inaudita. Porque, pano cru, o texto fanoniano apresentou à crítica uma série de dificuldades que foram ao mesmo tempo uma sorte, uma chance – a de poder reescrevê-lo e reinterpretá-lo incessantemente, sem jamais che-

5 Bulhan Hussein Abdilahi, *Frantz Fanon and the Psychology of Oppression*. New York: Plenum, 1985; Youssef Hanafy & Salah A. Fadl, "Frantz Fanon and political psychiatry". *History of Psychiatry*, n. 7, 1996.

gar a se apropriar dele e ainda menos a esgotá-lo.[6] Contudo, ao longo do meio século que se seguiu a sua morte, muitas foram as tentativas de lhe atribuir projetos de natureza política ou teórica.[7] Atualmente, não há região do mundo que não tenha, de alguma maneira, acolhido o nome de Fanon. Uma verdadeira "biblioteca Fanon" nasceu e permitiu a constituição de um campo de estudos proliferante, rizomático e, hoje, de alcance planetário.

Esse campo se desenvolveu em três tempos, os períodos de esquecimento ou de presença espectral alternando com os períodos de "retorno", e a disseminação se dando a cada vez a partir de um diferente foco irradiador.[8] O primeiro desses focos foi a África da era da práxis revolucionária, das grandes lutas de emancipação que abalaram os três primeiros quartos do século XX – as lutas anticoloniais propriamente ditas, as lutas anti-imperialistas e a luta contra o *Apartheid*.

Muito se insistiu sobre a dívida de Fanon para com o existencialismo, a psicanálise e o marxismo, e sobre suas difíceis relações com essas correntes de ideias tão fortes em sua época. Mas ainda não se percebeu toda a importância que teve, para o pensamento em geral, a emergência de uma *práxis anticolonial*, cuja significação foi verdadeiramente universal e de que a África foi um dos

6 Ver Nigel Gibson (org.), *Living Fanon. Global Perspectives*. London: Palgrave Macmillan, 2011.

7 Ver especialmente o famoso prefácio de Jean-Paul Sartre à edição original de *Os condenados da terra*, op. cit., p. 331. Ler também o de Homi K. Bhabha "Recordar Fanon", neste volume, p. 31. E aquele, mais recente, que acompanha a nova tradução de Richard Philcox. Ler ainda a crítica da leitura sartriana de Fanon feita por Judith Butler, "Violence, non-violence: Sartre on Fanon". *Graduate Faculty Philosophy Journal*, v. 27, n. 1, p. 200.

8 Na esfera acadêmica em particular ver os números especiais: H. K. Bhabha, "Recordar Fanon", op. cit.; "After Fanon". *New Formations*, 2002; "Pour Fanon". *Les Temps modernes*, n. 635–36, 2006. Ver também Elo Dacy (org.), *L'Actualité de Frantz Fanon*. Paris: Karthala, 1986; Maxim Silverman (org.), *Frantz Fanon's "Black Skin, White Masks"*. Manchester: New Interdisciplinary Essays, Manchester University Press, 2006.

focos irradiadores ao longo do século XX. A obra de Frantz Fanon faz parte de uma rica tradição africana de reflexão crítica sobre os temas adjacentes do advento do sujeito humano, do renascimento da África e da "desclausura" do mundo.[9] Essa tradição, que data pelo menos do século XIX, é diaspórica, e seus centros se situam nos circuitos do Atlântico.[10] Nela, o movimento das ideias segue geralmente um arco que vai do Caribe aos Estados Unidos antes de voltar à África.[11] A Europa não é aqui mais que um lugar de passagem ou de trânsito.

Com Fanon, no entanto, o deslocamento se opera do Caribe rumo à África. As ideias produzidas no cadinho africano são veiculadas na América, onde são objeto de reapropriação pelos movimentos civis negros e pelos militantes radicais. É o que acontece especialmente durante a segunda metade do século XX, quando, em decorrência das lutas dos povos colonizados contra as potências coloniais europeias, a África se torna um dos laboratórios privilegiados da reflexão sobre a libertação nacional e os problemas da guerra revolucionária,[12] sobre as relações entre racismo e consciência de classe, colonialismo e capitalismo, ou ainda entre o nacionalismo, o panafricanismo e o socialismo. Ao

9 Cedric J. Robinson, *Black Marxism. The Making of the Black Radical Tradition*. London: Zed Press, 1983; William E. B. Dubois, *The World and Africa. An Inquiry into the Part that Africa has Played in World History*. New York: Viking Press, 1947.

10 Paul Gilroy, *O Atlântico negro: modernidade e dupla consciência* [1993], trad. Cid Knipel Moreira. Rio de Janeiro: Editora 34, 2001.

11 Ver Peter J. Yearwood, "'Undergoing Untold Hardships?': The 'Native Shippers' of Lagos and the Origins of West African Nationalism, 1914–1920". *Australasian Review of African Studies*, v. 27, n. 1, 2005; Edward W. Blyden, *Christianity, Islam and the Negro Race*. London: W. B. Whittingham & CO, 1880; P. Gilroy, *O Atlântico negro*, op. cit.

12 Ernesto Che Guevara, *The African Dream. The Diaries of the Revolutionary War in the Congo*. London: Harvil, 2000; William Galvez, *Che in Africa. Che Guevara's Congo Diary*. Melbourne: Ocean Press, 1999; Kwame Nkrumah, *A Handbook of Revolutionary Warfare*. New York: International Publishers, 1968.

longo desse período, um pensamento revolucionário africano ganha corpo em torno da ideia de uma África totalmente emancipada, gozando sem entraves de todas as suas capacidades de autodeterminação e liberada de qualquer laço de vassalagem. Uma África cujo projeto é se constituir enquanto sua força própria, seu próprio centro.

Mas aqui, sobretudo, se confrontaram dois modelos da revolução anticolonial, o modelo gandhiano e o modelo insurrecional argelino.[13] Na origem das teses de Fanon sobre a violência encontra-se a questão histórica de saber como levar a bom termo o processo de descolonização da África. O discurso fanoniano sobre a violência se desenrola sobre um palco racial de que a África do Sul e a Argélia são os dois lugares privilegiados de encarnação. Suas considerações sobre a burguesia nacional se forjam a partir do exame das experiências então novas da Guiné e de Gana. E é a tragédia do Congo que lhe permite compreender a política de potências tão característica das relações internacionais na época da Guerra Fria.[14]

A África não é apenas o lugar a partir do qual ele pensa. Ela é o próprio sujeito desse pensamento, assim como sua matéria. E é à África que esse pensamento se dirige em primeiro lugar. Infelizmente, essa "africanidade" do pensamento de Fanon foi perdida de vista, quando na verdade a África foi o ponto de partida de sua teoria revolucionária e de sua práxis anticolonial. Sem suas reflexões sobre a natureza do campesinato, o poder das "massas" ou o potencial revolucionário das classes *lumpen*, a obra de Amílcar Ca-

13 Neelam Srivastava, "Towards a critique of colonial violence: Fanon, Gandhi and the restoration of agency". *Journal of Postcolonial Writing*, v. 46, n. 3–4, 2010; Hira Singh, "Confronting colonialism and racism: Fanon and Gandhi". *Human Architecture Journal of the Sociology of Self-Knowledge*, n. 5, 2007.

14 Um aspecto fundamental, mas geralmente deixado de lado, do capítulo "Sobre a violência" de *Os condenados da terra*.

bral decerto não teria assumido a forma que acabou por assumir.[15] As trajetórias da luta armada contra o colonialismo português em Guiné-Bissau, em Angola, no Zimbábue e em Moçambique tampouco.[16] Em grande medida, as teses do tanzaniano Julius Nyerere sobre um "socialismo africano", cujos atributos fundamentais seriam aldeões e comunalistas, são uma resposta indireta a *Os condenados da terra*.[17]

Essa temática campesina ecoará até na África do Sul.[18] É ela que vai alimentar sub-repticiamente os sonhos de reforma agrária numa parte da África austral onde, em decorrência da colonização de povoamento, os negros foram despojados de suas terras e confinados em reservas.[19] Logo após as independências, ela servirá igualmente de fundamento a uma tradição intelectual radical que buscou encontrar, nas lógicas sociais endógenas, as alavancas para uma transformação revolucionária.[20] Aliás, de Dar Es Salaam a Joanesburgo, passando por Maputo, essa tradição intelectual contribuirá para uma revisão crítica do marxismo – empreendimento intelectual cuja história infelizmente está longe de ser escrita, mas que prefigura sob muitos aspectos os desenvolvimentos

15 Amilcar Cabral, *Unité et Lutte*. Paris: Maspero, 1975; Peter Worsley, "Frantz Fanon and the 'lumpenproletariat'". *The Socialist Register*, 1972.

16 Samora Machel, *Selected Speeches and Writings*. London: Zed Press, 1985. Ver, no Zimbábue, David Lan, *Guns and Rains. Guerillas and Spirit Mediums in Zimbabwe*. Oxford: James Currey, 1985; e Terence Ranger, *Peasant Consciousness and Guerrilla War in Zimbabwe. A comparative Study*. Oxford: James Currey, 1985.

17 Julius Nyerere, *Ujamaa. Essays on Socialism*. London: Oxford University Press, 1977.

18 Govan Mbeki, *The Peasants' Revolt*. London: Penguin, 1964.

19 Mabogo Percy More, "Fanon and the land question in (post) Apartheid South-Africa", in Nigel Gibson (org.), *Living Fanon*, op. cit.

20 Osendé Afana, *L'Économie de l'Ouest africain*. Paris: Maspero, 1966; Jean-Marc Éla, *L'Afrique des villages*. Paris: Karthala, 1982; Immanuel Wallerstein, *The Capitalist World Economy*. New York: Cambridge University Press, 1979; Goran Hyden, *Beyond Ujamaa in Tanzania. Underdevelopment and an Uncaptured Peasantry*. Berkeley: California University Press, 1980.

teóricos registrados mais tarde em outros continentes (como os *subaltern studies* na Índia ou os movimentos indigenistas radicais na América Latina).[21] A universalidade da obra de Fanon é portanto inseparável de sua "africanidade".

Fora da África, *Os condenados da terra* será recebido como um manual de organização e prática revolucionária. Sobretudo nos meios negros dos Estados Unidos, e depois na África do Sul onde, confrontados à segregação racial, os movimentos pelos direitos civis se apropriarão do livro de Fanon como de uma bíblia.[22] Suas ideias influenciarão não apenas aqueles que buscavam então compreender a dinâmica da libertação anticolonial como também aqueles que se opunham ao mesmo tempo ao imperialismo estadunidense e ao totalitarismo soviético.[23]

A segunda era de Fanon corresponde ao *boom* dos "estudos pós-coloniais" no mundo anglo-saxão dos anos 1980. Se *Os condenados da terra* era a bíblia da era da práxis revolucionária, *Pele negra, máscaras brancas* será um dos livros de cabeceira da virada pós-colonial do pensamento contemporâneo. O último quarto do século XX se caracteriza de fato pelo refluxo de toda perspectiva revolucionária no mundo. A queda da União Soviética consagra a hegemonia do sistema capitalista, o aparente triunfo da democracia de mercado e um esgotamento do marxismo. A redescoberta da "sociedade civil" demonstra *a posteriori* o caráter supostamente anacrônico das teorias da guerra revolucionária. As velhas lutas

21 Dipesh Chakrabarty, "Subaltern History as Political Thought", in Vrajendra Raj Mehta e Thomas Pantham (org.), *History of Science, Philosophy and Culture in Indian Civilization*, v. X, parte 7: *Political Ideas in Modern India*. London: Sage, 2006; Fausto Reinaga, *La Revolución india*. La Paz: Partido Indio de Bolivia, 1969. Ver também Neelan Srivastava & Baidik Bhattacharya, *The Postcolonial Gramsci*. New York: Routledge, 2011.

22 Ver Lou Turner & John Alan, *Frantz Fanon, Soweto, and American Black Thought*. New York: Columbia University Press, 1986.

23 Eric J. Hobsbawm, "Passionate Witness". *New York Review of Books*, 22 fev. 1973; Immanuel Wallerstein, "Reading Fanon in the 21st Century". *New Left Review*, n. 57, maio-jun. 2009.

pela redistribuição atribuíam uma posição eminente aos fatores de classe na transformação das relações de poder e na constituição de formas transversais de solidariedade. Já na "nova questão social", o que está em jogo sobretudo é o reconhecimento das identidades lesadas. Esse novo paradigma atribui um lugar privilegiado às questões da diferença e da alteridade.

O último quarto do século XX é marcado também pela irrupção, em diferentes campos do saber – da filosofia, das artes e da literatura em particular –, de novas correntes intelectuais que, combatendo os postulados eurocêntricos nas ciências humanas, alteraram a maneira de pensar o mundo, a política, a história e a cultura.[24] Um pensamento-mundo se instaura. Ele testemunha, em grande medida, o processo de descentramento do mundo então em curso. O texto fanoniano se torna uma das referências obrigatórias para essas novas viagens planetárias da crítica contemporânea, e Fanon o interlocutor privilegiado a ser relido, refutado ou completado. Em campos tão diversos quanto a crítica literária e artística, a psicanálise e a crítica psiquiátrica,[25] os estudos da raça e das diásporas (*critical race studies*), da diferença de gênero (feminismo, *queer*), dos saberes subalternos (*subaltern studies*), e até da circulação contemporânea de todos os tipos de fluxos (*public culture*), redescobre-se Fanon.[26] Reexaminam-se os

24 Simon Gikandi, "Poststructuralism and Postcolonial Discourse", in Neil Lazarus (org.), *The Cambridge Companion to Postcolonial Literary Studies*. Cambridge: Cambridge University Press, 2004.

25 Ranjana Khanna, *Dark Continents. Psychoanalysis and Colonialism*. Durham: Duke University Press, 2003; Françoise Vergès, "Chains of Madness, Chains of Colonialism: Fanon and Freedom", in Alan Read (org.), *The Fact of Blackness. Frantz Fanon and Visual Representation*. Seattle: Bay Press, 1996.

26 No entanto, essa redescoberta de Fanon assumiu uma forma singular na França, onde, à diferença do mundo anglo-saxão, sua obra foi por muito tempo marginalizada nas instituições acadêmicas, assim como os "estudos pós-coloniais", aliás. Em contrapartida, como muitos dos pensadores negros radicais da época, seus textos são, desde meados dos anos 1980, objeto de uma reapropriação "autodidata" entre as jovens gerações oriundas da imigração.

objetos próprios de suas investigações, o tipo de léxico que ele desenvolveu, seus métodos de análise e a pertinência de suas grades de leitura nas condições contemporâneas.

O contexto é propício. A presença cada vez mais visível de minorias racializadas na Europa relança a interrogação sobre a história da presença europeia no mundo e a história da presença do mundo em seu seio tanto durante quanto depois do Império.[27] Com a globalização das migrações e a circulação de todos os tipos de fluxos, as concepções essencialistas da identidade são contestadas.[28] Os processos de identificação são cada vez menos apreendidos a partir de uma perspectiva ontológica e cada vez mais pelo viés de um sujeito face a seu desejo. Por toda parte se manifesta uma alta do interesse pela análise das relações do sujeito, da linguagem e da representação. O ceticismo diante dos postulados da razão transcendental se torna mais intenso.[29] Uma nova importância é atribuída à heterogeneidade das temporalidades e à reflexão sobre a natureza da ordem democrática, as condições éticas do viver-junto e os modos de relação com outrem e com o mundo.[30]

Em decorrência da virada pós-colonial nas ciências humanas, os debates mais controversos sobre a herança e a atualidade de Fanon se dão então no ponto de intersecção entre a raça, a sexualidade e a psicanálise.[31] De um lado, as preocupações de Fanon

27 Robert J. C. Young, *Postcolonialism. An Historical Introduction*. Oxford: Blackwell, 2001.

28 Arjun Appadurai, *Modernity at Large. Cultural Dimensions of Modernity*. Minneapolis: University of Minnesota Press, 1997.

29 Lewis Gordon, *Fanon and the Crisis of European Man. An Essay on Philosophy and the Human Sciences*. New York: Routledge, 1995; Dipesh Chakrabarty, *Provincializing Europe. Postcolonial Thought and Historical Difference*. Princeton: Princeton University Press, 2000.

30 P. Gilroy, *Against Race. Imagining Political Culture Beyond the Color Line*. Harvard: The Belknap Press of Harvard University Press, 2000; *After Empire. Multiculture or Postcolonial Melancholia*. New York: Routledge, 2004.

31 Gwen Bergner, "Who Is that Masked Woman? Or, the Role of Gender in Fanon's Black Skin, White Masks". *PMLA*, v. 110, n. 1, 1995; Diana Fuss,

com as cisões do eu se tornam objeto de uma retomada e de um prolongamento que visa demonstrar que toda diferença é, no fim das contas, uma questão de relação, de desejo e de ambivalência. De outro, suas teses sobre o poder dos homens e a lei da raça como estruturas elementares da formação do eu em situação colonial servem de ponto de partida para uma crítica da ética do tratamento psiquiátrico.[32]

Mas esse retorno de Fanon também dá ensejo a muitos mal-entendidos. É o caso especialmente do ponto de encontro entre Fanon e as problemáticas feministas e *queer*.[33] Uma parte da crítica feminista e *queer* denuncia de fato a homofobia e a misoginia que marcariam o estudo fanoniano da psicossexualidade. Feitas frequentemente a partir de perspectivas freudianas e lacanianas, essas denúncias são cegas para o fato de que a relação orgânica entre sexualidade, desejo e raça nunca é interrogada no próprio texto freudiano. Ora, para Fanon, essa relação não é simplesmente de ordem analógica. A raça é um objeto pleno ao mesmo título que a sexualidade ou o desejo, e uma relação de coconstituição liga a raça a cada um desses termos.

No momento em que a crítica pós-colonial perde seu fôlego no mundo anglo-saxão, uma terceira era de Fanon desponta no hori-

---

"Interior Colonies: Frantz Fanon and the Politics of Identification". *Diacritics*, 1994; Madhu Dubay, "The 'True Lie' of the Nation: Fanon and Feminism". *Differences*, v. 10, 1998; T. Denean Sharpley-Whiting, Frantz Fanon, *Conflicts and Feminisms*. Lanham (Maryland): Rowman & Littlefield Publishers Inc., 1998.

32 Cristiana Giordano, "Translating Fanon in the Italian Context: Rethinking the Ethics of Treatment in Psychiatry". *Transcultural Psychiatry*, v. 48, n. 3, 2011; Olivier Douville, "Y a-t-il une actualité clinique de Fanon?". *L'Évolution psychiatrique*, v. 71, n. 4, out-dez 2006.

33 J. Butler, *Bodies That Matter. On the Discursive Limits of "Sex"*. New York: Routledge, 1993; *Problemas de gênero. Feminismo e subversão da identidade* [1990], trad. Renato Aguiar. Rio de Janeiro, Civilização Brasileira, 2018; Leo Bersani, *Homos. Re-penser l'identité*. Paris: Odile Jacob, 1998; e Lee Edelman *Homographesis. Essays in Gay Literary and Cultural Theory*. New York: Routledge, 1994.

zonte.[34] Ela é impulsionada pelas transformações do mundo e sua rebalcanização no início deste milênio. Ao sair da descolonização e da Guerra Fria, o mundo entrou numa nova era, a da *contrainsurreição*. O campo dessa contrainsurreição é planetário. Seu objetivo talvez não seja reinstituir pura e simplesmente os velhos laços coloniais, mas ela extrai das velhas técnicas das guerras coloniais uma parte de seus procedimentos.[35] Como as guerras coloniais, a contrainsurreição é justificada pelo velho "dever de civilização".[36] É o que ocorre com as técnicas de ocupação militar de Estados nominalmente independentes ou ainda com a distribuição da violência sob a forma do encarceramento ilegal e da tortura.

O retorno da contrainsurreição vai de par com o retorno das lógicas de extração na esfera econômica e das lógicas de racialização no campo social.[37] Historicamente, a raça sempre foi uma forma codificada de recorte e organização das multiplicidades, de sua fixação, de sua distribuição numa hierarquia e repartição em espaços mais ou menos fechados – *a lógica do cercado*. Esse era o caso dos regimes coloniais de segregação. Na era da contrainsurreição, pouco importa que esta lógica seja posta em prática sob o signo da "religião" ou da "cultura": a raça é o que permite

34 Ver o prefácio de H. K. Bhabha, "Is Frantz Fanon still relevant?", à tradução inglesa de *Os condenados da terra*. New York: Grove, 2004. Ler também Nigel Gibson, "Relative Opacity: a New Translation of Fanon's Wretched of the Earth, Mission Betrayed or Fulfilled?". *Social Identities*, v. 13, n. 1, 2007; e "Is Fanon relevant? Toward an Alternative Foreword to The Damned of the Earth". *Human Architecture Journal of the Sociology of Self-Knowledge*, 2007.

35 Derek Gregory, *The Colonial Present. Afghanistan, Palestine, Iraq*. Oxford: Blackwell, 2004.

36 Robert Cooper, *The Breaking of Nations. Order and Chaos in the Twenty-First Century*. London: Atlantic Books, 2003; Alastair Bonnett, *The Idea of the West. Culture, Politics and History*. London: Palgrave MacMillan, 2004.

37 Simone Browne, "Digital Epidermalization: Race, Identity and Biometrics". *Critical Sociology*, v. 36, n. 1, 2010; Anna M. Agathangelou, "Bodies to the Slaughter: Global Racial Reconstructions, Fanon's Combat Breath, and Wrestling for Life". *Somatechnics*, v. 1, n. 2, 2011.

identificar e definir grupos de "populações" na medida em que cada uma delas seria portadora de riscos diferenciais e mais ou menos aleatórios.

Nesse contexto, os novos processos de racialização visam marcar esses grupos de populações, fixar o mais precisamente possível os limites dentro dos quais elas podem circular, determinar o mais exatamente possível os lugares que podem ocupar; em suma, garantir as circulações num sentido que permita afastar as ameaças e manter a segurança geral. Trata-se de triar esses grupos de populações, de marcá-los ao mesmo tempo como "espécies", como "séries" e como "casos" dentro de um cálculo generalizado do risco, do acaso e das probabilidades, de maneira a poder prevenir os perigos inerentes à sua circulação e, se possível, neutralizá-los de antemão, frequentemente pelo encarceramento ou pela deportação. A raça, desse ponto de vista, funciona ao mesmo tempo como ideologia, dispositivo de segurança e de tecnologia de governo das multiplicidades. Ela é o meio mais eficaz de abolir o direito no próprio ato pelo qual se pretende erigir a lei.

Não é de surpreender que, nessas condições, o nome de Fanon continue a se escrever no presente e no futuro.[38] Tampouco é de surpreender que essa nova escrita do nome de Fanon comece, mais uma vez, pela crítica da violência e termine pela crítica da vida enquanto provação de si mesmo e do mundo.[39] Tomar a cargo o sofrimento do ser humano que luta, descrevê-lo e compreendê-lo de tal maneira que desse saber e dessa luta brotasse um novo ser humano, foi de fato o projeto de Fanon. A fim de realizá-lo, ele buscou, incessantemente, dizer o tempo em que a experiência da vida se desenrolava, sua diferença e sua novidade.

38 Ver Stuart Hall, "A vida após a morte de Frantz Fanon", neste volume, p. 79.

39 Achille Mbembe, "Necropolitics", *Public Culture*, v. 15, n. 1, 2003; *Sortir de la grande nuit*. Paris: La Découverte, 2010. Ler também: p. Gilroy, "Fanon and Améry. Theory, Torture and the Prospect of Humanism". *Theory, Culture & Society*, v. 27, n. 7–8, 2010; Nelson Maldonado-Torres, *Against War. Views From the Underside of Modernity*. Durham: Duke University Press, 2009.

A consciência histórica de Fanon foi particularmente sensível à sua própria inscrição no tempo, o tempo colonial por certo, o tempo das guerras e dos sofrimentos que elas engendram no plano psíquico, mas ainda mais o tempo do mundo. Desse tempo do mundo, o "negro" era a figura epifânica já que no "negro" a própria ideia de raça encontrava seu lugar de esgotamento.

DECOLONIZAÇÃO DO SUJEITO E RESISTÊNCIA DO SINTOMA: CLÍNICA E POLÍTICA EM *OS CONDENADOS DA TERRA*

GUILLAUME SIBERTIN-BLANC

[2014]

Este artigo[1] interroga o estatuto da questão clínica em *Os condenados da terra*. Parte da hipótese de que a guerra de libertação nacional não lhe fornece simplesmente um novo contexto de formulação e uma nova urgência; ela modifica em profundidade sua problemática, transformando, assim, a própria maneira de ler o texto fanoniano não só quando este coloca explicitamente em jogo uma enunciação psiquiátrica, mas mesmo quando esta parece se apagar diante da análise propriamente política. Que luz a luta pela libertação projeta deste modo sobre a hermenêutica clínica e sobre as condições e os desafios de uma decolonização dos saberes psiquiátricos?

Para uma historiografia crítica que investigue o papel matricial da dominação colonial na formação do saber-poder psiquiátrico e, em contrapartida, a importância do discurso psicopatológico na racialização do "indígena", a obra de Frantz Fanon permanece uma contribuição pioneira e das mais incisivas.[2] Enunciadas a partir do duplo epicentro clínico (o hospital de Blida-Joinville e a École d'Alger) e político (a Argélia em guerra) da psiquiatria colonial francesa, as análises de Fanon psiquiatra e militante chegaram mesmo a abrir para esse trabalho crítico um campo de investigação genealógico para além dos contornos que o engajamento lhe impunha

1 Este texto foi publicado originalmente como "Décolonisation du sujet et résistance du symptôme: Clinique et politique dans *Les Damnés de la terre*", in *Cahiers philosophiques*, n. 138, 2014. Tradução de Fernando Scheibe. [N. E.]

2 Entre as contribuições notáveis a esse empreendimento, ver Jean-Michel Bégué, *Un siècle de psychiatrie française en Algérie* (1830–1839). Paris: Faculté de Médecine Saint-Antoine (tese de psiquiatria), 1989; Robert Berthelier, *L'Homme maghrébin dans la littérature psychiatrique*. Paris: L'Harmattan, 1994; Jock MacCulloch, *Black Soul, White Artifact: Fanon's Clinical Psychology and Social Theory*. Cambridge: Cambridge University Press, 1983; J. McCulloch, *Colonial Psychiatry and "the African Mind"*. Cambridge: Cambridge University Press, 1995. Quanto às contribuições psiquiátricas do próprio Fanon, lembremos que um certo número de seus escritos foi reeditado no número da revista *L'Information psychiatrique* que foi dedicado a ele em 1975 (v. 51, n. 10, pp. 1043–176). Agradeço calorosamente a Matthieu Renault pela rica documentação que me propiciou a esse respeito.

na urgência da conjuntura, seja para interrogar os efeitos das elaborações da psiquiatria colonial sobre a clínica metropolitana, as construções psiquiátrico-judiciais de uma "criminologia científica" de que as "nosologias comparadas do norte-africano" constituirão uma matriz discursiva nodal, seja para apontar a persistência de construções narrativas características da psiquiatria colonial em certas abordagens não críticas da etnopsiquiatria contemporânea.[3] No próprio Fanon, contudo, essa tarefa parece ter se enunciado de diferentes pontos de vista que não se superpõem exatamente. Dos capítulos de *Pele negra, máscaras brancas* (1952) sobre o "pretenso complexo de dependência do colonizado" e a psicopatologia do "negro"[4] às análises de 1959 a respeito da sobredeterminação da relação terapêutica pelo contexto colonial[5] e à desmontagem do estereótipo da "impulsividade criminosa do norte-africano" que conclui as "notas psiquiátricas" recolhidas em 1961 no último capítulo de *Os condenados da terra*,[6] não há apenas amplificação de uma mesma crítica. Observa-se aí um deslocamento precipitado pela eclosão da própria guerra de libertação, que levou Fanon a interrogar a luz que a práxis revolucionária projetava sobre os mecanismos da alienação

3 Para uma visão geral desses diferentes aspectos, consultar o artigo de síntese de René Collignon, "La psychiatrie coloniale française en Algérie et au Sénégal: esquisse d'une historicisation comparative". *Tiers-Monde*, v. 47, n. 187, 2006, pp. 527–46. Desenvolvimentos mais consequentes serão encontrados nas atividades da Associazione Frantz Fanon criada em Torino por Roberto Beneduce em 1997 (associazionefanon.org); cf. Roberto Beneduce, "L'apport de Frantz Fanon à l'ethnopsychiatrie critique". *Vie sociale et traitements*, n. 89, 2006, pp. 85–100.

4 Frantz Fanon, *Pele negra, máscaras brancas* [1952], trad. Sebastião Nascimento e Raquel Camargo. São Paulo: Ubu Editora, 2020, respectivamente capítulo IV (compreendendo a famosa discussão sobre a *Psychologie de la colonisation* [1950] de Octave Mannoni) e capítulo VI.

5 Id., *O ano V da Revolução Argelina* [1959], trad. Thalles Castro. São Paulo: Companhia das Letras, 2025, capítulo IV "Medicina e colonialismo".

6 Id., *Os condenados da terra* [1961], trad. Ligia Fonseca Ferreira e Regina Salgado Campos. Rio de Janeiro: Zahar, 2022, capítulo V: " Guerra colonial e distúrbios mentais".

psíquica na colônia, sobre as repercussões complexas da luta de libertação na hermenêutica clínica e sobre as condições e desafios de uma decolonização dos saberes psicopatológicos e psiquiátricos.

São as particularidades desse ponto de vista *em conjuntura* que gostaríamos de interrogar aqui. Trata-se de reexaminar a maneira como a questão clínica é colocada do interior, por assim dizer, da guerra de libertação nacional, partindo da hipótese de que esta não lhe fornece apenas um novo contexto de formulação e uma nova urgência (o que evidentemente também é o caso), mas modifica em profundidade sua problemática e transforma, assim, a própria maneira de ler o texto fanoniano, não só quando este coloca explicitamente em jogo uma enunciação psiquiátrica, mas também quando esta parece se apagar diante da análise propriamente política. Isso levará, mais exatamente, a interrogar aquilo que desestabiliza essa divisão ela própria, ou a maneira como a questão clínica continua a contaminar a análise política, já que o estatuto do *sintoma* no pensamento fanoniano se decide talvez tanto nessa incerteza das fronteiras entre clínica e política como nas vinhetas de distúrbios mentais coletadas pelo médico psiquiatra.[7]

Para tornar essa hipótese mais precisa, partiremos do último capítulo de *Os condenados da terra*, onde, apoiando-se de maneira ostensiva em sua posição de clínico, colocando em cena inclusive a incongruência de que se poderia acusá-lo ao termo do livro, Fanon é levado a detalhar os efeitos do contexto de guerra colonial e de

7 Ao menos é nesse sentido que, numa posteridade ainda mal conhecida do pensamento de Fanon, a "esquizoanálise" de Deleuze e Guattari poderá reivindicá-lo: ver Gilles Deleuze e Félix Guattari, *L'Anti-Œdipe*. Paris: Éditions de Minuit, 1972, pp. 114 ss., pp. 198–210; Elina Caire, *Identités, identifications et subjectivations chez Frantz Fanon*. Tese de filosofia, UFR Lettres, musique, philosophie de l'Université Toulouse 2 Le-Mirail, 2012; e Guillaume Sibertin-Blanc e Stéphane Legrand, "Capitalisme et psychanalyse: l'agencement de subjectivation familialiste", em Jean-Christophe Goddard e Nicolas Cornibert (dir.), *Ateliers sur L'Anti-Œdipe*. Milan: Mimesis Edizioni / Genève, MétisPress, 2008, pp. 77–115.

guerra de libertação não apenas sobre as produções sintomáticas dos sujeitos que são seus agentes e pacientes (objeto explícito do capítulo) como também sobre as *estratégias críticas* que um pensamento clínico decolonial deve pôr em prática e sobre a incidência da dinâmica da luta de libertação sobre essas estratégias. A partir daí, voltaremos seletivamente aos primeiros capítulos do livro de 1961 para examinar esse jogo de contaminação da análise política pela questão clínica e as tensões que daí resultam entre o que Fanon diz dos efeitos subjetivos da luta de libertação (em particular do ponto de vista das economias psicopolíticas da violência e dos efeitos psiquicamente desalienantes que ele atribui à politização da contraviolência decolonial) e aquilo que se faz ouvir no registro mais implícito, mas em certo sentido também mais "material", das *estratégias de escrita* de Fanon, de suas modalidades enunciativas, de seus procedimentos de colocação em voz, enfim, da construção dos "sujeitos", atores ou actantes que a narração fanoniana faz falar e lutar. Procedimentos que tendem a intrincar num *mesmo espaço textual* não apenas uma "fenomenologia do espírito decolonial" e uma análise tática e estratégica do movimento de libertação (*Os condenados da terra* é incontestavelmente os dois), mas também um *espaço analítico* de colocação em jogo – de localização, repetição e deslocamento – de um certo "trabalho do sintoma" numa dimensão de *excesso* tanto em relação à narrativa dialética da consciência anticolonial conquistando sua liberdade como em relação à "análise concreta da situação concreta" que decifra as relações de forças em que a luta de libertação se desenvolve.

A ENTRADA NA GUERRA: HERMENÊUTICA CLÍNICA E REVIRAVOLTA NA PSICOSE

A abertura do capítulo "Guerra colonial e distúrbios mentais" nos coloca no cerne de nosso problema. Fanon começa por indicar o deslocamento que a conjuntura então vigente impõe às análises que ele tinha desenvolvido quase dez anos antes. Não se trata apenas de interrogar os impasses psíquicos em que o racismo europeu coloca "o negro", nem os pontos cegos dos saberes psicológicos e psicopatológicos forjados na metrópole diante das construções subjetivas dos colonizados. Trata-se também de analisar o tipo de construções sintomáticas provocadas pela dominação colonial *no momento em que ela é contestada pela guerra de libertação nacional* e as patologias *produzidas por essa própria guerra de descolonização.* É bom distinguir assim dois problemas: o dos efeitos patógenos da "situação colonial" e o dos "distúrbios mentais *originários da guerra de libertação nacional conduzida pelo povo argelino*".[8] Não há dúvida de que eles podem ser situados um na continuidade do outro: veremos inclusive a importância disso para a especificidade das formas traumáticas do sintoma na Argélia, segundo Fanon, em relação àquelas com que a clínica europeia se preocupou ao final das duas guerras mundiais. Mas essa continuidade traz o risco de obliterar a dificuldade subjacente, que diz respeito não tanto aos conteúdos do saber clínico mobilizável – categorias nosológicas, tabelas sintomatológicas ou esquemas etiológicos (o próprio Fanon avisa no início do capítulo que se limitará quanto a isso a indicações sumárias) – quanto à própria possibilidade de uma enunciação clínica, de um ponto de vista clínico, de uma escuta da experiência singular que um sujeito faz de sua doença. Forçando um pouco a mão por razões

8 F. Fanon, *Os condenados da terra*, op. cit., p. 251. Grifo nosso. É o próprio objeto sobre o qual Fanon, já no inverno de 1954–55, se vê interpelado pela revolução argelina, quando Pierre Chaulet e a associação Amitiés Algériennes se encarregam da demanda urgente vinda dos polos de resistência "que se viam confrontados aos problemas colocados por combatentes atingidos por distúrbios mentais e que precisavam da intervenção de um psiquiatra 'seguro'" (Alice Cherki, *Frantz Fanon, un portrait*. Paris: Éditions du Seuil, 2000, pp. 115–16). Como lembra Cherki, "num primeiro momento, portanto, Fanon não é contactado pela revolução argelina como pensador, mas como médico – um médico cujas posições anticolonialistas por certo se tornaram públicas, mas que pode sobretudo ajudar prática e materialmente os combatentes", ibid., p. 116.

heurísticas, a fim de explicitar sua dificuldade, essa possibilidade parece vir acompanhada de duas observações (que são também, no cruzamento da vida e da obra, duas "apostas") que reduzem seu espaço de formulação e, em última instância, apontam seus limiares de anulação. A primeira diz respeito à constatação feita por Fanon no momento da passagem da luta por independência à guerra de libertação, constatação que o leva a abandonar suas funções no hospital psiquiátrico de Blida: a saber, essa "aposta absurda", como escreve em sua carta de demissão em dezembro de 1956, "de querer, custe o que custar, fazer existir alguns valores quando o não-direito, a desigualdade, o assassínio multi-cotidiano do ser humano estavam erigidos em princípios legislativos", de querer desalienar indivíduos num país onde o autóctone, "alienado permanente em seu país, vive num estado de despersonalização", de querer tornar o indivíduo menos estranho a seu mundo num mundo que organiza "uma desumanização sistemática".[9] Do outro lado, encontramos as análises do primeiro capítulo de *Os condenados da terra* sobre as transformações das economias psíquicas da violência e da agressividade na passagem a uma luta ofensiva contra o sistema colonial, transformações que tendem a fazer desaparecer as formas mais virulentas de autoagressão, de acabrunhamento melancólico e de conduta suicida.[10] Em suma, a

9 F. Fanon, "Carta ao ministro residente", trad. Raquel Camargo, in *Alienação e liberdade*: *escritos psiquiátricos* [1951–60], trad. Sebastião Nascimento. São Paulo: Ubu Editora, 2020, p. 293. Sobre as condições da demissão de Fanon em Blida, por ocasião de uma greve severamente reprimida do pessoal de enfermaria sindicado pela UGTA (União Geral dos Trabalhadores Argelinos), mas também num contexto de repressão geral cada vez mais violento, ver A. Cherki, op. cit., pp. 130–32 ("O Hospital Psiquiátrico de Blida era considerado como um verdadeiro ninho de *fellaghas* [militantes anticolonialistas armados]. [...] Ele toma essa decisão unicamente para protestar contra a repressão dessa greve ou porque se sabia ameaçado a curto prazo, ou ainda porque seus laços com os dirigentes da FLN estavam se estreitando? Difícil decidir, e ele próprio, provavelmente, não o fez...").

10 Ver especialmente F. Fanon, *Os condenados da terra*, op. cit., p. 29.

psiquiatria, que já era impossível, se torna aqui tendencialmente inútil. Por um lado, sua aposta é tornada absurda pelo sistema de alienação, tanto subjetiva quanto objetiva, orquestrado pelo poder colonial: "Como manter, em semelhante contexto, uma atitude subjetiva que consiste em desalienar e que se encontra então em ruptura total com o real do momento? É esse impasse que Fanon designa em sua carta de demissão".[11] Por outro, essa aposta só deixa de ser absurda ao passar desse campo psiquiátrico foracluído para o terreno político imediato onde a heurística clínica se apagaria, reabsorvida pela tarefa política de afastar a contraviolência e a reorientar para objetivos de libertação capazes de modificar sua economia psíquica, seus objetos e objetivos.[12] Mas é precisamente essa continuidade radicalmente *suturada* entre a situação colonial (em que a clínica é tendencialmente impossível) e a situação de guerra de descolonização (em que o projeto de uma clínica desalienante seria em última instância realizado pelo próprio movimento de libertação nacional) que os "distúrbios mentais originários da própria guerra de libertação nacional" vêm interromper. Eles condensam, de fato, aquilo que está em jogo, de maneira altamente sobredeterminada, na crítica da psiquiatria colonial, elementos inextricavelmente clínicos, epistemológicos e políticos. Eles convocam a especificar as incidências da guerra na colônia sobre as formações sintomáticas a que a clínica se confronta; mas exigem também que se meçam as implicações dessa guerra para uma hermenêutica clínica que, mobilizada tanto pela guerra colonial como pela guerra de libertação, se vê inelutavelmente *politizada* em todas as dimensões de seus "saberes" (sintomatológicos, nosográficos, etiológicos), assim como de suas práticas (psiquiátricas e transferenciais, institucionais e subjeti-

11 A. Cherki, op. cit., p. 131.

12 A questão, como se sabe, estará de novo no centro da análise do estereótipo da "impulsividade criminosa do norte-africano" no final do último capítulo.

vas).[13] Ao interrogar a maneira como os processos psíquicos estão brutalmente articulados com os fatores da guerra colonial e decolonial então em curso, a análise de Fanon leva simultaneamente a *estender o campo da guerra* às produções do sintoma e a *interiorizar o problema da abordagem clínica do sintoma* nas dialéticas de violência e de contraviolência da guerra. O mais surpreendente é então que essa dupla inclusão, ou essa "síntese disjuntiva" do clínico e do político, longe de confundir seus planos respectivos, é aquilo mesmo que reabre paradoxalmente um espaço clínico de escuta para a singularidade subjetiva do sintoma.

13 Notemos simplesmente, quanto à mobilização repressiva da prática psiquiátrica como tal pelo exército colonial, que ela forma um subtexto bastante transparente das vinhetas clínicas do último capítulo de *Os condenados da terra*. Fanon ali aponta diversas vezes a utilização por militares franceses de instrumentos supostamente terapêuticos para fins de tortura: certas substâncias químicas utilizadas como neurolépticos que os torturadores usavam como "soro da verdade"; os eletrochoques desviados para fins de tortura por descargas elétricas; ou ainda, de maneira talvez mais inesperada, técnicas de "lavagem cerebral" e de recondicionamento psicológico que, segundo Fanon, seriam um desvio das técnicas de sociodrama desenvolvidas no pós-guerra nos Estados Unidos, provocando uma espécie de hiperplastia do eu, desestruturando as identificações ao fazê-las deslizarem umas sobre as outras ao sabor das injunções ou interpelações (F. Fanon, *Os condenados da terra*, op. cit., pp. 249 ss.). Até onde sei, Fanon, assim como a maioria dos psiquiatras da época, não contestou as práticas de sismoterapia por si mesmas. Também se pode considerar, de maneira geral, que uma transferência de técnicas não compromete incondicionalmente seu uso em seu domínio de emprego inicial. Note-se, contudo, que, no que diz respeito ao sociodrama, que ele praticará no centro neuropsiquiátrico de Tunis, Fanon insistirá para que se evitem nele "situações fictícias": "Assim, damos prioridade às biografias de pacientes expostas pelos interessados. Essa exposição, ao longo da qual o paciente mostra, comenta e confronta as próprias respostas aos conflitos, provoca posicionamentos, críticas e reservas da parte dos ouvintes. Correlativamente, o paciente tenta se justificar por meio de suas condutas, o que reintroduz a prioridade da razão em detrimento das atitudes fantasmáticas e imaginárias", F. Fanon, "A internação diurna na psiquiatria: valor e limites", in *Alienação e liberdade*, op. cit., p. 83.

Podemos ter um primeiro vislumbre disso voltando à maneira como Fanon, dedicando-se a especificar as afecções traumáticas observadas na Argélia e depois na Tunísia,[14] discute a nosologia dos traumas de guerra produzida na Europa desde a Primeira Guerra Mundial.[15] Ele chama a atenção especialmente para a extensão que a categoria de "psicose relacional" ganha a partir do momento em que se percebe que o "acontecimento desencadeador" do processo patológico, embora possa em certos casos ser identificado como tal, se confunde em muitos outros com a extrema-violência da guerra como fato social total, uma guerra que não se distingue apenas em intensidade e em poder "exterminista" das guerras europeias,[16] mas pela maneira como precipita a segmentação racial, a heterogeneidade social, a desumanização rotinizada, a destruição de mundo que o regime colonial *já* organizava. É nesse sentido que "essa guerra colonial é original até mesmo na patologia que ela secreta". As figuras extremas de fragmentação e despersonalização psicóticas, a virulência das formas melancólicas de culpa e das condutas de autoagressão, os sintomas mortíferos que invadem o real do corpo, o esvaziamento das palavras e a destruição da função simbólica e de seus materiais socioculturais catalisam numa sintomatologia traumática um trauma que já tecia o pano de fundo da clínica

14 Sobre a atividade clínica de Fanon na Tunísia, no hospital psiquiátrico de Manouba e depois no hospital Charles-Nicolle de Tunis, e seu engajamento constante em ligação com a organização sanitária da FLN, ver A. Cherki, op. cit., pp. 163–66.

15 "A psiquiatria clínica, via de regra, classifica os diferentes distúrbios apresentados por nossos pacientes sob a rubrica 'psicoses reacionais'. Ao fazer isso, privilegia-se o acontecimento que desencadeou a doença [...] Parece-nos que, nos casos aqui apresentados, o acontecimento desencadeador é principalmente a atmosfera sanguinária, implacável, a generalização de práticas desumanas, a tenaz impressão que as pessoas têm de assistir a um verdadeiro apocalipse", F. Fanon, *Os condenados da terra*, op. cit., p. 253.

16 Cf. Bertrand Ogilvie, *L'Homme jetable: essai sur l'exterminisme et la violence extrême*. Paris: Amsterdam, 2012.

na colônia nessa situação de "colonização bem-sucedida".[17] Essa colônia já não era outra coisa senão uma situação de guerra materializada, incorporada nas próprias formas da objetividade social, econômica, institucional, jurídica e militar do Estado colonial. Uma primeira consequência dessa análise parece ser então a *impossibilidade de assinalar* uma diferencial *clínica* entre a situação de colonização bem-sucedida e a situação de guerra colonial. A menos que ela seja identificada numa diferencial imediatamente *política*, a saber: esse índice de *resistência* à violência e à opressão coloniais cuja marca Fanon vê com tanta frequência no cerne das sintomatologias dos colonizados e que é também uma maneira de fazer a patologia dizer que a colonização nunca é absolutamente "bem-sucedida". Mas para que ela o diga é preciso ainda identificar suas implicações para a própria *linguagem* da enunciação clínica. O trabalho realizado por Fanon sobre o conceito metapsicológico de *mecanismo de defesa* é emblemático sob esse aspecto. Sem deixar de retomar uma acepção econômica das defesas do eu[18] para qualificar o dispositivo etiológico principal que está na base dos quadros altamente psicotizantes a que se confronta a psiquiatria na colônia,[19] ele ressemantiza simultaneamente essa noção num registro agonístico e militar. Ou melhor: atribui novamente uma literalidade política a noções que a psicologia clínica tinha metaforizado para integrá-las à sua

17 F. Fanon, *Os condenados da terra*, op. cit., p. 253.

18 Fanon na verdade desvia a ideia de "para-excitações" forjada por Freud em sua primeira tópica, ou seja, as operações por meio das quais o sistema percepção-consciência obsta a efração de excitações externas inintegráveis psiquicamente e, portanto, que escapam a qualquer economia da energia psíquica em termos de "acumulação" e de "descarga".

19 "As posições defensivas procedentes dessa confrontação violenta do colonizado e do sistema colonial organizam-se numa estrutura que revela então a personalidade colonizada. Para compreender essa 'sensitividade', basta simplesmente estudar, calcular o número e a profundidade das feridas infligidas a um colonizado durante um único dia passado no âmago do regime colonial", F. Fanon, *Os condenados da terra*, op. cit., p. 252.

conceptualidade (a exemplo da metáfora da guarnição que sitia uma cidade conquistada com que Freud oferecia uma imagem do trabalho "civilizacional" realizado pela instância do superego).[20] É esse jogo de condensação clínico-política do conceito de defesa que orienta então o levantamento fanoniano tanto das patologias produzidas pela opressão como dos mecanismos patogênicos da resistência à opressão.

> No período de colonização não contestada pela luta armada, quando a soma das excitações nocivas ultrapassa um certo patamar, as posições defensivas dos colonizados desmoronam, e estes se veem então em grande número nos hospitais psiquiátricos. Há, portanto, nesse período calmo de colonização bem-sucedida, uma regular e importante patologia mental produzida diretamente pela opressão.[21]

Em outras palavras, essa patologia mental não é produzida por uma exacerbação dos mecanismos de defesa que poderia assimilá-la àquilo que a nosologia europeia identificou como neurose de defesa ou psiconeurose narcísica. Ela atesta, ao contrário, a *impossibilidade* dessa saída psicótica ou a impossibilidade de qualquer reconstrução narcísica capaz de amenizar o desmoronamento das estruturas do eu. Somos tentados assim a qualificar a situação clínica "normal", na hora sem sombra da "calma colônia", como uma situação de *traumatismo permanente*, quando as defesas caem a ponto de tornar impossível uma entrada na psicose, entrada que exigiria ao menos o investimento narcísico por meio do qual um sujeito seria ainda capaz de lidar com seu sintoma. Afirmar, como faz Fanon, que "a colonização, em sua

20 "A civilização controla então o perigoso prazer em agredir que tem o indivíduo, ao enfraquecê-lo, desarmá-lo e fazer com que seja vigiado por uma instância no seu interior, como por uma guarnição numa cidade conquistada", Sigmund Freud, "O mal-estar na civilização", in *Obras completas,* v. 18, trad. Paulo César de Souza. São Paulo: Companhia das Letras, 2010, p. 59.

21 F. Fanon, *Os condenados da terra*, op. cit., p. 253.

essência, já se apresentava como uma grande fornecedora para os hospitais psiquiátricos", certamente não equivale a dizer que ela aí dava lugar à loucura. Já se evocou como, ao abdicar de suas responsabilidades de médico-chefe do hospital de Blida-Joinville no final de 1956, ele respondeu a esse esmagamento de qualquer recepção clínica da loucura como uma última *possibilidade de liberdade humana*.[22] Mas a recíproca disso é que a subjetivação da resistência à opressão assumirá inevitavelmente o aspecto de uma reconstrução de mecanismos de defesa, ou seja, a reabertura de uma *produtividade* do sintoma psicótico, dando a entender que um vetor de psicotização acompanha sempre e necessariamente suporta a instauração de uma consciência anticolonial. Tudo se passa como se esses mecanismos de defesa, no processo patológico que os exacerba, testemunhassem simultaneamente a reconstrução de uma capacidade política ou como que uma potencialidade "metapolítica" de adversidade, nas próprias estruturas do sujeito em sofrimento. Que a luta de libertação suscite e talvez passe *necessariamente* por modalidades de psicotização da subjetividade certamente não leva a idealizá-las, a minimizar os ferimentos psíquicos que lhes servem de fundo e a fantasiar uma reabsorção de seu tratamento clínico na luta política pela libertação.

> Hoje, a guerra de libertação nacional que o povo argelino mantém há sete anos, porque ela é total entre o povo, tornou-se um terreno favorável para a eclosão de distúrbios mentais. [...] E durante anos

22 Ver, *a contrario*, o balanço crítico das experiências levadas a cabo no hospital Charles-Nicolle de Tunis para acolher a doença mental como "verdadeira patologia da liberdade": F. Fanon, "A internação diurna na psiquiatria: valor e limites (2)", in *Alienação e liberdade*, op. cit., pp. 85–101. Cf. a seção dedicada por Fanon a Jacques Lacan em sua tese de exercício em medicina "Um caso de doença de Friedreich com delírio de possessão: alterações mentais, modificações de caráter, distúrbios psíquicos e déficit intelectual na heredo-degeneração espinocerebelar", in ibid., pp. 369 ss.

> ainda teremos que cuidar das múltiplas feridas, por vezes indeléveis, causadas a nossos povos.[23]

Esse é o paradoxo ao redor do qual gira o último capítulo de *Os condenados da terra*, e a razão pela qual Fanon lhe dá essa posição terminal, não sem tensão com proposições feitas no primeiro capítulo. Se a guerra de libertação incontestavelmente suscita, segundo ele, toda uma série de impasses subjetivos eles próprios patógenos, a começar por um remanejo mais plástico, menos mortífero e autodestrutivo das moções agressivas, isso não equivale a fazer dela um processo terapêutico! É que a guerra de libertação, fazendo muito menos, já faz isto: reabrir um campo clínico no seio de um espaço político de onde ele estava literalmente foracluído. Ela relança o problema clínico, obriga a recolocá-lo. Não anuncia de modo algum sua dissipação no interior do processo político de libertação; faz com que sua aposta, minimamente – mas já sendo muito –, deixe de ser absurda.

DIALÉTICA DO FIM DO MUNDO: A POSSIBILIDADE ANTICOLONIAL DA LOUCURA

Uma nova perspectiva interpretativa se vê assim aberta. Com base nas análises precedentes, a questão nodal suscitada por Fanon é saber *onde* e de que forma a resistência política começa "*dentro* do sujeito" – ou, de maneira ainda mais paradoxal para o entendimento político: face ao sujeito, no sintoma em que ele se apoia e nas modalidades de deslocamento de seu gozo em seu sintoma. Mas essa questão nodal é também, correlativamente, do ponto de vista da leitura do texto fanoniano, a de tornar audível o jogo de escrita por meio do qual ela própria é submetida a uma *dupla inscrição*, e a maneira como a inscrição clínica e a inscrição

23 F. Fanon, *Os condenados da terra*, op. cit., p. 251, 253.

política da subjetivação decolonial se revezam, interferem uma na outra, tornam-se às vezes indecidíveis. Quando, por exemplo, Fanon escreve que "o acontecimento desencadeador [da psicose dita relacional] é principalmente a atmosfera sanguinária, implacável, a generalização de práticas desumanas" e "a tenaz impressão que as pessoas têm de assistir a um verdadeiro apocalipse"; ou ainda que é "essa guerra colonial que muito frequentemente toma a forma de um autêntico genocídio" e "que perturba e deteriora o mundo",[24] ele diz em realidade duas coisas, ou envolve num mesmo enunciado dois planos de enunciação cuja dissociação é significativamente dificultosa no livro de 1961. Ele qualifica essa guerra na violência de sua objetividade histórica, mas também faz ouvir o *sentido vivido* (ideia, afeto ou fantasia; pouco importa por enquanto) em que essa violência é enfrentada, a *Erlebnis* dessa guerra ou a maneira como um sujeito, ainda que num *pathos* que, no entanto, não é uma simples "passividade", se dá a viver algo como um "fim do mundo". A insistência de Fanon nessa atmosfera de "desmoronamento material e moral", de algo como um "verdadeiro apocalipse", não deixa de ser legível nestes dois níveis: que ela derive de uma hiperbolização tributável à retórica do escritor Fanon que busca exprimir a violência "ultraobjetiva" da conjuntura[25] não impede que escutemos nela aquilo que, do ponto de vista da subjetividade colonizada, assume a positividade paradoxal de uma *experiência* em vias de voltar a ser possível, mesmo que sob a forma "ultrassubjetiva" de uma dialética no extremo entre desmoronamento do mundo e reconstrução do mundo. É tentador aqui ligar essa experiência do fim do mundo à análise freudiana da "tentativa de cura" operada pelo delírio psicótico conhecido precisamente como "reconstru-

24 Ibid., p. 253.

25 Etienne Balibar, *La Crainte des masses*. Paris: Galilée, 1997, pp. 39–53; *Violence et civilité: "Welleck Library Lectures" et autres essais de philosophie politique*. Paris: Galilée, 2010, pp. 86 ss., 107 ss.

ção".[26] É ainda mais convincente voltar ao trabalho que François Tosquelles tinha realizado em 1948, quatro anos antes de Fanon se juntar a ele na clínica Saint-Alban, em sua tese de medicina dedicada justamente a essa *Erlebnis*, a esse "caráter de verdadeira experiência vivida das ideias delirantes ou das fantasias do fim do mundo", tão impressionante nas psicoses, mas que pode se desenvolver em formas clínicas das mais variadas, obsessionais ou delirantes, alucinatórias ou intuitivas, passionais ou intelectuais, à base de "lembranças de ensino religioso" ou de "construções paracientíficas", de "criações estéticas" ou ainda (mas Tosquelles nada diz sobre isso) de engajamentos políticos.[27] Aliás, Tosquelles não deixava de evocar as teses de Freud sobre a ideia delirante de fim do mundo como elaboração da retirada dos investimentos libidinais de objeto ("O fim do mundo é a projeção dessa catástrofe interna, pois o universo subjetivo do doente acabou desde que ele retirou seu amor dele") e do trabalho do delírio como reconstrução de uma "neorrealidade" por modificação autoplástica do eu.[28] Contudo, ele criticava o ponto de vista psicanalítico por ter uma compreensão negativa demais da *Erlebnis* do fim do mundo, eludindo sua dinâmica interna por meio dessa "verdadeira chave-mestra da psicopatologia" que é a noção de regressão.[29] Ele reivindicava uma elucidação mais precisa de sua dialética própria,

26 Ver a análise clássica de Freud sobre a fantasia de fim do mundo na psicose como "projeção de uma catástrofe interna", "Remarques psychanalytiques sur l'autobiographie d'un cas de paranoïa (Le Président Schreber)", in *Cinq Psychanalyses*, trad. M. Bonaparte. Paris: PUF, 1954, pp. 313–21.

27 François Tosquelles, *Le Vécu de la fin du monde dans la folie: le témoignage de Gérard de Nerval* (1948 / 1986). Grenoble: Jérôme Millon, 2012.

28 Ibid., pp. 92–98.

29 "Com a teoria freudiana seria de se esperar que, após o fim do mundo, o doente ficasse imóvel – agarrado ao rochedo –, em suma, sob o aspecto permanente de catatônico. No entanto, de onde vem essa tentativa de cura, essa reconstrução de que fala Freud? De onde vem esse novo nascimento da vida 'espiritual'? Devemos conceber o psíquico como uma supraestrutura sem valor em si e sem transcendência para o homem que, uma vez curado do

em que teriam lugar elementos tão recorrentes quanto a divisão maniqueísta do mundo, a dimensão querulenta, de salvação ou redenção, que marca o sujeito com uma missão profética, e, por fim, a carga dramática desse sujeito pressionado a se fazer nascer ele próprio no mundo que recriou, numa dialética de dissolução e de integração. Sob todos esses aspectos, a *Erlebnis* do fim do mundo seria *já* o indício de uma "defesa", de uma luta de que o sujeito seria ao mesmo tempo o palco e o agente, vivida como a experiência de uma recriação de si por si.

> A frequência das reações catastróficas na loucura e o caráter dramático especial desta são consequências da persistência da luta, da defesa da pessoa que, anteriormente, se colocou em situação de inferioridade pelo isolamento parcial ou total no nível de sua estrutura de ser humano social [...] Portanto, não se deve conceber a *Erlebnis* do fim do mundo como uma *imagem* refletindo *fenômenos supostamente reais* de um psiquismo em vias de se aniquilar. Ao contrário: esse acontecimento vivido é a manifestação pura e simples da continuidade e mesmo do aumento dos esforços humanos.[30]

Que consequências deduzir daí, quanto à referência fanoniana à vivência do fim do mundo, senão a de que aí se revelaria, não simplesmente um padecer, o fato de *sofrer* a extrema violência

---

distúrbio tóxico ou outro, 'recobra seus espíritos'? A fantasmagoria da doença é vã?", ibid., p. 92.

30 Ibid., p. 97. Cf. pp. 93–96 e a discussão com Goldstein sobre a noção biológica de "reação catastrófica": "O abalo ou mesmo a aniquilação de si e do mundo não é em si um fato negativo, mas um momento crucial da evolução dialética do organismo [...] a reação catastrófica é vivida como uma modificação do sentido das relações que nos ligam com outrem. [...] Perceberemos que a reação catastrófica não passa de um caso particular do par integração-desintegração que só são fenômenos antitéticos na lógica formal mas não na dialética dos fatos. Não há desintegração sem integração nem integração sem desintegração. É só com o aprofundamento simultâneo dessa antítese que o fenômeno crucial catastrófico eclode para dar lugar a uma nova partida", ibid., pp. 95–96.

da guerra colonial e seus efeitos psíquicos, mas, ao contrário, uma potência liminar, metapolítica, a saber, a *capacidade* do sintoma como produção ou criação: a capacidade "criadora" da própria loucura, precisamente no sentido em que "*a loucura é uma criação, não uma passividade*[31]". Tudo se passa como se, lá onde a guerra colonial "perturba e deteriora o mundo", entregando as pessoas à "tenaz impressão de assistir a um verdadeiro apocalipse", a capacidade política assumisse necessariamente a forma de uma "reconstrução do mundo" inseparável de um sobreinvestimento narcísico capaz de *reconstruir o "eu"* – o que *também* é o processo que a dialética de libertação nacional expõe ao longo dos três primeiros capítulos de *Os condenados da terra*. A vivência atmosférica do fim do mundo, que "manifesta e exprime essa nova existência e, ao mesmo tempo que a manifesta, a cria", seria aqui a experiência-limite que reabre simultaneamente um espaço possível para uma clínica do sujeito e um espaço histórico onde esse sujeito possa de novo se situar politicamente, ainda que sob modalidades passionais, maníacas ou querulentas, aliás frequentes na fenomenologia fanoniana da consciência decolonial (voltaremos a isso). Reexaminemos brevemente sob esse ângulo a estranheza, bastante apontada, da abertura de *Os condenados da terra:*

> A descolonização é simplesmente a substituição de uma "espécie" de homens por outra "espécie" de homens. Sem transição, há substituição total, completa, absoluta [...] espécie de tábula rasa que, de saída, define toda descolonização. Sua importância inusitada decorre do fato de que ela constitui, desde o primeiro dia, a reivindicação mínima do colonizado. A bem da verdade, a prova do êxito reside num panorama social inteiramente transformado. A extraordinária importância dessa transformação é que ela é desejada, reivindicada, exigida.

31 Ibid., p. 98.

> [...] A descolonização, que se propõe transformar a ordem do mundo, é, como se vê, um programa de desordem absoluta.[32]

Que estatuto atribuir a essa decisão radical, "absoluta", por meio da qual se enuncia (se reconhece? se prova? se põe à prova?) que entramos irreversivelmente na "descolonização"? Em que espaço pode ser indexada "essa espécie de tábula rasa que, de saída, define toda descolonização", em que tempo viria se situar esse "primeiríssimo dia", sem data e sem história – já que a própria historicidade, foracluída pela dominação colonial, terá de ser reconquistada através da luta de libertação? Que estatuto atribuir à ontologia desse nascimento do mundo, a essa "introdução no ser [de] um ritmo próprio, trazido pelos novos seres humanos, uma nova linguagem, uma nova humanidade" que se cria ela própria no mundo que ela recria? E qual é o "sujeito" capaz de fazer a *experiência* dessa criação, ou qual é esse "eles" ou esse "nós" projetado pela recorrência antecipatória, sujeito ao mesmo tempo putativo e infrangível cuja emergência através do desenvolvimento, das divisões e das metamorfoses sucessivas de sua "consciência" (do "colonizado", "nacional", do "povo" etc.) toda a dialética de libertação exposta por Fanon terá como conteúdo narrar. Provavelmente, em certo nível de leitura, um palimpsesto hegeliano permitiria ver aí a postulação imediata de um universal abstrato levado a se superar num processo que o enriquecerá de conteúdos conflituais sempre mais diferenciados ao mesmo tempo que transforma suas formas ou as figuras de sua consciência e de seu saber. Mas, relidas à luz do capítulo clínico de *Os condenados da terra*, essa abertura da dialética da consciência decolonial, a decisão literalmente miraculosa que a inaugura, a irredutibilidade de seu corte instaurador a qualquer "voluntarismo" – já que é sobre o pano de fundo dessa "escolha" que uma consciência e uma vontade políticas poderão aparecer – se tornam acontecimentos

32 F. Fanon, *Os condenados da terra*, op. cit., p. 32.

imanentes ao drama vivido da *Erlebnis* do fim do mundo, a esse processo dinâmico no seio do qual o sujeito se *re*-constrói ao mesmo tempo que se dispõe – se intima, se encarrega e se destina – a uma *reconstrução do mundo*.[33]

> A descolonização nunca passa despercebida, pois atinge o ser, modifica fundamentalmente o ser, transforma espectadores esmagados pela inessencialidade em atores privilegiados, recolhidos de modo quase grandioso pelos raios luminosos da História. Ela introduz no ser um ritmo próprio, trazido pelos novos seres humanos, uma nova linguagem, uma nova humanidade. A descolonização é indiscutivelmente uma criação de seres humanos novos. Mas essa criação não recebe sua legitimidade de nenhum poder sobrenatural: a "coisa" colonizada torna-se ser humano no próprio processo através do qual se liberta.[34]

Mas devemos realmente acreditar que esse "devir humano" seja menos "sobrenatural" por ser ele mesmo seu próprio sujeito? Os esquemas conceituais através dos quais podemos ler filosoficamente esses enunciados, na linguagem da alienação e da reapropriação de uma humanidade denegada, correm o risco de ser "pensamentos-tela", objetivantes e tranquilizadores, que obliteram aquilo que as fórmulas fanonianas, tomadas de maneira literal, têm de propriamente delirante: fórmulas que poderiam muito bem se enunciar do próprio seio, precisamente, da *Erlebnis* do fim

33 Tosquelles escreve, sob uma inspiração kierkegaardiana: "A experiência vivida manifesta e exprime essa nova existência e, ao manifestá-la, a cria. A manifestação e a criação do eu é um único ato de personalidade, e isso não por um efeito do pensamento mágico mas pela dialética interna do espírito. Quer a experiência vivida apareça superficialmente como agida ou padecida, ela permanece um abalo existencial em que a escolha de si mesmo se coloca com o imperativo de sua dialética. [...] O déficit biológico e social que sustenta a loucura coloca para o doente o problema da escolha como necessidade inelutável", *Le Vécu de la fin du monde dans la folie*, op. cit., p. 52.

34 F. Fanon, *Os condenados da terra*, op. cit., p. 32–33.

do mundo e da entrada em cena "quase grandiosa" do sujeito que nela recria para si uma existência:

> Aquilo que *desvela* o drama humano não é a sequência pitoresca dos acontecimentos que o *constituem* mas sobretudo a existência do herói que, transpirando de angústia, ergue a cortina para se fazer aparecer e nascer na vida. *O louco continua esse manejo sem parar*. Seus esforços, sua angústia, aumentam, ao menos em certos momentos de sua existência patológica. Acontece até de às vezes ele tomar consciência, o que fazemos todos sem nos darmos conta (atribuir-nos a existência enquanto pessoas). Nosso corpo e a sociedade nos facilitam a tarefa, o louco deve continuar a fazer isso contra seu corpo e contra a sociedade.[35]

A partir de então, a "práxis absoluta" em que se pressupõe a narração decolonial de Fanon deveria ser reconhecida como uma suposição perfeitamente psicótica. Sua evocação liminar só ganha lugar no texto fanoniano – assim como a evocação da descolonização e seu devir "translúcida para si mesma" através do "movimento historicizante que lhe confere forma e conteúdo" – numa espécie de grau zero do discurso em que coincidiriam, numa miraculosa antecipação dessa "translucidez", o discurso de Fanon e a lógica objetiva do processo político que ele se limitaria a descrever. Considerá-la de saída inscrita no espaço vivido da *Erlebnis anticolonial* significa, em contrapartida, reconhecer que a escrita de Fanon é *essencialmente* trabalhada pelo jogo de um discurso indireto livre, cuja voz ou vozes não são as de sujeitos-locutores supostamente já dados numa objetividade histórica, mas "personagens" inextricavelmente objetivados pelo processo *histórico* e representados no palco *clínico*, o da experiência do fim do mundo e de sua reconstrução.

35 F. Tosquelles, *Le Vécu de la fin du monde dans la folie*, op. cit., p. 98.

A CLÍNICA EM LUTA: IDENTIFICAÇÕES, DESIDENTIFICAÇÕES, *APRÈS-COUPS*

Portanto, não se trata de modo algum de "patologizar" a análise política de Fanon, nem tampouco de "clinicizar" o processo fenomenológico e histórico sobre o qual ela versa. O problema é antes reconhecer a impossibilidade de construir um plano de pensamento das formas e das dinâmicas da guerra de libertação que estaria pura e simplesmente a salvo do trabalho do sintoma. Daí a impossibilidade, para dar lugar a uma análise política que seria magicamente indene a ele, de neutralizar o jogo psicótico, ou "contrapsicótico", de reconstrução de um eu defensivo que obste a fragmentação e a despersonalização produzidas pela opressão colonial. A objetividade da análise política não fica irremediavelmente comprometida por isso, nem seu eventual alcance performativo. A questão seria, em compensação, compreender como a objetividade e a performatividade são condicionadas, paradoxalmente, por essa colocação em jogo do sintoma na própria materialidade da escrita fanoniana. Para terminar, examinaremos simplesmente três exemplos disso.

O primeiro diz respeito à situação de endereçamento que a análise fanoniana mobiliza e, assim, ao tipo de espaço transferencial que seu texto desdobra, entre os leitores a que ele se destina e esses mesmos destinatários construídos como "personagens" em sua cena de escrita.[36] Quando Fanon sistematiza uma reinterpretação sociogênica e, em última instância, política das sintomatologias dos colonizados, indo de encontro à codificação naturalizante

36 O famigerado prefácio de Sartre a *Os condenados da terra* extrai sua energia maníaca precisamente da identificação pura e simples dessas duas instâncias, radicalizando ainda mais o corte entre, de um lado, Fanon e "seus irmãos", aos quais ele se dirige e, do outro, "o europeu" (e Sartre ele próprio, que se dirige a ele). Sobre a questão do modo de endereçamento do texto sartriano ver Judith Butler, "Violence, non-violence: Sartre, à propos de Fanon", trad. I. Ascher. *Actuel Marx*, n. 55, 2014, pp. 13–35.

e racializante imposta pela neuropsiquiatria da École d'Alger (o próprio Fanon enfatiza, após dedicar várias páginas a ela, que sua inépcia podia se concluir sem custar tanto), ele não pretende desmistificar uma psiquiatria interpelada na abstração descontextualizada de sua ciência. Ele intervém num dispositivo de endereçamento que tem por destinatário não o corpo médico, nem mesmo os doentes, mas "o militante": esse militante que "por vezes tem a impressão exaustiva de que precisa fazer renascer todo o seu povo, tirá-lo do poço, da caverna", que "percebe com muita frequência que precisa combater não só as forças inimigas mas também os núcleos de desespero cristalizados no corpo do colonizado", que luta no "combate vitorioso de um povo", não apenas pelo "triunfo de seus direitos" mas no processo pelo qual ele recobra "densidade, coerência e homogeneidade".[37] Em suma, um militante que vem figurar aqui no discurso fanoniano não apenas como seu destinatário, mas como uma instância encarregada *ela também* de ocupar, à sua maneira, uma função clínica, mesmo correndo o risco de se confundir com a função militante do combate político. Talvez esse jogo de transferência ou de delegação, discretamente operado pelo texto fanoniano, possa inclusive elucidar as afirmações mais radicais – alguns diriam mais imprudentes; em todo caso, trata-se das mais idealizadoras – sobre os efeitos desalienantes da inversão da violência colonial, ou sobre a incidência "terapêutica" da politização da contraviolência de cujos efeitos *après-coup* Fanon não deixará de enfatizar a indecidibilidade. Mas também se pode identificar a maneira como aquilo que tende aqui a se confundir numa única e mesma instância clínico-política não deixa de reservar uma série de desvios que, entre investimento clínico do trabalho político e investimento político do cuidado clínico, permite problematizá-los um pelo outro.

Trata-se em primeiro lugar do desvio dialético que confronta a intervenção decolonial nos saberes clínicos à função assumida

37 F. Fanon, *Os condenados da terra*, op. cit., p. 303.

pelo poder psiquiátrico no empreendimento de dominação colonial. Inútil voltar aqui a esse aspecto óbvio da crítica fanoniana da contribuição da psiquiatria colonial – através dos seus mistos de positivismo neurobiológico, de criminologia, de antropologia naturalizante do "primitivismo" – à racialização do "indígena". Enfatizaremos antes a polivalência tática que Fanon reconhece no discurso psicopatológico quando sua instrumentalização ideológica o coloca a serviço, durante a guerra colonial, das tentativas de conciliação e de acordos visando desestabilizar a resistência:

> O ódio é neutralizado por esses achados psicológicos. Os tecnólogos e os sociólogos elucidam as manobras e multiplicam os estudos sobre os "complexos" [...]. Promove-se o nativo, tenta-se desarmá-lo por meio da psicologia e, naturalmente, de alguns tostões. Essas medidas miseráveis, essas reparações de fachada, sabiamente dosadas, aliás, chegam a obter algum sucesso. A fome do colonizado é tamanha, sua fome de qualquer coisa que o humanize – mesmo rebaixando-o – é a tal ponto irreprimível, que essas esmolas conseguem, pontualmente, sensibilizá-lo. [...] A todo momento o colonizado pode se deixar desarmar por qualquer concessão.[38]

O discurso psicopatológico é então mobilizado, já não tanto para naturalizar a dominação colonial biologizando a inferioridade racial e sim como um meio de "humanizar" a relação de dominação psicologizando o indígena, sua "necessidade" de ser colonizado e até mesmo sua revolta contra o regime colonial...[39] "O colono o considerava como um bicho": agora ele se mostra compreensivo o suficiente para lhe reconhecer toda uma complexidade psicológica, não apenas um muito humano "complexo de colonizabili-

38 Ibid., p. 137.
39 Como nessa declaração, citada mais adiante por Fanon, do decano dos juízes de uma câmara de Argel: "'Não é correto', disse ele em 1955, 'achar que toda essa revolta seja política. De tempos em tempos é preciso dar vazão a isso, a essa paixão que eles têm pelos combates!'", ibid., p. 374, n. 39.

dade", mas a humana psicologia de um "complexo de frustração", a humana psicologia de um "complexo belicoso" etc. O colono o tratava como um animal: agora lhe concede uma alma. Quanto ao texto fanoniano, ao se colocar numa continuidade narrativa com as reuniões dos militantes, com o tipo de discurso que circula nestas e o trabalho de autoelucidação que deve nelas ser levado a cabo, ele prolonga seu efeito transferencial de desidentificação em relação às "pretensas verdades instaladas em sua [do colonizado] consciência pela administração civil colonial", a começar por essas imagos judiciário-psiquiátricas forjadas pela psicopatologia e pela criminologia científicas do argelino criminoso-nato, mentiroso-nato, ladrão-nato, preguiçoso-nato[40] etc.

Mas essa espécie de delegação da operação clínica ao "militante" produz efeitos mais complexos quando se trata não mais de transpor para o plano do socius e do combate político aquilo que a psiquiatria colonial tinha biologizado ou psicologizado – ou, de acordo com a expressão de Fanon, de desconstruir as identificações vividas "no plano do narcisismo" reproblematizando-as "no plano da história colonial"[41] –, e sim de abrir um campo analítico sobre aquilo que poderíamos chamar de *investimentos narcísicos da própria luta política* e formas narrativas em que os agentes proporcionem a si mesmos uma inteligibilidade de seu processo. Vamos ilustrar isso concretamente com um segundo exemplo. É sabida a importância que Fanon atribui ao problema das "construções-tela". Central na desmontagem do estereótipo da "impulsividade criminosa do norte-africano" na última seção de *Os condenados da terra*, ele já está no cerne da dialética da contraviolência do colonizado no primeiro capítulo, que detalha a variedade dos mecanismos por meio dos quais, por deslocamento ou por "identificação projetiva", a violência anticolonial é regulada, vacuolizada e desviada para objetos substitutivos que colocam a salvo os agen-

40 Ibid, p. 304.
41 Ibid., p. 315.

tes reais da opressão: o próprio corpo do colonizado (em formas de autoagressão nervosas e musculares cuja tensão espetacular Fanon enfatiza),[42] práticas mais ou menos ritualizadas recolhidas em dispositivos culturais, sobretudo cultuais e mágico-religiosos,[43] finalmente, e sobretudo, *o outro*, mais exatamente o outro imaginário (individual ou coletivo) no espelho do mesmo, de tal modo que cada um "serve de tela para o outro" e que "cada um esconde do outro o inimigo nacional" agredindo-se mutuamente numa espécie de "autodestruição coletiva".[44] E Fanon aponta que é justamente o refluxo dessas condutas autodestrutivas ou "heterossuicidas" durante a luta de libertação nacional que permite retroativamente sua reinterpretação crítica como produtos dos impasses em que o regime colonial jogava os colonizados. Assim, o texto fanoniano trabalha numa notável ambivalência.

De um lado, a narrativa fenomenológica da desalienação e da desmistificação da consciência encarrega a luta de libertação de quebrar as construções-tela, de suspender essas técnicas inconscientes de evitamento para finalmente "ver o obstáculo" em si

42 Ibid., p. 303–19.

43 Como na famosa análise das práticas de dança e de possessão – "nessa orgia muscular no decorrer da qual a agressividade mais aguda e a violência mais imediata são canalizadas, transformadas, escamoteadas. O círculo da dança é um círculo permissivo. Protege e autoriza. […] Tudo é permitido, pois, na realidade, as pessoas se reúnem para deixar que a libido acumulada e a agressividade reprimida explodam vulcanicamente. Execuções simbólicas, cavalgadas figurativas, chacinas imaginárias, tudo isso precisa sair. Os maus humores extravasam, estrepitosos como torrentes de lava…", ibid., p. 53–54.

44 Ibid., p. 316; cf. p. 309 para a reinterpretação do conceito de "melancolia homicida" forjado por Antoine Porot ("Os psiquiatras franceses na Argélia viram-se frente a um problema difícil. Estavam habituados, diante de um paciente acometido de melancolia, a temer o suicídio. Ora, o melancólico argelino mata. Essa doença da consciência moral, que é sempre acompanhada de autoacusação e de tendências autodestrutivas, assume no argelino formas heterodestrutivas…").

mesmo,[45] sem véu e sem rodeios, *sem história*; em suma, de destruir as falsas aparências para fazer "surgir os verdadeiros protagonistas",[46] o real bruto finalmente visto de frente no rosto nu do inimigo *verdadeiro*:

> Ao longo da luta de libertação, assistiremos a um curioso desprezo por essas práticas [de evitamento]. Encostado contra a parede, com a faca na garganta ou, para ser mais exato, o eletrodo nas partes genitais, o colonizado vai ser intimado a não inventar histórias. Depois de anos de irrealismo, depois de ter se deleitado nas fantasias mais surpreendentes, o colonizado, de metralhadora em punho, se defronta enfim com as únicas forças que negavam seu ser: as do colonialismo. [...] O colonizado descobre o real e o transforma no movimento de sua práxis, no exercício da violência, no seu projeto de libertação.[47]

Mas, do outro lado, o desmoronamento das construções-tela abre uma narração inteiramente outra, bem mais problemática decerto, mas que não é nada menos que o *conjunto da dialética política* que Fanon desenvolverá ao longo dos capítulos II e III: a dialética da luta, de suas organizações e de suas massas, de suas relações de forças internas e externas, de suas racionalidades e palavras de ordem, que só ela trará uma resposta à questão de saber "Quais são as forças que, no período colonial, propõem à violência do colonizado novas vias, novos polos de investimento?",[48] ou seja, novos objetos e novas metas. Longe do cara a cara "translúcido" com um real sem rodeios, finalmente liberado de suas telas fan-

45 Ibid., p. 51. ("Observamos aí, com toda clareza, no nível das coletividades, essas famosas condutas de evitamento, como se mergulhar no sangue fraterno permitisse não ver o obstáculo, adiar a opção, no entanto inevitável, que desemboca na luta armada contra o colonialismo.")

46 Ibid., p. 316. ("A guerra da Argélia, as guerras de libertação nacional fazem surgir os verdadeiros protagonistas.")

47 Ibid., p. 54–55.

48 Ibid., p. 55.

tasmáticas e de seus derivativos mágico-religiosos, é ainda no elemento dos nomes litigiosos e das identificações conflituosas que a subjetividade anticolonial progride. O colonizado é intimado a não mais inventar histórias para si mesmo, mas é ainda por meio de uma história que Fanon escreverá os riscos, os deslocamentos, as remanências, as incertezas dessa intimação; e, longe de fazer "surgir os verdadeiros protagonistas", toda a narração fanoniana não vai parar de complexificar seus nomes e diferenciar suas figuras através das transformações das linhas de antagonismo, antes e depois da independência, a ponto de marcar *après-coup* o brutal encontro inaugural do "real" com a perturbadora irrealidade de um novo semblante, por mais decisivo que ele seja. No momento, por exemplo, em que as aspirações de libertação e de independência nacional se veem rearticuladas ao longo de cortes de classe, fazendo-o passar do "nacionalismo global e indiferenciado a uma consciência social e econômica",

> o povo, que no início da luta havia adotado o maniqueísmo primitivo do colono – brancos e negros; árabes e rumes –, percebe ao longo do caminho que acontece de alguns negros serem mais brancos do que os brancos, e que, na eventualidade de uma bandeira nacional, a possibilidade de uma nação independente não leva certas camadas da população a renunciar de forma automática aos seus privilégios ou interesses. [...] Tudo parecia simples: de um lado os maus, do outro, os bons. A clareza idílica e irreal do início é substituída por uma penumbra que desagrega a consciência. O povo descobre que o fenômeno iníquo da exploração pode se apresentar sob a aparência de um negro ou de um árabe.[49]

Assim, ainda no momento em que as alianças, os engajamentos pessoais e as solidariedades comuns se multiplicam,

49 Ibid., p. 141–42.

> o povo precisará igualmente abandonar o simplismo que caracterizava sua percepção do dominador. A espécie se fragmenta diante de seus olhos. À sua volta, ele constata certos colonos que não participam da histeria criminosa, que se diferenciam da espécie. Esses homens, que eram rejeitados e jogados indiferentemente no bloco monolítico da presença estrangeira, condenam a guerra colonial. O escândalo explode verdadeiramente quando protótipos dessa espécie passam para o outro lado, fazem-se negros ou árabes, aceitam os sofrimentos, a tortura, a morte. [...] A consciência desemboca laboriosamente em verdades parciais, limitadas, instáveis. Tudo isso, não resta dúvida, é extremamente difícil.[50]

Não seria simplesmente confirmar que aqui estamos diante, de fato, de uma dialética que depõe por meio de seu desenvolvimento as posições iniciais de uma consciência ainda abstrata e indiferenciada? Enquanto um maniqueísmo anticolonial, inicialmente calcado no maniqueísmo colonial se esboroaria,[51] a narração fanoniana recolocaria, por meio de seu desenvolvimento, seu próprio ponto de partida e ao mesmo tempo apontaria seus limites e acabaria por negá-lo. Mas essa leitura corre o risco de minimizar aquilo que se inscreve simultaneamente na *superfície clínica* do texto fanoniano, onde o tempo narrativo do processo de libertação e de sua "consciência" coexiste com tempos de remanência, de fixação e de *après-coup*, afetando o jogo das nomeações e das identificações com um equívoco insuperável e deixando subsistir, sob a aparente positividade plena dos "verdadeiros antagonistas", a sobredeterminação de seus *significantes* e os deslocamentos de seus representantes ao longo do conflito. É precisamente este o objeto do primeiro exemplo clínico fornecido no primeiro capítulo, antes mesmo da exposição das "notas psiquiátricas", tanto mais significativo por remeter não diretamente a uma violência

50 Ibid., p. 142–43.
51 Ibid., p. 88, 136.

sofrida pelo colonizado, e sim a uma violência exercida por um antigo militante: um homem que, combatendo num país africano que depois disso conquistou a independência, tinha causado num atentado a morte de dez pessoas e que, tendo a seguir simpatizado com pessoas da antiga nação ocupante que saudavam a coragem dos patriotas na luta de libertação nacional, agora se via atormentado a cada ano, quando se aproximava o dia em que o atentado fora cometido, por acessos de angústia e "ideias fixas de autodestruição".[52] O drama não vem do fato de que ele teria se deixado enganar por uma tela que teria dissimulado os "verdadeiros protagonistas"; vem do fato de que ele *justamente não tinha* se enganado de protagonistas quando a realidade deles tinha por nomes "o colono", "o regime colonial", "o colonialismo" e até que outros nomes redistribuíssem o que é "verdadeiro", dessem ao "real" outros rostos e contassem de outro jeito o fato de não mais contar histórias para si mesmo. Pelo que, de fato, "nossos atos nunca cessam de nos perseguir. Seu arranjo, sua ordenação, sua motivação podem perfeitamente, *a posteriori*, ser profundamente modificados",[53] a exemplo daquilo que, para aquele homem, no refluxo de um significante indiferenciado do "colonizador", vinha se reescrever de seu ato, a partir de então ressemantizado numa narrativa em que figurariam colonos simpáticos à libertação, cuja melancolização *après-coup* fazia voltar para o sujeito a violência anticolonial que ele tinha exercido, essa violência que Fanon descrevera pacientemente como sendo já uma inversão da agressividade que o colonizado tinha inicialmente sido reduzido a virar contra si mesmo.

—

52 Ibid., p. 254.
53 Ibid., p. 372, n. 22.

A questão que essas observações deixam aberta seria a de saber como, no ponto de transação, de transferência, de translação entre cuidado clínico e combate político, pode ser vislumbrado um investimento clínico da própria função política. E a maneira como um campo analítico, integrado ao trabalho de elucidação que os militantes devem realizar sobre si mesmos, e tornando audível aí o trabalho do sintoma, vem desconstruir a coerência da narrativa política da consciência decolonial e complexificar a dialética fenomenológica e histórica de seu desenvolvimento. Consideremos um último exemplo da maneira como o próprio texto fanoniano faz ouvir isso. O que está em jogo no centro desse trabalho de autoelucidação, segundo Fanon, é o fato de que não há nenhuma conversão mecânica dos progressos da luta de libertação em lucidez da consciência que se reconhece como seu sujeito. Se essa luta consiste, de uma maneira ou de outra, em romper sempre mais irreversivelmente com a situação colonial inicial, aquela em que o povo colonizado "se acha reduzido a um conjunto de indivíduos que só tiram seu fundamento da presença do colonizador", Fanon também enfatiza a importância de não "esperar que a nação produza novos homens". Assim, ele não alfineta apenas um objetivismo cegamente confiante nos benefícios futuros de um Estado independente, nem, ao contrário, um espontaneísmo que aposta que "em perpétua renovação revolucionária, os homens insensivelmente se transformam":[54] ele chama a atenção para a vigilância que exigem os deslocamentos sobre uma nova figura do grande Outro – ainda que seja a *Nação* pela qual se combate, tanto mais sobreinvestida já que se extrai o novo "fundamento" dela daquilo que *se é*. Mas que, por sua vez, essa vigilância também apresente dificuldades, o próprio texto pode dar a entender, para além do que Fanon diz explicitamente a esse respeito, quando ele escreve que a "prática

54 Ibid., p. 314. ("É bem verdade que esses dois processos são importantes, mas é preciso ajudar a consciência...")

revolucionária, se quiser ser globalmente libertadora e excepcionalmente fecunda, exige que nada de insólito subsista", às custas de uma espécie de hiperbolização maníaca que faz sentir, "com uma força particular, a necessidade de totalizar o acontecimento, de levar tudo consigo, de regular tudo, ser responsável por tudo".[55] Mas, ainda uma vez, o objetivo não pode ser submeter o texto fanoniano a uma leitura sintomática, sem interrogar em contrapartida os recursos que ele mesmo oferece para melhor discernir os mecanismos e as implicações quanto à *potência política do sintoma*, aquela que Fanon dá a pensar,[56] aquela também que sua própria escrita da política supõe e coloca em jogo. Exibindo os pressupostos *indissociavelmente clínicos e políticos* de sua própria estratégia narrativa, ele não para de fazer ouvir as linhas *impolíticas* que ela encerra. Ancorando a análise política num "real" em que se articulam a materialidade das lutas (cujas contradições e desenvolvimentos tendenciais trata-se de formalizar) e as dinâmicas do sintoma (que a colocação em jogo discursiva, mas não tematizada, subtrai ao campo do cálculo e da decisão política), esses pressupostos devolvem o pensamento

55 Ibid.

56 O próprio Fanon tinha chamado a atenção, no segundo capítulo, para a face "espontaneísta" dessa totalização imaginária que encarrega uma consciência querulenta de encarnar em si e por si o universal da Nação: nesse momento, que não deixa de evocar uma surpreendente transposição da fenomenologia hegeliana da "certeza sensível", em que o significante nacional deixa de ser monopolizado pelos intelectuais urbanizados e se vê apropriado por insurreições campesinas que atestam, "em todo lugar onde eclodiram, a presença ubíqua e geralmente densa da nação": "No alto de cada morro, um governo em miniatura se forma e assume o poder. Nos vales e nas florestas, na selva e nos vilarejos, em todo lugar, encontra-se uma autoridade nacional. Cada qual, por sua ação, faz a nação existir e se compromete em fazê-la vencer localmente. Estamos lidando com uma estratégia de imediatismo totalitária e radical. A meta, o programa, de cada grupo espontaneamente formado é a libertação local. Se a nação está em toda parte, então ela está aqui. Um passo a mais e ela só estará aqui…", ibid., p. 128–29.

de Fanon a sua instabilidade interna. Inscrevem nele *ao mesmo tempo* o que o conecta ao real político de sua conjuntura e os limites que lhe impõem essas dinâmicas impossíveis de codificar estrategicamente, impossíveis, *a fortiori*, de "controlar" politicamente, alojando na própria discursividade do texto fanoniano a indecidibilidade dos processos subjetivos com os quais o combate político deve, no entanto, contar.

FANON E A PALESTINA: A LUTA POR JUSTIÇA COMO O CERNE DA SAÚDE MENTAL

SAMAH JABR E ELIZABETH BERGER

[2021]

INTRODUÇÃO

Embora o psiquiatra Frantz Fanon não tenha escrito nada diretamente relacionado à situação específica enfrentada pelo povo da Palestina[1] desde que seu território foi ocupado,[2] suas ideias proféticas continuam servindo de inspiração para palestinos e palestinas ainda hoje, sessenta anos após a sua morte.[3]

A genialidade de Fanon se dá pela integração criativa de duas grandes preocupações humanas. Uma é a luta por justiça frente ao controle opressivo de uma população por outra: a necessidade de mudança revolucionária para restaurar equidade à população global, subjugada pela opressão colonial. A outra é a compreensão de que essa sujeição não é apenas política e militar, mas é também profunda, inerente e perversamente psicológica. Fanon entendeu, à luz da tradição de Marx e Engels, porém reforçada pelos instrumentos do século XXI da tradição freudiana, que a escravização física de seres humanos acontecia simultaneamente à escravização de suas almas por meio da perda de suas histórias, dignidade e autonomia. O brilhantismo de Fanon foi manter-se firme no compromisso ético principal com a luta por justiça social e econômica, mas estender sua análise à interpretação das incontáveis maneiras em que a guerra psicológica age como elemento constante dessa luta. As operações veladas da ideologia, persuasão, opinião pública, burocracia e divulgação do dia a dia, bem como

1 Este texto foi originalmente publicado como "Fanon and Palestine: The Struggle for Justice As the Core of Mental Health", in Nigel C. Gibson (org.), *Fanon Today: Reason and Revolt of the Wretched of the Earth*. Québec: Dajara Press, 2021. Tradução de Juliana Pavão. [N. E.]

2 Alice Cherki, correspondência pessoal, 7 de julho de 2019.

3 Frantz Fanon, *Pele negra, máscaras brancas* [1952], trad. Sebastião Nascimento e Raquel Camargo. São Paulo: Ubu Editora, 2020; *A Dying Colonialism* [1959], trad. H. Chevalier. New York: Grove, 1965; *Os condenados da terra* [1961], trad. Ligia Fonseca Ferreira e Regina Salgado Campos. Rio de Janeiro: Editora Civilização Brasileira, 1968; *Alienação e liberdade: escritos psiquiátricos* [1951–60], trad. Sebastião Nascimento. São Paulo: Ubu Editora, 2020.

a persistência enraizada da identificação étnica, racial, de gênero, nacionalidade e classe e suas várias formas de humilhação e legitimidade... essas noções intangíveis e escorregadias passam a ser lidas de outra forma quando observadas pelas lentes cristalinas de Fanon. Suas ideias possibilitaram ler as entrelinhas do manual do opressor e desenvolver uma psicologia da libertação genuinamente robusta.

Ao mesmo tempo em que Fanon desconstruiu a ideologia do opressor como uma imposição de poder e controle de cima para baixo, ele conseguiu trabalhar de forma ascendente, a partir das reações psicológicas dos desalojados, contextualizando a experiência vivida deles como respostas significativas à falta de poder e definindo as linhas gerais para uma solidariedade revolucionária por meio do pensamento, do sentimento e da ação. Acreditamos que a situação da Palestina poderia servir como modelo para essa luta permanente pela ótica dessas pessoas, desde a *Nakba* (catástrofe) de 1947 até o presente, incluindo a população local de cinco milhões de habitantes e a diáspora palestina pelo mundo de mais de seis milhões de pessoas.

Tanto a história da empreitada sionista quanto a história da resistência palestina em resposta a ela são assuntos muito abrangentes. Aqui, faremos um pequeno recorte: a descrição dos desdobramentos no campo da saúde mental na Palestina. Levantaremos as seguintes questões: qual é o raciocínio contextualizado de profissionais da saúde mental na Palestina? Como trabalhadores e trabalhadoras da Palestina vêm implementando as ideias de Fanon em suas próprias práticas na área da saúde mental? O que profissionais da saúde mental da Palestina vêm fazendo para desafiar o status quo, política e profissionalmente? Analisaremos, portanto, alguns exemplos de trabalhos clínicos, pesquisas, campanhas de solidariedade e ações políticas que reflitam aspectos do rico legado de Fanon.

TRABALHO CLÍNICO

As histórias e os comentários a seguir descrevem casos de pacientes reais e situações familiares às autoras enquanto terapeutas ou consultoras. Algumas informações foram alteradas para manter a confidencialidade.

> *Primeira história* Uma pessoa europeia, profissional da saúde mental empregada por uma organização de ajuda internacional na Palestina, avaliou uma mulher de trinta anos que havia desenvolvido sintomas conversivos graves de fraqueza e paralisia. A mulher morava em um vilarejo rural e seu marido, que já fora um fazendeiro trabalhador de sua própria terra, trabalhava na época como operário em Israel. Como o marido tinha sido obrigado a se deslocar para longe em busca de trabalho, ele só conseguia voltar ao vilarejo uma vez por semana. Por isso, a esposa tinha se mudado para a casa da família do marido. O irmão do seu marido viu, assim, uma oportunidade para abusar sexualmente dela em sua própria casa, desencadeando nela uma série de sintomas físicos. Um xeique local foi chamado para avaliar – quer dizer, um homem que aparentava ser um sábio religioso que, na cultura tradicional palestina, atua como conselheiro e curandeiro. Esse xeique também abusou sexualmente da mulher.

Comentário Esse caso foi analisado inicialmente pelo corpo clínico à serviço da organização não governamental europeia (ONG) com base na reação histérica da paciente ao trauma causado pelo abuso, resposta que poderia ser considerada relativamente comum em pessoas com baixa escolaridade, com a observação adicional do estado de impotência da mulher e a abordagem não científica dos curandeiros tradicionais religiosos encontrados na Palestina. O supervisor da pessoa responsável pelo atendimento na ONG reconheceu alguns aspectos dessa formulação, mas enfatizou o papel do contexto colonial, em que a ausência do marido foi uma característica-chave para permitir e dar início à violência à paciente.

A ausência do marido, por outro lado, foi motivada por uma série de circunstâncias causadas pela ocupação: a destruição da agricultura local por meio da tomada de terras e deslocamento da população, de restrições à circulação, demolição de casas, da perda de rodovias por meio das quais os produtos chegam aos mercados e da desintegração generalizada da economia rural, da integridade nas comunidades, da unidade familiar e dos modos de vidas.

Nesse contexto de empobrecimento cultural e econômico generalizado na Palestina, a figura do *pai e marido ausente* é corriqueira – seja essa ausência intermitente em razão de trabalhos como operários mal remunerados em Israel e suas ocupações ilegais, seja em função de desaparecimento por detenção política. A violência à paciente e seus sintomas reativos, apesar de refletirem uma instância isolada de trauma individual, também fazem parte de uma narrativa mais ampla de deterioração familiar progressiva e de um tecido social composto por vários fios entrelaçados. O que está implícito nessa história é a ocupação como agente secreto em todos os seus efeitos corrosivos / devastadores.

Ressaltar o papel desempenhado pela ocupação na gênese da patologia da paciente não significa absolver o irmão do marido nem o xeique impostor de suas respectivas culpas, nem idealizar um vilarejo palestino mitológico do passado como modelo de reforma social para o futuro, muito menos negar a persistência do sistema patriarcal na sociedade palestina (como em todo lugar) como um problema gravíssimo por si só. Ressaltamos aqui o papel desempenhado pela ocupação apenas para demonstrar sua presença (talvez até sua responsabilidade) no quadro geral em que a experiência psicológica da Palestina se dá, além de ser, frequentemente, promotora de sofrimento psicológico.

Segunda história Uma trabalhadora urbana de 28 anos recorre à psicoterapia para ajudá-la a tomar uma decisão sobre emigrar para a América do Norte – um caso de "fuga de cérebros". Ela se sentia culpada por deixar a Palestina, principalmente por deixar para trás a mãe, contrária a essa decisão. Por outro lado, a paciente já tinha perdido as esperanças de encontrar um emprego satisfatório na Palestina, totalmente enojada pela corrupção que testemunhava em seu trabalho atual, que envolvia uma parceria entre um Ministério na Palestina e uma ONG internacional. Em uma das sessões de terapia, a mulher descreveu ter se imaginado diversas vezes pedindo desculpas aos povos nativos da América do Norte por, segundo sua própria percepção, ocupar suas terras. Ela entendia a ironia dessa situação enquanto membro de uma população sob ocupação em um país partindo em busca de privilégios de classe média desfrutados pelos ocupantes de outro país.

Comentário A paciente tinha noção das dinâmicas colonialistas que Fanon elucidou, o que demonstra uma consciência desses temas predominantes em sua própria vida psicológica. Numa perspectiva mais ampla, a história dela reflete a frustração comumente sentida face às instituições vigentes na Palestina, que costumam submeter-se às ordens israelenses. O consequente conluio e nepotismo dentro e fora dos Ministérios palestinos são psicologicamente desmotivadores e desanimadores para trabalhadores. É comum ouvirmos relatos de que aqueles com as crenças e conexões "certas" são favorecidos em seus trabalhos, porque são mais facilmente controláveis do que aqueles com ideias inovadoras, menos aptos a manipulações. A mulher da segunda história pertence a uma elite urbana culta, ao contrário da mulher na primeira história. Por outro lado, ambas as pacientes apresentam diferentes versões da mesma história: as duas lutam para viver em uma sociedade profundamente danificada pelo colonialismo. A ausência de uma autoridade legítima na Palestina, perdida durante a ocupação, é uma fonte de insegurança e danos psicológicos que atinge a todos os grupos sociais, sem exceção.

Terceira história Uma psicóloga que ministrava um treinamento sobre saúde mental para a equipe de uma escola particular perto de Jerusalém Oriental foi contactada pela direção para mediar uma crise provocada pelo desaparecimento de um menino de oito anos daquela comunidade. Imediatamente, as pessoas especularam que a criança teria sido assassinada por israelenses, e equipes de busca e manifestações nas ruas foram surgindo espontaneamente. A comunidade foi tomada por boatos e relatos divergentes. Esses eventos se tornaram drasticamente acessíveis para o público geral e para as crianças em idade escolar de forma dolorosa e assustadora.

Essa crise rapidamente trouxe de volta à memória as circunstâncias ocorridas cinco anos antes a respeito de Mohammed Abu Khdeir, um adolescente palestino de catorze anos sequestrado e queimado vivo por um grupo de colonos israelenses. O assassinato de Khdeir e os eventos posteriores tiveram um impacto psicológico enorme no povo palestino na época e foram destaque nos noticiários internacionais, inspiraram a criação de uma série para televisão e receberam ampla atenção midiática.

Porém, o assassinato de Khdeir não foi um caso isolado, mas sim um caso que se sobressaiu em um cenário de inúmeras agressões a crianças e adolescentes palestinos. Khdeir passou a representar as crianças vítimas de crimes ao se tornar o rosto e a identidade delas. A ocupação israelense vem visando crianças palestinas há gerações. Há muitos registros que demonstram que invasões a residências no meio da noite pelas forças israelenses para deter e interrogar crianças e adolescentes usando métodos de tortura são práticas cotidianas. O sequestro dos corpos de crianças palestinas e a recusa de devolvê-los às famílias para que possam enterrá-los é outro aspecto do comportamento das forças israelenses. Tais violações ao direito internacional e a total falta de decência humana básica são muito familiares ao povo da Palestina por fazerem parte de suas realidades diárias.[4]

4 Abeer Otman, "Handcuffed Protectors? Palestinian Fatherhood-Protection Unlocking Its Chains". *International Journal of Applied Psychoanalytic Studies*, v. 17, 2020, pp. 146–64. Disponível on-line. Nadera Shalhoub-Kevorkian, *Incarcerated Childhood and the Politics of Unchilding*. Cambridge: Cambridge University Press, 2019. N. Shalhoub-Kevorkian, "Gun to Body: Mental Health Against Unchilding". *International Journal of Applied Psychoanalytic Studies*, v. 17, 2020, pp. 126–45. Disponível on-line.

A psicóloga tinha plena consciência de que o desaparecimento do menino de oito anos tinha reascendido a memória coletiva de Mohammed Abu Khdeir e tudo o que ele simbolizava. Além disso, a crise em questão tinha um aspecto pessoal para ela: a criança desaparecida estudava em uma escola onde a psicóloga tinha ministrado um treinamento semelhante poucos anos antes. Durante esse período crítico envolvendo o desaparecimento dessa criança, ela vivia atormentada e sofria de insônia. Com olhos marejados, ela alertou sua filha caçula que mantivesse o celular em mãos no caminho para a escola. Essas reações pessoais eram estados mentais bastante comuns naquela comunidade.

Essas eram as circunstâncias que pairavam sobre aquele dia em questão. Poucos dias após o desaparecimento, nas primeiras horas da manhã, o corpo do menino desaparecido foi encontrado no fundo de um canal. As águas onde o corpo tinha sido descoberto passavam pela residência da psicóloga. O pai da criança informou publicamente que o laudo legista indicava que seu filho já estava morto quando seu corpo foi jogado no canal. Essa alegação emocionada, embora não oficialmente confirmada, reforçou os boatos de que o menino teria sido assassinado.

Tudo isso aconteceu pouco antes do horário em que as aulas normalmente começariam. A direção da escola em que o treinamento estava acontecendo perguntou à psicóloga se seria melhor se absterem de informar aos estudantes, que já estavam em um estado de intensa insegurança e agitação, que o corpo da criança tinha sido encontrado. Contudo, a psicóloga julgou que a informação deveria, sim, ser compartilhada com os discentes e se reuniu com uma equipe de funcionários da escola para decidir a melhor forma de fazê-lo.

Todas as pessoas que trabalhavam na escola e todo o corpo discente foram, então, informados sobre a descoberta do corpo. Ofereceram um espaço de escuta em grupos de apoio, que acolhiam e encorajavam estudantes a articular e compartilhar seus sentimentos. Essas medidas acalmaram a comunidade escolar, forneceram um ambiente estruturado para a expressão de fortes emoções, fortaleceram a resistência construtiva à ocupação e reduziram os riscos de comportamentos responsivos por parte de estudantes. Assim, o dia na escola seguiu seu processo educacional com relativa calma e cuidado.

Comentário O trabalho da psicóloga aqui reflete os esforços para transformar a abordagem da escola no que se refere a temas de saúde mental de um foco individual exclusivo no estudante problemático em uma resposta generalizada às necessidades psicológicas mais amplas da escola enquanto comunidade. A psicóloga fazia parte da escola havia mais de um ano como coordenadora de um programa de treinamento *in loco* que combinava dois objetivos: apoiar jovens específicos com problemas comportamentais, de aprendizagem ou emocionais e atender às necessidades da comunidade escolar como um todo. O programa de treinamento buscava desenvolver competências em comunicação, consciência emocional e resolução de conflitos de forma respeitosa entre todos os funcionários da escola, pais e responsáveis e os próprios estudantes. O objetivo era efetivar uma mudança cultural em todo o ambiente psicológico da escola.

Como parte do programa, a terapeuta / instrutora conduzia uma rápida reunião semanal com funcionários para responder tanto às questões de saúde mental individuais das crianças quanto às questões mais amplas da escola, frequentemente relacionadas à ocupação. Assim, a escola estava em posição de lidar com difíceis realidades em meio à ocupação de maneira adequada para crianças e construtivas para o bem-estar individual e coletivo em termos de desenvolvimento, além de reforçar a solidariedade. O programa já tinha desenvolvido uma abordagem sutil de gerenciamento de crises por meio de um trabalho coordenado entre estudantes, funcionários e familiares[5] para en-

5 Sherein Abdeen, Samah Jabr, Michael Morse, Katherine Lyman & Elizabeth Berger, "A Comprehensive Student Support Program in Mental Health". *Bethlehem University Journal*, v. 34, 2017, pp. 43–155. Disponível on-line.

frentar ondas de violência periódicas relacionadas à ocupação que vinham acontecendo há anos.

No caso em questão, a reunião com a equipe escolar deu aos participantes a oportunidade de partilhar sentimentos uns com os outros e de apoiarem-se mutuamente em suas funções dentro da escola. Essa reunião reforçou o papel de autoridade da equipe de funcionários da escola perante estudantes e confirmou seu compromisso de apoio mútuo. Também preparou a equipe para lidar com a escola enquanto comunidade carente de fatos – à medida que os fatos podem ser conhecidos, verificados e respeitados – e como uma comunidade que precisa ser consolada. Os sentimentos de luto, raiva, aturdimento, tristeza, medo e impotência foram reconhecidos e nomeados.

Os princípios do gerenciamento de crises de uma perspectiva de saúde mental são amplamente reconhecidos. O que o legado de Fanon acrescenta a esse campo do conhecimento são os elementos adicionais que identificam as partes da crise geradas por circunstâncias opressivas que habilitam os oprimidos a se unirem em uma solidariedade criativa para resistir a essas circunstâncias. No caso da morte do menino de oito anos de idade, os motivos e as condições da morte ainda não foram esclarecidos. O papel do gerenciamento de crise em um contexto como esse é bastante complexo: saber identificar que o histórico de assassinato de crianças palestinas é fonte legítima de uma ansiedade coletiva poderosa na comunidade sempre que houver a morte de uma criança e conseguir identificar a ansiedade manifesta relacionada a esse histórico. Mais especificamente, a psicóloga ajudou a equipe da escola e os estudantes a reconhecer a velocidade com que boatos e desinformação podem circular em uma população já tão prejudicada com traumas recorrentes. Ao nomear essa ansiedade e validar suas origens na histórica violência israelense, ela conseguiu ajudar a comunidade escolar a não se tornar ainda mais caótica em função de rumores infundados, desinformação e pânico.

O objetivo do treinamento e da equipe de saúde mental da escola não era chegar a conclusões específicas sobre a morte daquele menino, muito menos determinar se israelenses eram ou não responsáveis pela morte. O objetivo desse trabalho concebido no âmbito da saúde mental era apoiar a comunidade escolar no reconhecimento partilhado de suas condições básicas de vida como pano de fundo para a experiência naquele momento. Essas condições incluem a capacidade de autogovernança de comunidades deterioradas, comunicação clara, fluxo de responsabilidades e dignidade humana assegurada pelo estado de direito. O treinamento ofereceu à escola meios de reclamar sua autoridade legítima nesses campos tão prejudicados. Dessa forma, a escola pôde reconhecer o sofrimento constante e a desmoralização orquestrada pelo governo israelense por meio dos efeitos devastadores de suas políticas e organizar uma resistência a esses efeitos.

PESQUISA

O debate a seguir não pretende abranger todas as pesquisas promovidas na Palestina, mas sim fazer um recorte, em uma tentativa de expandir os contornos dessa rica história em Jerusalém Oriental, na Cisjordânia e em Gaza. Desde o começo, as pesquisas na Palestina vêm investigando a saúde mental no contexto do desalojamento e, de fato, muitos formadores de opinião da área da saúde mental aceitaram papéis fundamentais como embaixadores pelo mundo para definir o escopo da angústia imposta pela ocupação política e militar.

Um aspecto memorável dessa história é a carreira do já falecido Eyad El-Sarraj, psiquiatra que em 1990 foi fundador do Programa Comunitário de Saúde Mental de Gaza [Gaza Community Mental Health Programme – GCMHP],[6] promoveu pesquisas sobre

6 *Gaza Community Mental Health Programme*. Disponível on-line.

saúde mental durante décadas e ofereceu treinamentos no GCMHP. O dr. El-Sarraj e seus colegas investigaram o impacto da ocupação na população palestina, principalmente em crianças, demonstrando o quanto sintomas reativos de depressão, ansiedade e trauma eram onipresentes sob condições de guerra contínua e terror crônico. Essa pesquisa registrou a importância de um comprometimento ativo com a resistência política contra a ocupação como fator protetivo da promoção de saúde mental entre jovens, reiterando a ênfase dada por Fanon, de modo inédito e quantitativo, ao papel redentor da solidariedade coletiva e autonomia individual no que se refere às lutas revolucionárias.[7]

O dr. El-Sarraj aproveitou os resultados das pesquisas para educar o público sobre a Palestina a partir de sua posição como um intelectual notório, trabalho este que realizou durante toda a sua vida. As pesquisas ativas e o ativismo público continuam acontecendo no GCMHP sob a direção de Yasser Abu-Jamei. O renomado psiquiatra Abdelaziz Thabet e seu grupo em Gaza publicaram, até a sua morte, mais de cem artigos provenientes da pesquisa por eles conduzida, documentando o escopo e a natureza do sofrimento sintomático relacionado à ocupação e investigando como a saúde mental individual está entrelaçada com as forças de opressão social no intuito de promover um diálogo global de forma construtiva.[8]

Historicamente, muitas das pesquisas na Palestina lançaram mão de ferramentas e metodologias das ciências médicas ociden-

7 Raija-Leena Punamäki, Samir Quota & Eyad El-Sarraj, "Models of Traumatic Experiences and Children's Psychological Adjustment: The Roles of Perceived Parenting and Children's Own Resources and Activity". *Child Development*, v. 64, n. 4, 1997, pp. 718–28. Id., "Resiliency Factors Predicting Psychological Adjustment After Political Violence Among Palestinian Children". *International Journal of Behavioral Development*, v. 25, n. 3, 2001, pp. 256–67.

8 Abdelaziz Thabet, Omar El-Buhaisi & Panos Vostanis, "Trauma, PTSD, Anxiety, and Coping Strategies Among Palestinian Adolescents Exposed to War on Gaza". *The Arab Journal of Psychiatry*, v. 25, n. 1, 2014, pp. 71–82.

tais, utilizando critérios aceitos internacionalmente para chegar a diagnósticos específicos de saúde mental e adotando, ainda que parcialmente, o referencial de casos individuais e casos predominantes como plataforma numa tentativa de chamar a atenção de acadêmicos, legisladores e comunidades em todo o mundo para o sofrimento do povo palestino.

Nos últimos anos, essas ferramentas da medicina ocidental se tornaram foco de estudo e debate na Palestina e em todo o mundo. Aqui também a previsão de Fanon se mostra relevante, já que ele foi o primeiro a explorar detalhadamente as limitações da abordagem clínica ocidental para a saúde mental de populações em todos os continentes vítimas de opressão colonial. É importante reconhecer que Fanon não sucumbiu a um modelo intelectual ingênuo, que interpretasse todo e qualquer transtorno mental como "nada além de" consequência do imperialismo e do colonialismo. Opondo-se a esse reducionismo, Fanon enxergou a necessidade de integrar a compreensão da psicologia e das patologias individuais a partir da análise das forças sociais que agem sobre, com e através da psiquê individual. Sua curiosidade meticulosa sobre a experiência real das pessoas envolvidas na luta revolucionária e seu respeito por elas demandaram novas formas de descrever e entender esses fenômenos. Essa abordagem vertical levou Fanon a reconfigurar vários dos conceitos básicos da psiquiatria ocidental.

Nesse sentido, o Instituto de Comunidades e Saúde Pública [Institute of Community and Public Health – ICPH][9] da Universidade de Birzeit, na Cisjordânia, comandado pela fundadora e atual diretora Rita Giacaman, foi pioneiro tanto no trabalho prático quanto teórico de desenvolver um modelo de saúde pública de bem-estar. A dra. Giacaman e seus colegas estudaram o impacto da ocupação no bem-estar e buscaram desenvolver uma abordagem conceitual que englobasse a fenomenologia da experiência vivida em condi-

9 *Institute of Community and Public Health*. Disponível on-line.

ções de violência crônica e de guerra, além de construir modelos de sistemas de saúde adequados para lidar com esses desafios.

O trabalho fundamental desse grupo ressaltou que a humilhação é um elemento central daquelas condições e que a consequente experiência de "sentir-se quebrado" é um resultado frequente e generalizado.[10] Assim, o contexto da saúde pública na Palestina é o ponto que conecta as intenções políticas do governo israelense com a experiência psicológica local de maneira muito mais detalhada e significativa do que os protestos humanitários corriqueiros que apenas repetem que a guerra é uma coisa terrível para as vítimas civis.

Não é segredo que a guerra psicológica é um elemento crucial para o desenvolvimento da narrativa política. Um exemplo disso é o que Rana Nashashibi, chefe do Centro Palestino de Aconselhamento [Palestine Counseling Center], observou durante um debate que a natureza "corrompida" das pessoas da Palestina (após serem induzidas pelas políticas israelenses) é usada por Israel como justificativa para a opressão.[11] O crédito a Fanon é devidamente concedido por uma de nós (Samah Jabr) em entrevista para o documentário *Fanon hier, aujourd'hui* [Fanon ontem, hoje],[12] quando ela propõe que o ativismo inspirado nas teorias fanonianas podem ajudar o povo palestino a desenvolver novos conceitos para superar o senso de inferioridade provocado por essa opressão.[13]

A conceitualização da *resistência* ativa à ocupação como dinâmica social a ser considerada é inerente a essa abordagem, pois representa uma mudança de paradigma do foco tradicional na *resiliência* pessoal. A professora Lena Meari, da Universidade de Birzeit, por exemplo, analisou as experiências de palestinos detidos e

10 Brian K. Barber, Clea A. McNeely, Eyad El-Sarraj, Mahmoud Daher, Rita Giacaman, Cairo Arafat et al., "Mental Suffering in Protracted Political Conflict: Feeling Broken or Destroyed". *PLoS One*, v. 11, n. 5, 2016. Disponível on-line.

11 Ver Palestine-Global Panel at Cornell University, 2020.

12 Hassane Mezine, *Fanon: hier, aujourd'hui*, 2018. Disponível on-line.

13 Ibid.

torturados por israelenses, situação descrita por esses sobreviventes como um confronto intelectual e um sofrimento inevitável a ser suportado como parte da luta coletiva.[14] Essas pesquisadoras foram pioneiras no que se refere à correção, restituição e refutação da narrativa colonialista e como ela se desenvolve a partir da humilhação individual e da desintegração coletiva. Ao redefinir o status do herói revolucionário atuante no lugar da vítima passiva malfadada, e ao identificar as armas psicológicas do opressor, as atividades de pesquisa, o treinamento e o trabalho clínico na área da saúde mental reivindicam a narrativa para si e libertam a vida psicológica marcada pela opressão.

REDE INTERNACIONAL DE PROFISSIONAIS DA SAÚDE MENTAL EM APOIO À PALESTINA

Durante décadas, profissionais da saúde mental na Palestina têm sido ativistas fundamentais na luta nacional contra a ocupação, manifestando-se local e internacionalmente. Em 2019, surgiu uma organização única chamada de Rede de Saúde Mental Palestina-Global [Palestine-Global Mental Health Network – PGMHN][15] que unificou a voz de profissionais da saúde mental da Palestina em diferentes áreas do conhecimento dentro do próprio país, no estado de Israel e na diáspora palestina espalhada pelo mundo. O Comitê Diretivo conta com diversos indivíduos que desempenham papeis importantes de liderança em agências governamentais e não governamentais, bem como em organizações profissionais e sindicais de profissionais da saúde mental. O alcance da Rede de Saúde Mental Palestina-Global entre profissionais da saúde mental do país é amplificado em todo o planeta graças a seus leitores

14 Lena Meari, "Reconsidering Trauma: Towards a Palestinian Community Psychology". *Journal of Community Psychology*, v. 43 n. 1, 2015, pp. 76–86. Disponível on-line.

15 *Palestine-Global Mental Health Network*. Disponível on-line.

e seguidores on-line. A missão da Rede, segundo sua página na internet, é:

> A Rede busca promover os ideais de bem-estar mental, libertação, dignidade e justiça social para pessoas e sociedades por todo o planeta, especialmente para o povo palestino. Articulando um discurso profissional pautado na liberdade pessoal e no respeito aos direitos humanos, também visa ampliar a conscientização do público geral sobre as questões psicossociais que afetam e prejudicam o desejo por uma vida digna dos povos colonizados. A Rede espera aplicar abordagens teóricas e pragmáticas para fomentar a compreensão acerca da necessidade humana fundamental de libertação e, assim, contribuir com a resiliência e com a resistência palestina à violência intrínseca ao colonialismo.

Desse modo, a criação da PGMHN ecoa, implicitamente, as contribuições de Frantz Fanon em seu alcance global e em seu objetivo de utilizar teoria e prática de libertação para engrossar a resistência ao colonialismo. Um detalhe adorável e revelador presta homenagem explícita a Fanon: o primeiro livro citado na extensa lista de indicações de recursos, artigos acadêmicos e documentários na página da PGMHN[16] é *Os condenados da terra*.

Diversas redes de profissionais da saúde mental começaram a surgir em outros países em solidariedade à PGMHN, com o objetivo de conscientizar o público e combater a desinformação sobre a luta palestina. A primeira foi a Rede de Saúde Mental Reino Unido-Palestina,[17] no Reino Unido, que motivou a criação da Rede de Saúde Mental EUA-Palestina,[18] nos Estados Unidos. Os membros dessas duas redes anglófonas são fortes aliados de médicos e terapeutas palestinos residentes tanto na Palestina e em Israel quanto ao redor do mundo, e todos os projetos lançados por essas redes

16 *Palestine-Global Mental Health Network*. Disponível on-line.
17 UK-*Palestine Mental Health Network*. Disponível on-line.
18 USA-*Palestine Mental Health Network*. Disponível on-line.

solidárias são executados em conjunto sob a coordenação de colegas na Palestina. Até o momento da escrita deste artigo, uma nova rede de saúde mental de apoio à Palestina tinha sido criada na Bélgica[19] e outros países estão debatendo a formação de redes, como a África do Sul, França, Irlanda, Áustria e Itália.

Cada uma dessas redes internacionais tem uma origem e um processo diferentes e independentes de acordo com as especificidades da comunidade profissional local, mas cada uma delas normalmente se forma a partir de esforços de grupos centrais de médicos e terapeutas locais formados mais ou menos espontaneamente, que elaboram uma declaração de missão, instituem presença virtual e embarcam em uma série de projetos. Algumas redes contam com doações para cobrir os custos da página, imprimir cartões de visita, alugar espaços para palestras e reuniões e outras despesas modestas associadas a projetos. Outras escolheram evitar totalmente a arrecadação de fundos e dependem exclusivamente do trabalho voluntário de seus membros.

O conceito central que une as diversas redes é a convicção de que nosso profissionalismo enquanto profissionais da saúde mental está profundamente atrelado a nossos valores éticos de justiça. A preocupação com temas como racismo, colonialismo, patriarcado e desigualdade social está inevitavelmente integrada à nossa prática diária enquanto médicos e terapeutas, como organizadores de programas e políticas, bem como teóricos acadêmicos – e também é parte do nosso cotidiano como cidadãos. Todos os seres humanos têm responsabilidade moral para com os demais, uma necessidade de desfazer desigualdades e proteger pessoas inocentes. Mas nós, profissionais da saúde, temos a obrigação ainda mais específica de entender, analisar, defender e nos mobilizar em nome daqueles que estão desalojados e indefesos, tendo em vista o sofrimento excessivo que os assola. Nós temos as ferramentas profissionais para lidar com essa obrigação, munidos de perspectivas interdisciplinares que en-

19 Palestine Mental Health Network in Belgium. *Facebook*. Disponível on-line.

globam a psicologia, a saúde pública e os direitos humanos. Nossa especialidade pode ainda ser muito fértil na análise de propaganda para esclarecer as manipulações da guerra psicológica, tão fundamental na manutenção dos sistemas de injustiça. E, como profissionais da saúde mental, devemos reconhecer a necessidade de solidariedade como um elemento essencial, que contribui com nosso bem-estar enquanto seres psicologicamente vitais. Os princípios da organização sindical baseados em ética do trabalho e necessidades compartilhadas é relevante neste ponto.

A contribuição de Fanon para cada um desses tópicos tem sido central e indispensável, na medida em que ele relacionou compreensão às modalidades inconscientes e simbólicas, bem como as identificações e motivações para a dedicação à luta revolucionária coletiva.

O ATIVISMO DAS REDES

Alguns projetos e campanhas desenvolvidos pelas várias redes espalhadas pelo mundo ilustram como esses temas funcionam na prática. Cada país tende a desenvolver seus próprios programas na realização desses projetos, embora a Rede de Saúde Mental Palestina-Global ofereça algumas diretrizes por meio de laços formais e informais com as redes internacionais. A formação de Conselhos Consultivos em algumas redes, compostos por especialistas internacionais renomados, deu a elas um caráter ainda mais profundo de trabalho global e intercomunicação coordenada.

Assim como a PGMHN, diversas redes internacionais dedicaram espaço em suas páginas para listar diferentes recursos, como livros, artigos acadêmicos, organizações e filmes relacionados à saúde mental na Palestina. Além disso, leitores das páginas das redes recebem por e-mail informativos periódicos sobre notícias relevantes, publicações recentes e eventos futuros como festivais cinematográficos, palestras e manifestações públicas em apoio à Palestina.

As redes de saúde mental organizaram, ainda, conferências públicas independentes que contavam com médicos e terapeutas da Palestina. Houve também duas conferências diferentes sobre o modelo de "protesto educativo", ambas com a presença de palestrantes da área de saúde mental na Palestina, realizadas no mesmo local (ou próximo ao local) em que acontecia uma conferência maior sobre saúde mental acusada de conluio com as políticas israelenses. Por fim, o premiado documentário *Por trás dos fronts: resistências e resiliências na Palestina*,[20] dirigido por Alexandra Dols e com a participação de uma de nós, Samah Jabr, foi exibido mundialmente. Em muitas cidades ao redor do mundo, a exibição do filme contou com uma posterior roda de conversa presencial entre espectadores, o diretor e participantes do documentário.

Uma novidade emocionante foi a parceria entre a Rede de Saúde Mental Palestina-Global e a organização Estudantes por Justiça na Palestina[21] para organizar um debate virtual ao vivo na Cornell University, em Ithaca, Nova York,[22] que contou com falas de três experientes profissionais da saúde da Palestina. O debate foi moderado por um membro da Rede Palestina-Global que reside em Nova York e assistido por um grupo reunido na universidade e por um público virtual que acompanhou remotamente. Houve uma roda de conversa na Cornell University logo após a apresentação. O evento foi gravado e está disponível on-line.

Recentemente, a Rede de Saúde Mental Reino Unido-Palestina criou a Cafe Palestine, uma série de eventos e debates virtuais ao vivo com a participação de especialistas em saúde mental e organizações palestinas. A parceria já promoveu dezenas de apresentações marcantes, amplamente divulgadas por diversas redes e gravadas para que o público pudesse assistir em outro momento.[23]

20 *Beyond the Frontlines*. Disponível on-line.

21 *Students for Justice in Palestine*. Disponível on-line.

22 Watch Palestine-Global Panel at Cornell University. *Palestine-Global Mental Health Network*. 2020. Disponível on-line.

23 Cafe Palestine Index. UK-*Palestine Mental Health Network*. Disponível on-line.

Além de desenvolverem uma presença on-line e organizarem eventos presenciais e virtuais, membros de várias redes já publicaram diversos trabalhos sobre a questão da saúde mental na Palestina, tanto na mídia quanto no âmbito acadêmico. As autoras deste artigo, por exemplo, assinam conjuntamente muitos artigos em revistas de psicanálise e psiquiatria, além de capítulos de livros da área da sociologia. Frequentemente citando Fanon, nós investigamos como a narrativa israelense se infiltra no domínio das instituições organizacionais de saúde mental, conferências, supervisão e trabalho clínico em toda a questão da Palestina e defendemos as técnicas clínicas e políticas necessárias para combatê-la.[24] Além dos trabalhos acadêmicos, uma de nós (Samah Jabr) escreveu centenas de artigos sobre o bem-estar do povo da Palestina, publicados em veículos de imprensa como *Middle East Eye*, *Middle East Monitor* e *Washington Report on Middle East Affairs*. Uma seleção desses artigos foi publicada em livro com o título *Derrière les Fronts* [Por trás dos fronts], que, até a data em que escrevemos este artigo, tinha sido traduzido na França e na Itália.[25]

Em um artigo jornalístico recente, "The settler's town is a strongly built town: Fanon in Palestine" [A cidade do colono é uma cidade de muros reforçados: Fanon e a Palestina], os membros do Conselho Consultivo da Rede nos EUA Stephen e Lara Sheehi relataram sua própria experiência com a apresentação do trabalho de Fanon a um grupo de médicos e terapeutas pa-

24 Samah Jabr & Elizabeth Berger, "An Occupied State of Mind: Clinical Transference and Countertransference Across the Israeli / Palestinian Divide". *Psychoanalysis, Culture, and Society*, v. 21, n. 1, 2016, pp. 21–40. Disponível on-line. Id., "The Survival and Well-Being of the Palestinian People Under Occupation", in H. Tiliouine & R. J. Estes (orgs.), *The State of Social Progress in Islamic Societies: Social, Political, and Ideological Challenge*. Book Series in Quality of Life Research, Cham: Springer Cham, 2016, pp. 529–43. Disponível on-line.

25 S. Jabr, *Derrière Les Fronts: Chroniques d'une psychiatre psychotherapeute palestinienne sous occupation*. Paris: Premiers Matins de Novembre, 2018.

lestinos no estado de Israel.[26] Os autores descreveram o silêncio absoluto com que um trecho do livro *Os condenados da terra* foi recebido quando lido em voz alta para o grupo, bem como a profunda identificação que as palavras de Fanon claramente provocaram neles. O artigo mencionado explora, a partir da linguagem e da perspectiva de Fanon, a interligação entre o colonialismo e as experiências com saúde mental de profissionais na Palestina.

Diversos profissionais, médicos e terapeutas em posições de liderança e de consultoria dentro da PGMHN e das redes internacionais já publicaram textos sobre saúde mental de pessoas palestinas – o finado Abdelaziz Thabet, Rita Giacaman, Yassir Abu Jamai, Alice Rothchild, Hammam Farah, Mustafa Qassoqsi,[27] Martin Kemp, Lama Khouri, Rana Nashashibi, Manal Abu Haq, Yoad Ghanadry-Hakim, Fathi Flefel, Ferdoos Al-Issa, Nadera Shalhoub-Kevorkian, Said Shehadeh e Maria Helbich são alguns nomes de acadêmicos e ativistas afiliados às redes. Muitos desses autores referenciam os trabalhos de Fanon como fundamental para a análise do contexto palestino (como Kemp,[28] Khouri[29] e Sheehi[30]), e

26 Stephen Sheehi & Lara Sheehi, "The Settler's Town Is a Strongly Built Town: Fanon in Palestine". *International Journal of Applied Psychoanalytic Studies*, v. 17, 2020, pp. 183–92. Disponível on-line.

27 Mustafa Qassoqsi, "The Narrative of the Nakba and the Politics of Trauma". *Jadal*, 2010, pp. 1–4.

28 Martin Kemp, "The Psychoanalytic Encounter with Settler Colonialism in Palestine / Israel". *International Journal of Applied Psychoanalytic Studies*, v. 17, 2020, pp. 93–125. Disponível on-line.

29 Lama Khouri, "Through Trump's Looking Glass into Alice's Wonderland: On Meeting the House Palestinian". *Psychoanalytic Perspectives*, v. 15, n. 3, 2018, pp. 275–99; e "The Normative Unconscious of Nations: A Critical Geopolitical and Psychoanalytic Perspectives on the United Nations Security Council's Counterterrorism Strategy". *International Journal of Applied Psychoanalytic Studies*, v. 16, 2019, pp. 244–57. Disponíveis on-line.

30 S. Sheehi, "Psychoanalysis Under Occupation: Nonviolence and Dialogue Initiatives as a Psychic Extension of the Closure System". *Psychoanalysis and History*, v. 20, n. 3, 2018, pp. 353–69.

muitas das publicações desses autores dialogam com os princípios da psicologia da libertação, derivada do trabalho de Fanon.

Alguns programas criados pelas redes levam profissionais da saúde mental à Palestina para promover interação direta com colegas do país, guiado pelas "Delegações de Estudo", patrocinadas pelas Redes do Reino Unido e dos Estados Unidos, e já vêm acontecendo há vários anos. Normalmente, participantes escolhidos para essas delegações são ativistas veteranos, com ampla experiência em psicologia da libertação graças à participação prévia em movimentos anticoloniais e antirracismo. Os participantes dessas delegações viajam de seus países de residência para visitar pequenos grupos com renomados especialistas em saúde mental, porta-vozes de direitos humanos e líderes de organizações, além de testemunhar em primeira mão as condições nos campos de refugiados sitiados, nos pontos de controle de entrada e nos lares da população. Participantes visitam ainda ativistas pró-Palestina residentes em Israel. As listas de leitura incluem os trabalhos de Fanon, debates após as atividades diárias e comunicação intensiva entre o grupo, seja antes ou depois da estruturação do que significa essa experiência para aquela delegação. O objetivo dessas delegações é fazer com que cada participante viva uma imersão nas diferentes realidades da vida na Palestina e que se familiarizem com a variedade de recursos concretos disponíveis para eles. Após a experiência na Delegação de Estudo, os participantes voltam preparados para atuar como líderes em suas comunidades, conversando com grupos, ministrando palestras e apresentações e escrevendo sobre essas experiências.

Alguns dos ex-alunos das Delegações de Estudo dão continuidade ao trabalho como Representantes de Divulgação e se unem a grupos de profissionais de saúde mental localizados em diferentes partes do mundo, capazes de se conectar com suas comunidades locais para compartilhar informação, participar de eventos e planejar atividades. As redes oferecem sugestões centralizadas, apoio e encorajamento a esses organizadores comunitários. Elas disponibilizam modelos de palestras e aulas acompanhadas de *slides* sobre saúde mental e bem-estar na Palestina para que esses voluntários estruturem uma plataforma para apresentações públicas ou profissionais. Representantes de divulgação ajudam as comunidades locais a se conectarem com organizações nacionais que estão, por sua vez, em contato com colegas da Palestina. Dessa forma, profissionais da saúde mental que defendem a causa palestina conseguem se apoiar mutuamente através de uma base sólida de notícias, informações, prioridades e solidariedade, este bem imaterial tão importante.

Por meio de outras iniciativas, diversas redes se envolveram em campanhas do movimento "Não Vá"[31] de grande porte, relacionadas às reuniões e conferências sobre saúde mental previstas para acontecer em Israel. Essas campanhas se fundamentam na ética e nas políticas do movimento por Boicote, Desinvestimento e Sanções (BDS), lançado em 2005 pela sociedade civil na Palestina que buscava aumentar a conscientização global sobre as violações de direitos humanos de Israel, chamando a atenção de organizações internacionais, empreendimentos comerciais, encontros acadêmicos / profissionais e produções culturais que apoiassem implicitamente o estado de Israel por meio de investimento e parcerias com instituições israelenses.[32] As campanhas do movimento "Não Vá" promovidas pelas redes não são oficialmente vinculadas ao movimento BDS, embora elas atuem paralelamente às atividades do BDS e visem alcançar os mesmos objetivos por meio de protestos não violentos.

As redes tradicionalmente iniciam uma campanha "Não Vá" a partir do anúncio de que alguma organização internacional de saúde mental pretender realizar algum encontro ou reunião em Israel. Então, a rede envia uma carta formal à diretoria dessa or-

31 O movimento "Não Vá" (*Don't Go*) busca conscientizar organizações e profissionais da saúde mental em todo o mundo e solicita publicamente que não realizem eventos como encontros e conferências profissionais em Israel. [N. T.]

32 BDS *Movement*. Disponível on-line.

ganização, apresentando argumentos a favor do remanejamento do evento e solicitando que a organização reconsidere a decisão.

A primeira dessas campanhas "Não Vá" foi idealizada pela Rede de Saúde Mental Reino Unido-Palestina em 2014 e solicitava que uma organização de saúde mental, a Associação Europeia de Terapias Comportamentais e Cognitivas (EABCT), reconsiderasse o local da conferência programada para 2015 em Israel. Na época, a campanha publicou uma nota de repúdio assinada por diversos psicólogos renomados. A Associação Britânica de Psicoterapias Comportamentais e Cognitivas (British Association for Behavioural and Cognitive Psychotherapies – BABCP), membro da EABCT, condenou a decisão por meio de uma petição que se opunha à escolha da localização, assinada por centenas de médicos e terapeutas em todo o mundo, com apoio adicional da Sindicato Palestino de Assistentes Sociais e Psicólogos (Palestinian Union of Social Workers and Psychologists – PUSWP).[33] Entretanto, o evento aconteceu em Israel, apesar do grande esforço internacional coordenados em protesto.

A campanha "Não Vá" seguinte incluiu membros da Rede de Saúde Mental Reino Unido-Palestina e da Rede de Saúde Mental EUA-Palestina, que protestavam contra uma conferência da Sociedade de Pesquisa em Psicoterapia (Society for Psychotherapy Research – SPR), prevista para acontecer em Israel. As autoras trocaram cartas com responsáveis pela SPR, que se recusaram a reconsiderar o local escolhido.[34] Na sequência, trezentos profissionais da saúde mental assinaram e publicaram uma petição em protesto à realização da conferência em Israel, configurando mais um exemplo de que até a rejeição pode ser utilizada como oportunidade, já que retrocessos como este podem ser reformulados para se tornarem eventos dignos de atenção midiática,

33 Open Letter About EABCT Conference in Jerusalem. 2015. UK-*Palestine Mental Health Network*. Disponível on-line.

34 Jabr and Berger Correspondence with SPR. 2016. UK-*Palestine Mental Health Network*. Disponível on-line.

obtendo ainda mais apoio e aumentando a conscientização do público geral.[35]

Houve uma série de esforços por campanhas do movimento "Não Vá" depois das mencionadas. Algumas iniciativas tinham um escopo mais modesto, consistindo às vezes em um único e-mail solicitando que uma instituição reconsiderasse a localidade de uma conferência já marcada. Uma dessas tentativas foi uma carta enviada por um membro do Comitê Diretivo da Rede Americana para a conferência Innovations in Conflict Resolution and Mediation [Inovações em Resolução de Conflitos e Mediação], prevista para ocorrer em Israel em 2018. A Rede não chegou a receber uma resposta de fato, embora o convite para a conferência tenha sido supostamente o assunto em um debate virtual animado na página da organização que promovia o evento.[36] Uma iniciativa semelhante foi uma correspondência enviada pela Rede dos Estados Unidos à International Society for Psychological and Social Approaches to Psychosis [Sociedade Internacional pela Abordagem Psicológica e Social à Psicose], que tinha uma reunião agendada para dezembro de 2018 em Israel. Essa carta também não foi respondida.[37] Um terceiro exemplo foi a correspondência enviada à New Lacanian School of Psychoanalysis [Nova Escola Lacaniana de Psicanálise], prevista para se reunir em Israel em junho de 2019. Tampouco houve resposta.[38]

Em dezembro de 2018, a Universidade de Rennes, na França, usou um modelo ligeiramente diferente de campanha "Não Vá" durante uma conferência que ocorria na universidade, organizada

35 Andrew Samuels, R. Giacaman, S. Jabr, Yasser Abu Jamei, M. Kemp, Ruchama Marton et al., "Move This Conference Away from Jerusalem". *The Independent*, 2016. Disponível on-line.

36 Synopsis of WMS Campaign. USA-*Palestine Mental Health Network*. Disponível on-line.

37 International Society for Psychological and Social Approaches to Psychosis. USA-*Palestine Mental Health Network*, 2018. Disponível on-line.

38 NLS. USA-*Palestine Mental Health Network*. Disponível on-line.

pela Associação para Conferências Francófonas de Psiquiatria da Infância e da Adolescência em Israel (Association pour les Conférences de Psychiatrie de l'Enfant et de l'Adolescent en Langue Française en Israel – COPELFI). Essa conferência foi realizada por uma associação articulada entre psiquiatras da infância e da adolescência franceses e israelenses. Uma organização se formou especificamente para esse propósito na França: o Groupe de Préfiguration de 2018 / Un temps de la Palestine a Rennes [Grupo de Prefiguração de 2018 / O momento da Palestina em Rennes]. Os protestantes redigiram uma carta, que foi assinada por diversas instituições políticas da França, bem como uma organização por saúde mental, a Rede dos Estados Unidos. Uma das demandas explícitas na petição dos protestantes foi o pedido de apoio de uma nova campanha "Não Vá" em andamento, a qual refletia a solidariedade internacional com outras iniciativas do movimento "Não Vá".[39] Durante a realização da conferência em Rennes, membros do Grupo de Prefiguração de 2018 organizaram uma manifestação pacífica diante dos participantes que ali estavam.

Em dezembro de 2017, a Rede dos Estados Unidos enviou um e-mail para membros do Conselho de uma grande organização de saúde mental, a Associação Internacional pela Psicanálise e Psicoterapia Relacional (International Association for Relational Psychoanalysis and Psychotherapy – IARPP),[40] solicitando que o Conselho reconsiderasse seus planos de realizar a reunião de junho de 2019 em Israel. O Conselho respondeu negativamente.[41] A Rede dos Estados Unidos uniu-se então à Rede de Saúde Mental Reino Unido-Palestina e à organização Jewish Voice for

39 Synopsis of COPELFI Campaign. USA-*Palestine Mental Health Network*. Disponível on-line.

40 S. Jabr, E. Berger, Rebecca Fadil & Christine Schmidt. "To the Board of the International Association of Relational Psychoanalysis and Psychotherapy", 2017. Disponível on-line.

41 A Reply to IARPP. UK-*Palestine Mental Health Network*. 2018. Disponível on-line.

Peace [Vozes Judias pela Paz] para reescrever a carta original por reconsideração e transformá-la em uma petição on-line, que foi assinada por mais de 1.400 trabalhadores e profissionais da saúde mental em todo o mundo.[42] À campanha em protesto à decisão da IARPP, uniram-se outras petições, incluindo uma do PUSWP, sindicato que representava mais de 20 mil terapeutas na Palestina,[43] uma de um grupo de médicos e terapeutas em Israel,[44] além de diversas matérias e artigos da mídia e cartas de apoio de outros profissionais e organizações da saúde mental em todo o planeta.[45]

No entanto, a IARPP tinha anunciado seus planos para a reunião internacional de junho de 2019 seis meses antes de que a reunião internacional de junho de 2018 acontecesse em Nova York. A reunião da cidade americana deu à Rede dos Estados Unidos a oportunidade perfeita para organizar uma contraconferência: alugou-se uma sala de conferências no mesmo hotel em que a reunião da IARPP aconteceria, em um horário que não coincidisse com as palestras da IARPP, e promoveu o evento "Vozes da Palestina".[46] O painel sobre a saúde mental na Palestina foi acompanhado por mais de 150 profissionais da área, incluindo membros da IARPP – todos eles convidados a participar.[47]

Outro evento de protesto foi realizado em Israel por ativistas israelenses durante a conferência de 2019 da IARPP, que contou com um encontro cujo tema era "Por que nós não participaremos da conferência da IARPP" e analisou as bases éticas dos posiciona-

42 S. Jabr, E. Berger, R. Fadil & C. Schmidt, "To the Board of the International Association of Relational Psychoanalysis and Psychotherapy". Disponível on-line.

43 Statement from the Palestinian Union of Social Workers and Psychologists. *Facebook*. 2018. Disponível on-line.

44 Israeli Professionals Oppose IARPP Meeting. USA-*Palestine Mental Health Network*. 2018. Disponível on-line.

45 About Don't Go. USA-*Palestine Mental Health Network*. Disponível on-line.

46 Voices on Palestine. USA-*Palestine Mental Health Network*, 2018. Disponível on-line.

47 Ibid.

mentos dos ativistas. Mais uma vez, participantes da conferência da IARPP foram convidados a comparecer.

As autoras relataram a histórias dos protestos da IARPP e de várias objeções, manipulações e distorções promovidas pela liderança da IARPP em resposta aos protestos em um periódico de psicanálise. Além da história contada pela IARPP, o artigo discutiu as diferentes tentativas de várias outras organizações de saúde mental de silenciar o ativismo de seus próprios membros quando o assunto é a Palestina.[48]

As várias respostas oficiais de organizações às campanhas "Não Vá" das redes são, elas mesmas, de nosso interesse enquanto profissionais da saúde mental e podem servir como base para análise da propaganda colonialista. Dessa forma, conseguimos usar nossas habilidades clínicas para virar o jogo ao posicionar o sionismo como objeto de estudo psicológico e expor os diversos argumentos formulados pelas organizações de saúde mental que apoiam o estado de Israel. Esses argumentos propostos por organizações que se recusam a reconsiderar a realocação de suas conferências podem ser agrupados por temas em comum: que Israel é uma democracia vibrante e deve ser fortemente apoiada – ou, alternativamente, que Israel talvez seja mesmo condenável, mas que profissionais da saúde mental devem manter-se neutros; que a organização de saúde mental em questão com planos de reunir-se em Israel é receptiva ao debate saudável e oferece um fórum para uma investigação imparcial e especializada das questões ligadas à violência política e ao trauma; que o movimento "Não Vá" sufoca o diálogo e a liberdade individual; que os protestos do movimento "Não Vá" são um trabalho amador de um homem só – e, pelo contrário, que os protestos do movimento "Não Vá" são um trabalho amador de uma organização política enorme e

48 S. Jabr & E. Berger, "Silencing Palestine: Limitations on Free Speech in Mental Health Organizations". *International Journal of Applied Psychoanalytic Studies*, v. 17, pp. 193–207. Disponível on-line.

com grande financiamento; que os protestos do movimento "Não Vá" são responsáveis por obrigar profissionais da saúde mental a darem corda a uma iniciativa do movimento "Não Vá" que eles não necessariamente apoiam (ou seja, que a onda de apoio internacional para as campanhas "Não Vá" entre profissionais da saúde mental são de alguma forma inválidas).

A maioria desses argumentos em apoio às reuniões de organizações de saúde mental em Israel são familiares, já que são variações das objeções comuns do movimento BDS e das objeções às práticas anticolonialistas como um todo. Tais argumentos apoiam a manutenção do status quo quando negam a realidade da opressão ou reconhecem essa realidade ao mesmo tempo que tentam enfraquecer os esforços para debatê-la. Eles são a favor do status quo quando alegam ser a voz do povo palestino e se apropriam da narrativa palestina. São a favor do status quo quando difamam as várias redes e os milhares de apoiadores do movimento "Não Vá", questionando sua autenticidade e integridade e acusando o movimento de ser uma conspiração amadora articulada por pessoas de fora mal-intencionadas ou por uma pequena panelinha de políticos que magicamente transformam os milhares de colegas de profissão, que assinaram as petições em protesto, em marionetes. Esses elementos da guerra psicológica são facilmente identificáveis e refutáveis, por isso sua capacidade de esvaziar e marginalizar o ativismo acaba sendo neutralizada e seu objetivo de minar as pautas e a energia do movimento é frustrado.

Outras campanhas do movimento "Não Vá" proporcionaram variações desses temas. No verão de 2019, a Rede de Saúde Mental Palestina-Global deu início a uma campanha relacionada a uma pequena organização, a Rede Europeia para Serviços de Avaliação em Saúde Mental [European Network for Mental Health Service Evaluation – ENMESH].[49] Inicialmente, a ENMESH tinha planejado realizar sua conferência de 2021 em Israel, mas a presidente do Comitê

49 *ENMESH*. Disponível on-line.

Executivo decidiu, segundo jornais, cancelar esse plano duas semanas depois do anúncio da conferência.[50]

A justificativa para o cancelamento da conferência em Israel foi publicada na página da ENMESH. Embora o texto não esteja mais disponível on-line, ele pôde ser lido em letras miúdas na página durante o verão de 2019. Na época, a declaração da ENMESH, agora inacessível, dizia:

> Durante a reunião do Conselho em junho de 2019 em Lisboa, o Conselho decidiu não realizar a conferência da ENMESH 2021 em Israel. Após deliberação, e tendo em vista a escassez de recursos para lidar com o tipo de ação promovida durante algumas conferências realizadas em Israel, concluímos, relutantemente, que não seria possível realizar a conferência da ENMESH em Israel no momento. Esta decisão foi tomada por questões práticas e não deve ser entendida como uma decisão política ou definitiva. Esperamos que seja possível realizar uma conferência da ENMESH em Israel no futuro.

Nesse momento, a Rede de Saúde Mental Palestina-Global enviou uma correspondência ao Conselho da ENMESH apoiando a decisão de cancelar a conferência em Israel. A carta também foi assinada pela Rede de Saúde Mental Reino Unido-Palestina e pela Rede de Saúde Mental EUA-Palestina.[51] O documento dizia:

> […] concordamos que a decisão do Conselho é sabia não só por questões práticas, mas principalmente éticas. Tal resolução reforça a importância do compromisso ético dos profissionais de saúde mental em "não fazer mal". Realizar uma conferência em Israel seria apoiar indiretamente um governo que vem oprimindo e violentando o povo palestino há mais de setenta anos.

50 Times of Israel Staff, "European Association Said to Nix Jerusalem Conference, Fearing BDS Pressure". *Times of Israel*, 2019. Disponível on-line.

51 "Letter to the ENMESH". *Palestine-Global Mental Health Network*. 2019. Disponível on-line.

O Conselho da ENMESH não respondeu à carta. Infelizmente, pouco depois do envio da carta das redes, foi divulgado que a ENMESH estava considerando reverter a decisão mais uma vez em resposta ao "imenso esforço" e às "campanhas organizadas" por defensores do sionismo.[52] Em agosto de 2019, veículos jornalísticos noticiaram que a presidente do Comitê Executivo tinha renunciado. O novo presidente do Conselho tinha sido uma das cabeças da reação pró-sionistas ao cancelamento inicial da conferência em Israel e chegou a renunciar ao cargo temporariamente em protesto. Ambos publicaram uma declaração conjunta on-line lamentando toda "mágoa" que as tomadas de decisão do Conselho pudessem ter ocasionado.[53]

Na primavera de 2020, a página da ENMESH contava com um novo comunicado, informando que a conferência de 2021 seria realizada em Israel, porém não incluía qualquer informação referente ao histórico da controvérsia em torno do planejamento.[54]

A polêmica da ENMESH ilustra alguns fenômenos observados em interações anteriores sobre o movimento "Não Vá" entre as redes e organizações de saúde mental. Talvez o mais visível publicamente seja o sigilo em torno da tomada de decisão organizacional e o apagamento dos rastros de discussões internas sobre essas decisões quando o assunto está relacionado à questão da Palestina – embora a mídia tenha divulgado que houve uma mobilização no local da conferência em protesto ao restabelecimento do evento cancelado em Israel. A harmonia fictícia da organização mantém-se intacta, embora evidências mostrem que esse fato denuncia uma situação bastante diferente.

52 "Following Pressure, Mental Health Academics May Reverse Decision to Cancel Conference in Israel". *The Middle East Monitor*. 2019. Disponível on-line.

53 "Mental Health Experts Sorry for 'Hurt' Over Claims of Israel Boycott". *Jewish News*, 2019. Disponível on-line.

54 *ENMESH*, op. cit.

Pensando positivamente, podemos deduzir que membros da ENMESH que tomaram a "prática" decisão inicial de cancelar a conferência em Israel não estavam considerando apenas a possibilidade de protestos por BDS no geral, mas também estavam preocupados com as recentes campanhas do movimento "Não Vá" que miravam especificamente em organizações de saúde mental. O episódio da ENMESH evidencia que a visibilidade crescente do movimento "Não Vá" no campo da saúde mental motiva um debate cada vez mais difícil de ser silenciado.

Além das iniciativas do movimento "Não Vá", a Rede de Saúde Mental Palestina-Global liderou outras campanhas recentemente, que impactaram o bem-estar na Palestina. Uma dessas campanhas envolve o protesto pela criação de um curso de "Sensibilidade cultural", oferecido pela Universidade de Ariel, conforme descrito na página da Rede:[55]

> A Rede de Saúde Mental Palestina-Global (PGMHN) condena veementemente a decisão recente do Ministério da Saúde de Israel de aceitar a proposta da Universidade de Ariel para organizar e implementar um programa de educação profissional continuada na área da saúde mental, que será necessário para psicólogos palestinos residentes em Israel, entre outros. A "Universidade de Ariel" está localizada no assentamento urbano israelense de Ariel, cuja construção se deu em solo palestino dentro da cidade de Salfit, na Cisjordânia, ocupada desde 1967. A PGMHN considera particularmente ofensivo e cínico o fato de que um dos cursos alega abordar a questão da "sensibilidade cultural" no contexto da psicoterapia e dos serviços de saúde mental. Para nós, está claro que esta é mais uma tentativa de consolidar o discurso colonial racista e desumanizador.

55 Mental Health Training in the Service of Israeli Violence Towards Palestinians. *Palestine-Global Mental Health Network*. 2020. Disponível on-line.

A Rede de Saúde Mental EUA-Palestina publicou uma carta on-line em apoio a esta campanha.[56] Mais de cem profissionais da saúde mental israelenses assinaram outra carta em apoio ao protesto, além de três organizações ativistas – Joining Resistance [União pela Resistência], Psychoactive [Psicoativo] e Academia for Equality [Acadêmicos pela Igualdade] –, representando outras centenas de profissionais e acadêmicos de Israel.[57] Esta carta foi enviada ao Ministério da Saúde israelense. Após vários dias, a página da Universidade de Ariel publicou uma nota em sua página informando que o treinamento tinha sido cancelado.[58]

PRÓXIMOS DESAFIOS

Os desafios à justiça e ao bem-estar impostos pela exploração e pela opressão em todo o mundo parecem estar longe de acabar, especialmente os obstáculos colocados ao povo da Palestina pela ocupação. De fato, a deterioração das condições de vida para a humanidade neste momento, como o aquecimento global, pandemias e as consequências econômicas dessas condições, anuncia a ascensão de líderes despóticos e de reações paranoicas da população geral em resposta ao medo. Por ora, parece que tais condições não são um bom presságio para o desenvolvimento de uma coordenação internacional e cuidadosa que apoie os direitos e o bem-estar humano. Problemas globais desse porte podem desestimular até os ativistas mais determinados pelo mundo.

Esses desafios podem ser particularmente apontados no que se refere à Palestina. Aqui, eles podem surgir sob o excelente disfarce

56 USA-Palestine Mental Health Network Supports Palestine-Global Mental Health Network on Ariel University. *Palestine-Global Mental Health Network*. 2020. Disponível on-line.

57 Carta ao Ministério da Saúde sobre o curso de sensibilidade cultural na psicologia. Disponível em on-line.

58 E. Rapoport, correspondência pessoal, 19 de mai. 2020.

de ajuda humanitária, como o hospital de campanha que está sendo construído em Gaza financiado pelo governo israelense e por uma organização evangélica dos Estados Unidos. Neste caso, o que pode parecer uma ação generosa para levar saúde ao povo de Gaza é, na verdade, uma medida de "segurança" israelense sob a liderança de um oficial do exército do país acusado de crimes contra a humanidade.[59]

A dificuldade de discernir amigos de inimigos e de identificar as motivações por trás da confusão dos desenvolvimentos do dia a dia na Palestina com certeza podem levar ao cansaço e ao desânimo. Para enfrentar a desesperança e a exaustão, acreditamos que ativistas devem ter atenção especial à pressão e ao trauma que envolvem nosso trabalho. O esgotamento psicológico de profissionais da saúde mental é um fato amplamente conhecido e se relaciona a diversos fatores: o excesso de trabalho, a obrigação de moderar afetos dolorosos e o transtorno de estresse pós-traumático por exposição direta e indireta. Percebemos ainda o sentimento de frustração e dor frequentemente experimentados por profissionais da saúde mental, retaliados por um bombardeio de discurso de ódio, intimidação e ataques pessoais promovidos pelo opressor e por seus simpatizantes. Ativistas das redes já receberam ameaças de morte anônimas e são incansavelmente boicotados por entidades pró-Israel, como a Canary Mission.[60]

Há um tipo específico de dor, talvez o menos conhecido, que acontece quando ataques pessoais ocorrem dentro de um grupo solidário: quando ativistas passam a condenar uns aos outros. Análises sobre ativismo político raramente descrevem ou documentam, com algumas notáveis exceções,[61] o fenômeno da dis-

59 S. Jabr, "Gaza's New Mental Health Unit: A Project of Psychological Control". *Middle East Monitor*. Disponível on-line.

60 E. Berger, "Canary Mission Is Dangerous to Your Professional Health". *Mondoweiss*, 2021. Disponível on-line.

61 Sa'ed Atshan, *Queer Palestine and the Empire of Critique*. Redwood City: Stanford University Press, 2020.

córdia e animosidade entre ativistas. Historicamente, é claro, movimentos pró-libertação frequentemente sofrem uma enorme pressão para que mantenham a aparência de harmonia e unidade perante o mundo exterior. É compreensível que haja um incentivo para que evitem revelar desavenças e tensões entre grupos solidários, mas negar a existência real de conflitos entre ativistas apresenta seus próprios riscos.

Uma pesquisa informal recente realizada entre ativistas de saúde mental nas redes revelou que um alto número desses voluntários confessou espontaneamente que brigas internas com colegas ativistas são o aspecto mais doloroso de seu trabalho político e a origem mais frequente de esgotamento pessoal. Acreditamos que dar atenção ao fenômeno dessas rivalidades faz parte da nossa responsabilidade profissional enquanto médicos e terapeutas, pois precisamos lidar com nossas próprias contratransferências. Dar ouvidos às brigas internas e mediá-las com sabedoria também é fundamental para nós enquanto participantes de um processo de renovação coletiva.

Não podemos nos esquecer de que ativistas solidários à causa palestina não são imunes às fraquezas humanas. Todos nós somos suscetíveis a insensatez, erro, arrogância, inveja, impaciência, bem como à tentação de seguir as ideias do grupo e outros estados semelhantes de regressão psicológica. Além disso, é provável que a esquerda, ao contrário da direita, seja especialmente vulnerável às brigas internas, o que claramente reflete a insegurança sócio-política fundamental de grupos marginalizados e, consequentemente, a tendência às acusações mútuas e à falta de confiança entre membros do grupo. Há várias dinâmicas em jogo com este fenômeno, entre as quais a "identificação com o agressor" é com certeza a mais proeminente. A direita é menor, mas é bem mais poderosa e dotada de uma união formada por interesses de classe compartilhados e objetivos que são reforçados mutuamente. Já a esquerda depende de uma coligação de diversos subgrupos fragmentados, os quais inevitável e frequentemente se percebem em posição de disputa por prestígio e voz de liderança, muitas vezes sem uma base forte para ter empatia entre seus apoiadores. Entre a esquerda, líderes costumam ser alvo de ataques não só quando dizem alguma coisa equivocada, mas também quando dizem algo certo com eloquência e talento. A inveja de líderes carismáticos parte tanto da rivalidade consciente quanto inconsciente e pode ser uma dinâmica poderosa na psicologia das massas – especialmente quando o próprio grupo vive sob ameaça eterna. Não podemos esquecer de que, uma vez alcançado o poder, alguém tentará tomá-lo à força.

Como ativistas, acreditamos ser importante reconhecer que somos extremamente dependentes de outros ativistas para apoio e encorajamento, tendo em vista que já estamos isolados da maioria pelo caráter marginalizado dos objetivos de nosso próprio ativismo. Nossa alienação do contexto social dominante nos deixa especialmente vulneráveis ao ostracismo intenso e às denúncias coléricas de nossos aliados. Além disso, também somos mais suscetíveis a essas dinâmicas devido ao nosso próprio idealismo enquanto ativistas. Raramente nos damos conta da nossa necessidade profunda de termos nossos próprios heróis e de manter um purismo ideológico. Esse ímpeto pode culminar em ideais irrealistas e atitudes condenatórias nada construtivas.

Sugerimos que ativistas da saúde mental se esforcem para estarem particularmente atentos ao meio psicológico onde se dá seu ativismo, especialmente em seus aspectos inconscientes. A dependência exagerada e, talvez, necessária que ativistas sentem em relação a uma bolha de camaradas, a um centro de solidariedade, pode se tornar facilmente uma ferramenta para rivais sedentos por poder. A vulnerabilidade do encorajamento e afeto entre pares também pode se transformar em um fator desestabilizador entre membros do grupo, fazendo com que aqueles que ontem eram vistos como colegas queridos hoje sejam percebidos como "objetos ruins" primitivos. Conflitos internos individuais ou dentro de um grupo podem representar a projeção de uma consciência culpada ou de uma demanda minuciosa por consistência, o que leva à difamação completa. A necessidade de que todos sejam igualmente santos e altruístas (ou altruístas nas mesmas causas ao mesmo tempo) pode ocasionar decepções entre companheiros de ativismo, com denúncias de "estrelismo", comportamentos excessivamente críticos ou isolamento.

Fanon nos ensina que nos fortalecemos quando levamos compreensão psicológica às análises de agentes na atividade revolucionária, incluindo a nós mesmos. Devemos nos empenhar para lidar uns com os outros com paciência e maturidade e manter a generosidade, a empatia e a dignidade em nosso trabalho coletivo. Acreditamos que o autoconhecimento em ativistas, o que inclui a consciência de nossa própria capacidade de cometermos injustiça, pode ajudar a prevenir que os conflitos e as contradições inevitáveis que surgem em todos os grupos humanos se convertam em ataques *ad hominem* improdutivos, dinâmicas grupais de regressão e busca por um bode expiatório. Só que, para fazer isso, precisamos nos comprometer com o desenvolvimento de uma cultura coletiva transparente que reconheça a diversidade em meio à solidariedade e a validade de diferentes pontos de vista em meio a um compromisso abrangente. Não conseguiremos alcançar um senso de enraizamento orgânico e uma participação no passado histórico sem trabalhar construtivamente juntos – independentemente do quanto essa história possa ser fragmentada –, além de coragem para criar um novo futuro humano.

Portanto, a atenção primorosa de Fanon ao papel da *agressão* em nossos contextos pré-revolucionários e revolucionários é, para nós, uma das contribuições mais valiosas deste trabalho em andamento. A análise de Fanon do feitiço invejoso lançado pela narrativa do colonizador e sua imposição por meio das dinâmicas de poder revelam as diversas formas em que o sujeito colonizado participa, involuntariamente, de sua própria vitimização, manifesta na agitação corporal e alienação emocional característica do sujeito, para usar termos fanonianos. Uma das funções mais importantes da psicologia da libertação é tornar conscientes as muitas manifestações desse feitiço, de modo a transformar a autossubjugação em um impulso para a ação, e não em comportamentos negativos inconscientes.

É nesse ponto que Fanon costuma ser incorretamente interpretado como se glorificasse a violência como porta de entrada para a renovação social. Consideramos que essa leitura de Fanon é uma distorção propositalmente fabricada para desacreditá-lo. É certo que ele defendia o direito do oprimido a defender-se da violência proveniente da opressão, da mesma forma que leis internacionais defendem o direito de pessoas sob ocupação a defender-se da violência da ocupação militar.

Mas, na nossa interpretação, Fanon não evoca a violência como uma solução simplista. Pelo contrário, ele solicita clareza e na compreensão e na nomeação da imensa violência, seja ela explícita ou oculta, enraizada na situação colonial e na reação humana a ela. Fanon nos alertou sobre os conflitos fraternos e atos ferozes de destruição impulsiva. Em sua vigilância, ele previu os perigos de nacionalismos reducionistas e dinâmicas pós-revolucionárias que só espelham o poder da elite recentemente deposta. Ele desconfiava de todas as defesas psicológicas que tendiam a deslocar a violência do colonialismo para alvos errados, o que daria trágica continuidade aos danos por este causados.

Fanon não prescreveu um modelo específico para a transformação revolucionária, mas identificou a característica central que a libertação genuína deve conter: a necessidade de reconhecer, valorizar e engajar a força ilimitada de cada indivíduo, ampliada ao longo do tecido de conexões humanas significativas. Nós enxergamos essa força como o centro da vida psicológica que existe dentro de cada pessoa, mas também do coletivo humano.

Acreditamos que o espírito de Fanon é como uma luz que guia profissionais da saúde mental da Palestina e seus apoiadores internacionais, tanto como luta específica quanto como modelo para movimentos anticoloniais e antirracistas ao redor do mundo.

A dívida que temos com Fanon é direta e reconhecida por vários dos principais acadêmicos e ativistas na Palestina e por colegas de outros países com quem trabalham. Mas além dessa descendência direta, digamos, é possível enxergar o espírito de Fanon emergindo na prática cotidiana do trabalho com saúde mental na Palestina. Esse fenômeno é um testemunho de que Fanon articulou princípios universais de justiça e dignidade humana, defendidos hoje na Palestina no campo da resistência popular alinhados a lutas semelhantes em todo o mundo. Fanon pode não ter dito nada especificamente sobre a Palestina, mas somos livres para imaginar quais palavras ele teria usado se o fizesse e delas extrair nossa força.

O RACISMO E A ZONA DO NÃO SER EM FRANTZ FANON, EIS A QUESTÃO

DEIVISON FAUSTINO
E NILSON LUCAS DIAS GABRIEL

[2025]

SER OU NÃO SER, EIS A QUESTÃO

Essa porra é um campo minado
Quantas vezes eu pensei em me jogar daqui
Mas aí, minha área é tudo o que eu tenho
A minha vida é aqui e eu não consigo sair
É muito fácil fugir, mas eu não vou
Não vou trair quem eu fui e quem eu sou
Racionais MC's, "Fórmula mágica da paz", 1997

Se Shakespeare fosse cria de quebrada, com certeza representaria o famoso "ser ou não ser" com Hamlet vestindo bombojaco escuro e boné virado para trás, com uma caixa de som ao fundo da cena tocando baixinho, mas audível, a música "Fórmula mágica da paz", do grupo de rap paulistano Racionais MC's. A vida é um desafio tão complexo que às vezes a gente pensa em "se jogar",[1] literal ou metaforicamente, dos caminhos que nós mesmos traçamos ou que traçaram para nós. Outras vezes, diante das adversidades, resta "acreditar que o sonho é possível"[2] e seguir em busca de sentido para a nossa incerta caminhada. Nesse movimento constante e paradoxal entre a contingência e a insistência em existir, o nada e o infinito, o *ser* ou *não ser* parecem elementos incontornáveis à experiência humana, especialmente quando atravessada pelo racismo.

Ao tratar de como esse paradoxo pode ser vivido no interior da situação colonial, o jovem estudante de psiquiatria Frantz Omar Fanon nos desfere, já em sua primeira obra, um de seus mais enigmáticos golpes: "por mais que me exponha ao ressentimento de meus irmãos de cor, direi que o negro não é um homem"; ou seja, as pessoas negras não são humanas. E ele continua: "existe uma *zona do não ser*, uma região extraordinariamente estéril e árida, uma

1 Racionais MC's, "Fórmula mágica da paz", in *Sobrevivendo no inferno* [CD]. São Paulo: Cosa Nostra Fonográfica, 1997.

2 Id., "A vida é desafio", in *Nada como um dia após o outro dia* [CD]. São Paulo: Cosa Nostra Fonográfica, 2002.

encosta perfeitamente nua, de onde pode brotar uma aparição autêntica. Na maior parte dos casos, o negro não goza da regalia de empreender essa descida ao verdadeiro inferno".[3]

O que ele quis dizer com isso, afinal? O que seria essa tal *zona do não ser* e quais as suas implicações para pensar a existência humana, o racismo e as suas possibilidades de superação? As pessoas negras foram lançadas a essa zona ou impedidas de acessá-la? Eis a questão.

É sabido que o sistema colonial, como forma particular de exploração, expropriação e dominação, baseou-se em uma violência sistêmica pautada pelo genocídio indígena, escravização de populações africanas e pela sobrevivência e atualização do racismo após a abolição da escravatura, levando milhões de pessoas à miséria econômica, aos traumas subjetivos e à segregação social. Longe de ser apenas uma ideologia que hierarquiza diferenças culturais, o racismo atua como uma interdição do reconhecimento da humanidade, ou seja, a impossibilidade ética, política, estética e subjetiva de conceber suas vítimas como parte da comunidade humana.[4] É no interior do debate que Fanon fará uma menção única à "zona do não ser".[5]

3 Frantz Fanon, *Pele negra, máscaras brancas* [1952], trad. Sebastião Nascimento e Raquel Camargo. São Paulo: Ubu Editora, 2020, p. 22 (grifos nossos).

4 Deivison Mendes Faustino, "A 'interdição do reconhecimento' em Frantz Fanon: a negação colonial, a dialética hegeliana e a apropriação calibanizada dos cânones ocidentais". *Revista de filosofia Aurora*, v. 33, n. 59, 2021.

5 Reconhecemos que em outro trecho do livro Fanon emprega o termo "não ser" uma segunda vez, para colocar em questão a tese de uma ontologia bantu, proposta pelo padre Placide Frans Tempels (1906–77), um missionário franciscano belga que se tornou famoso por seu livro *La philosophie bantoue* (A filosofia bantu), publicado em 1945: "atenção, não se trata de encontrar o Ser no pensamento bantu, quando a existência dos Bantu se vê colocada no plano do não ser, do imponderável!" (F. Fanon, *Pele negra, máscaras brancas*, op. cit., p. 197). Abordaremos essa discussão em um artigo futuro, mas gostaríamos de sugerir uma diferença conceitual entre esse "plano do não ser", como imponderável e inexistente, e a "zona do não ser", como descrito no trecho que será analisado neste artigo.

Importantes estudiosos de Frantz Fanon retomarão essa expressão, entendendo-a como sinônimo de desumanização racial, imposta às vítimas do colonialismo.[6] Como argumenta Adam Shatz em referência ao psiquiatra martinicano, "ser negro [...] era se sentir *preso* em uma '*zona do não ser*'".[7] Nessa perspectiva – onde o não ser é quase sempre visto como oposto ao *ser*[8] –, as angústias desse suposto *ser* (branco) presentes em obras como *Hamlet* parecem até frescuras da fragilidade branca quando comparadas aos horrores sistêmicos impostos àqueles supostamente condenados à *zona do não ser*.

O filósofo existencialista Lewis Gordon reconhece uma certa ambiguidade na forma como Fanon aborda a zona do não ser, mas concorda que ela seria um *locus* infernal problemático, de onde o negro tenta a todo custo escapar:

> De fato, essa "zona" pode ser lida de duas maneiras. Poderia ser um limbo, o que colocaria os negros abaixo dos brancos, mas acima de criaturas cujas sortes são piores; ou poderia simplesmente significar o ponto de ausência total, o lugar mais distante da luz que, em um sistema teísta, irradia a realidade, o que seria o inferno.[9]

Decaída ontológica ou possibilidade de insurgência infernal contra a *teodiceia*[10] que institui o branco como o caminho, a verdade e a

6 Ver Charles des Portes, "Towards a Decolonial Political Theory: Thinking from the zone of nonbeing". *Philosophy and Social Criticism*, v. 0, n. 0, 2024.

7 Adam Shatz, *A clínica rebelde: Uma biografia de Frantz Fanon*. São Paulo: Todavia, 2025, p. 48 (grifo nosso).

8 Joaze Bernardino-Costa, "A prece de Frantz Fanon: Oh, meu corpo, faça sempre de mim um homem que questiona!". *Civitas*, Porto Alegre, v. 16, n. 3, 2016.

9 Lewis R. Gordon, *What Fanon Said: A Philosophical Introduction to His Life and Thought*. New York: Fordham University Press, 2015, p. 20.

10 Para Gordon, o racismo antinegro não se resume à sua inferiorização e desumanização, mas, antes de tudo, na eleição expiatória do branco, do Ocidente e da Europa capitalista como teodiceia, isto é, como demiurgo da história e horizonte único de toda a humanidade, enquanto representa o

vida, o *não ser* gordoniano continua sendo visto tanto como oposição ao *ser* – entendido como o *locus* habitado pelo branco ou o Ocidente – quanto como decaimento desumanizador em relação a ele.

A ideia do branco como *ser* e o negro como *não ser* está presente também em autores não fanonianos que têm mobilizado as contribuições de Michel Foucault sobre a biopolítica[11] para pensar a desumanização racista na modernidade. O caso mais notório é o brilhante estudo de Sueli Carneiro que emprega a polarização entre ser e não ser para analisar como a racialidade – entendida como dispositivo, no sentido foucaultiano – organiza as relações raciais no Brasil.

> [...] no caso da negritude, a sua irredutibilidade consiste no seu deslocamento para uma alteridade que a institui como a dimensão do *não ser* do humano. Se o Outro é aquele através do qual o eu se constitui, o Outrem será aquele intrinsecamente negado pelo ser, o limite de alteridade que o *ser* concede reconhecer e se espelhar. De que nos serviria essa distinção? Para compreender pactos em que houve oportunidade para que algum e qualquer Outro pudesse ser incluído na sociedade brasileira, e que recorrentemente o negro é rejeitado, situação da qual a nossa história é prenhe de exemplos.[12]

Essa posição é genial porque permite tematizar a natureza desumanizadora e estruturante do empreendimento racista: um tema

---

negro como mal absoluto e objetificado. Por isso, as contradições e violências próprias ao capitalismo só podem ser identificadas quando associadas ao colonizado (ver *An Introduction to Africana Philosophy*. New York: Cambridge University Press, 2008).

11 Foucault, no livro *Em defesa da sociedade: Curso no Collège de France (1975–1976)* (trad. Maria Ermantina Galvão. São Paulo: Martins Fontes, 1999), aborda o racismo como o corte biopolítico que define a quem se deve fazer viver e quem poderá morrer.

12 Sueli Carneiro, *A construção do outro como não ser como fundamento do ser*. Tese de doutoramento. São Paulo: FEUSP, 2005, p. 27 (grifos nossos).

fanoniano por excelência. O racismo antinegro e anti-indígena na África e nas Américas nunca se reduziu à simples hierarquização de grupos humanos, mas à impossibilidade ontológica de estender aos colonizados o reconhecimento da humanidade e de suas conquistas, expressas nas noções abstratas de indivíduo, liberdade e igualdade. O problema – que não se aplica ao referido estudo de Sueli Carneiro – é perder de vista de onde Fanon partia e com quais referências teóricas dialogava ao falar em zona do *não ser*.

Em uma interpretação alternativa, argumentamos que a zona do *não ser* é uma noção fundamental com a qual Fanon tematiza a existência humana e a liberdade – e não apenas sua negação e animalização. Pretendemos demonstrar, portanto, que para esse autor, o racismo e a racialização, pilares do empreendimento colonial, representam precisamente a impossibilidade de descer a essa zona infernal do *não ser*. É justamente essa peculiaridade teórica que permite a Fanon criticar armadilhas fetichistas e, ainda assim, apostar na afirmação das identidades subalternizadas como mediação provisória rumo a um estágio em que elas poderiam ser desnecessárias. Por outro lado, sem "absolutizar" a zona do *não ser* – como Albert Camus acusou os existencialistas de sua época –,[13] o *não ser* de Fanon possibilita uma abordagem teórica e prática capaz de conceber a experiência humana em sua dialética singular, particular e universal.

Em um primeiro momento, aproximaremos o não ser fanoniano da concepção existencialista presente em Jean-Paul Sartre (1905–80) e Maurice Merleau-Ponty (1908–61) para, em seguida, discutir como sua vinculação à Negritude de Aimé Césaire per-

13 Em *O mito de Sísifo* [1942] (trad. Ari Roitman e Paulina Watch. Rio de Janeiro: Edições Bestbolso, 2014), Camus acusa as principais figuras existencialistas francesas de sua época de fazerem do caráter de "negação" da existência humana uma espécie de deus, onipresente em todo e qualquer texto existencialista.

mite "calibanizar"[14] o conceito existencialista de *não ser*, tematizando a particularidade da experiência colonial. Para dar conta da profundidade da proposta fanoniana no tratamento da dialética singular, particular e universal, tomamos a liberdade – "talvez até confusa, mas real e intensa"[15] – de mobilizar alguns trechos da obra de autores como Dante Alighieri (1235–1321), William Shakespeare (1564–1616), Aimé Césaire (1913–2008) e o grupo de rap paulistano Racionais MC's.

O INFERNO SÃO OS OUTROS... E EU, NÃO?

Quando analisamos o solilóquio *ser ou não ser*[16] à luz do "clima de fim do mundo"[17] que representou a escravidão negra, do genocídio palestino ou indígena nas Américas ou mesmo diante da violência racial que acompanhou o capitalismo em todos os seus estágios de desenvolvimento, o questionamento sobre o sentido da

14 Na tradução de *A tempestade*, feita por José Francisco Botelho para a Companhia das Letras em 2022, o nome "Caliban" foi traduzido como "Calibã". O mesmo ocorreu na tradução de *Uma tempestade*, de Aimé Césaire, feita por Margarete Nascimento dos Santos para a Temporal em 2024. No entanto, a fim de evitar possíveis confusões, ao nos referirmos ao campo de estudos, optamos por manter a grafia original "Caliban". E quando nos referirmos ao personagem das peças, ou no uso de citações diretas, faremos uso do nome "Calibã". Como veremos mais adiante, a expressão "estudos calibanianos" refere-se ao campo acadêmico que trabalha com o conceito de "Caliban", associado ao personagem de *A tempestade* (1629), de Shakespeare, e/ou, *Uma tempestade* (1969), de Césaire, como símbolo de resistência anticolonial.

15 Racionais MC's, "Vida Loka Parte 1", in *Nada como um dia após o outro dia* [CD], op. cit.

16 Ao passo que no monólogo o discurso é dirigido ao espectador da cena, dando significância à fala do locutor, no solilóquio a personagem dialoga consigo mesma ou expressa seus pensamentos mais íntimos.

17 F. Fanon, *Os condenados da terra* [1961], trad. Ligia Fonseca Ferreira e Regina Salgado Campos. Rio de Janeiro: Zahar, 2022, p. 78.

vida parece perder o significado. Quando *da ponte pra cá*,[18] falta o básico e, ainda assim, a violência sistêmica lhe ataca mortalmente o passado, o presente e o futuro o ser ou não ser parece diferente. Será que Shakespeare, tido como portador de uma estética universal, teria algo a dizer sobre o dilema existencial de quem sequer é considerado humano?[19]

O questionamento de Hamlet, expresso n'*A tragédia de Hamlet, príncipe da Dinamarca*, de Shakespeare, escrita e publicada na virada do século XVI para o XVII na próspera e efervescente Inglaterra, revela a angústia de um *playboy* que se interroga sobre o sentido de vingar ou não a morte do pai, supostamente assassinado pelo próprio irmão. O tio do protagonista não apenas toma a coroa para si, após o crime, como se casa às pressas com a viúva Gertrudes, mãe de Hamlet. Contudo, o fantasma do pai, que inaugura a tragédia assombrando a corte, clama por vingança ao revelar poeticamente ao filho, lá pela cena V do Ato I, que "a serpente que tirou a vida de teu pai agora está coroada" e ainda goza, "conquistou à custa da luxúria indecente o desejo da rainha que aparentava ser tão virtuosa".[20] E agora, José?

Comprometido com a vingança exigida pelo espectro, mas em dúvida sobre a real autoria do crime e, sobretudo, temendo igualar-se ao assassino, num contexto ético ainda regido pelo cristianismo, Hamlet, paralisado, se pergunta em voz alta:

18 "O mundo é diferente da ponte pra cá" (Racionais MC's, "Da ponte pra cá", in *Nada como um dia após o outro dia* [CD], op. cit.).

19 Essa pergunta foi lançada, como provocação, pelos dramaturgos Fernando Lufer e Eugênio Lima nos encontros preparatórios para o brilhante espetáculo *Black Machine* (2025). Inspirados no célebre *Hamlet Machine*, de Heiner Müller, o projeto estabelece um embate entre Shakespeare e Fanon a respeito da modernidade e do racismo, da humanidade e da racialização, do ser e do não ser.

20 William Shakespeare, *A tragédia de Hamlet, príncipe da Dinamarca*, trad. Bruna Beber. São Paulo: Ubu Editora, 2020, p. 40.

Ser ou não ser – eis a questão:
Será mais nobre para a mente suportar
As fundas e flechas do destino austero,
Ou abrir fogo contra o mar de angústias,
E, relutante, dar-lhes fim? Morrer, dormir –
E só; e ao dormir acreditar que damos fim
A todo pesar e às mil feridas naturais
Herdadas pelo corpo – este é o desfecho
Piamente desejado: morrer, dormir.
Dormir, talvez sonhar. Eis o enrosco;
Pois os sonhos que virão no sono da morte,
Desnudados no rodamoinho da vida,
Trazem perplexidade. Essa reflexão
Transforma a ventura em desastre.
Pois quem suportaria os escárnios do tempo,
O ultraje do opressor, a vaidade do arrogante,
O desprezo no amor, a lentidão da lei,
A insolência dos políticos e o desdém
Que o habilidoso recebe dos inúteis,
Se lhe fosse possível encontrar a paz
Num simples punhal?[21]

Diferentemente da "zona do não ser" fanoniana, a noção shakespeareana de "ser" se opõe frontalmente ao "não ser". Viver (ser), enfrentar esse enigmático *campo minado* que constitui a vida ou lançar-se para fora dela (não ser), abraçando o inexistente? O *ser* e o *não ser* são temas antigos e recorrentes na filosofia, mas, em Shakespeare, o dilema serve para expressar uma subjetividade cindida entre o "destino" ditado por uma tradição aristocrática em franco desmoronamento e a sociabilidade burguesa, ainda germinal e individualista, mas não totalmente posta. É nessa tensão que Hamlet, angustiado, se pergunta se deve "suportar as fundas e fle-

21 Ibid., pp. 76–77.

chas do destino austero, ou abrir fogo contra o mar de angústias?". Como diria Mano Brown a respeito das pedradas do destino: *a vida é loka*![22] O mano Hamlet hesita, em crise se deve empunhar a espada para lavar a honra da família, matando o próprio tio; mas, como suportar inerte "o ultraje do opressor, a vaidade do arrogante, o desprezo no amor "[23] se tio for realmente o assassino de seu pai? Por que não encontrar seu repouso com um "simples punhal" que leve a cabo a vida do tio ou a sua própria?

A vida e a liberdade humanas são essas dádivas divinas e, ao mesmo tempo, infernais, que não se criam no vazio espaço-temporal. Marx já alertava que os seres humanos fazem história, mas não como a querem, pois os produtos, processos, ideologias e atos individuais e coletivos do passado assombram o presente, limitando as possibilidades de escolha. Cada decisão individual e coletiva, contudo, altera os cenários futuros em uma relação dialética entre teleologia e causalidade. Mesmo Sartre, defensor radical da liberdade e da responsabilidade diante de cada escolha, reconheceu, cada vez mais ao longo da vida, que a liberdade é sempre situada.[24] Ainda assim, para ele, a despeito das "pedradas e flechadas do destino feroz" o ser humano é obrigado a escolher, mesmo nas condições mais adversas de assujeitamento.[25]

Em "Fórmula mágica da paz", dos Racionais MC's, o eu lírico – possivelmente um jovem negro, testemunha da violência urbana, do racismo e da pobreza nas favelas brasileiras da década de 1990 – imagina a possibilidade de fuga daquele "campo minado" para algum lugar real ou simbólico não revelado. Mas é assumindo o

22 Racionais MC's, "Vida Loka Parte 2", in *Nada como um dia após o outro dia* [CD], op. cit.

23 W. Shakespeare, *A tragédia de Hamlet, príncipe da Dinamarca*, op. cit., p. 76.

24 Sylvia Mara Pires de Freitas, *Psicologia existencialista de grupos e da mediação grupal: contribuições do pensamento de Sartre*. Petrópolis: Vozes, 2018.

25 Jean-Paul Sartre, *Colonialismo e neocolonialismo* [1964] (SITUAÇÕES, V), trad. Diva Vasconcelos. Rio de Janeiro: Tempo Brasileiro, col. Biblioteca Tempo Universitário 8, 1968.

lugar de sujeito do questionamento que o faz: "É muito fácil fugir, mas eu não vou. Não vou trair quem eu fui e quem eu sou".

O dilema existencial de tentar sobreviver à violência sem ser consumido por ela é levado ao extremo quando o narrador se encontra em meio à dor e ao desespero de ter um ente querido baleado, em pleno feriado do Dia das Crianças:

Eu percebi quem eu sou realmente,
quando eu ouvi o meu subconsciente:
"e aí, Mano Brown cuzão? Cadê você?
seu mano tá morrendo, o que você vai fazer?"
Pode crê, eu me senti inútil, eu me senti pequeno,
mais um cuzão vingativo, vai vendo!
Puta desespero, não dá pra acreditar,
que pesadelo, eu quero acordar
Não dá, não deu, não daria de jeito nenhum,
o Derley era só mais um rapaz comum,
dali a poucos minutos,
mais uma Dona Maria de luto
Na parede o sinal da cruz,
que porra é essa? Que mundo é esse? Onde tá Jesus?
[...]
Pôrra, eu tô confuso, preciso pensar,
me dá um tempo pra eu raciocinar
Eu já não sei distinguir quem tá errado, sei lá, minha ideologia enfraqueceu:
Preto, branco, polícia, ladrão ou eu, quem é mais filha da puta, eu não sei! Aí fudeu, fudeu, decepção essas hora...
A depressão quer me pegar vou sair fora.[26]

O que, afinal, tudo isso tem a ver com o *não ser* fanoniano? A existência humana, mesmo sob situações extremas de violência e ob-

26 Racionais MC's, "Fórmula mágica da paz", op. cit.

jetificação, não escapa à angustiante e contraditória responsabilidade diante das próprias escolhas. Isso não significa que todos têm o mesmo horizonte de escolhas diante de si, mas que há em qualquer relação humana um revezamento recíproco nas posições de sujeito e objeto. No entanto, há certas circunstâncias de dominação sistêmica, como no caso do colonialismo, em que esse revezamento se encontra estruturalmente interditado, trazendo grandes questões para o exercício da liberdade e, consequentemente, para o reconhecimento da humanidade.

Argumentamos que a zona do *não ser* citada por Fanon não equivale à desumanização – como se convencionou interpretar –, mas, ao contrário, constitui justamente aquilo que nos faz humanos e nos permite, mesmo em situações adversas, interrogar-nos sobre o sentido da vida e de nossas próprias escolhas. Não se trata aqui de ignorar a dimensão colonial; pelo contrário, importa refletir sobre como a desumanização sistemática que lhe é implícita ameaça, ou mesmo interdita, as possibilidades de escolha, consciência e liberdade.

Antes de tratar dessa interdição, Fanon começa por explicitar como a zona do *não ser* estrutura o *para-si* do humano. Apesar de descrever a zona do *não ser* como "uma região extraordinariamente estéril e árida, uma encosta perfeitamente nua" e escorregadia, em que a descida se assemelha mais a um tombo desastroso de uma carruagem em movimento do que a um descer elegante por escadas estáveis, Fanon encerra sua oração ao concluir que esse lugar é também aquele "de onde pode brotar uma aparição autêntica".[27] Mas a frase isolada deixa margens a múltiplas interpretações. Seria necessário direcionar nosso olhar, em primeiro lugar, ao contexto intelectual em que o autor escreve tal afirmação, para em seguida, situá-la no contexto mais amplo no qual foi citado.

Maurice Merleau-Ponty, professor que ministrou cursos a Fanon durante a graduação deste em Lyon, apresenta o *não ser*

27 F. Fanon, *Pele negra, máscaras brancas*, op. cit., p. 22.

como a indeterminação que permeia a relação entre o espaço corporal e seu exterior: "a projeção pela qual o sujeito do movimento prepara diante de si um espaço livre onde aquilo que não existe naturalmente possa adquirir um semblante de existência".[28] O *não ser* aqui, se refere à intencionalidade, dessa consciência que é sempre a *consciência de*..., mas é também condição de negação do que existe como coisa *em-si*, aberto ao porvir. Mas é aí que reside sua dimensão infernal.

Já o filósofo francês Jean-Paul Sartre, explica que é precisamente por sermos ontologicamente constituídos por uma zona de indeterminação – o *não ser(non-être)* – que somos antropologicamente livres para tornarmos aquilo que fazemos de nós mesmos. A gíria existencialista, na qual Fanon era fluente, parece meio cifrada ao leitor não familiarizado mas não deve assustar: o *Nada* (*le Néant*), é o fundamento e a condição da liberdade, que permite à consciência se distanciar do mundo dado e imaginar o porvir. O ser existe no mundo, mas o nada, como o *não ser*, existe sempre em relação a alguma forma de ser e, por isso, o carrega em seu coração.[29] O não ser só existe como negação de algum ser. Depende dele para negá-lo, enquanto o ser é independente. Ou seja, o ser deve preceder o *não ser*, sendo, fundamentalmente, um *ser-em-si* mesmo.[30] Já o nada precisa ser o *nada* de alguma coisa – um *não ser*.

28 Maurice Merleau-Ponty, *Fenomenologia da percepção*, trad. Carlos Alberto Ribeiro de Moura. São Paulo: Martins Fontes, 1999, p. 160.

29 J.-P. Sartre, *O ser e o nada: Ensaio de ontologia fenomenológica* [1943], trad. Paulo Perdigão. Petrópolis: Vozes, 2011.

30 Sartre denomina o ser-em-si como a forma de ser que corresponde à objetividade. Em outras palavras, é tudo aquilo o que a consciência visa e ao mesmo tempo não é ela (Lúcia Cecília da Silva & Marina Menegueti Vaccaro, "A constituição do sujeito: uma reflexão a partir de Jean-Paul Sartre". *Revista de Psicologia*, Fortaleza, v. 7, n. 2, 2016). O filósofo francês argumenta que o ser-em-si é em si mesmo e, por isso, "não pode ser causa sui à maneira da consciência. Significa que não é passividade nem atividade" (J. P. Sartre, *O ser e o nada: Ensaio de ontologia fenomenológica*, op. cit., p. 37). Dessa forma, Sartre identifica três características fundamentais do ser-em-si: "O ser é. O ser

Se não fosse assim, não existiriam no mundo negação, superação ou transcendência; seríamos apenas o que somos: encerrados, fechados, prontos. Não haveria espaço para a negação – condição para a transformação –, nem para a nadificação do ser. A existência humana só pode preceder a essência[31] por ser indeterminada, ou seja, caracterizada sua dimensão de *não ser*. Assim, pelo menos para essa tradição na qual Fanon foi formado, o problema a ser enfrentado não é a zona do não ser. Mas isso não significa que ela seja paradisíaca. O peso da responsabilidade inerente a cada escolha, mesmo em situações adversas, equivale à descida aos verdadeiros infernos:

> O homem é um SIM que vibra com as harmonias cósmicas. Desgarrado, disperso, confuso, condenado a ver se dissolverem uma a uma as verdades que elaborou, deve deixar de projetar no mundo uma antinomia que lhe é concomitante.[32]

Eis aí a *zona do não ser*: dispersão, confusão e incerteza. Esse inferno existencial de exercício incerto da liberdade e de responsabilidade onde o SIM das harmonias cósmicas que envolve o amor e a compreensão só são possíveis quando nos aceitamos *desgarrados* de determinações ideológicas que nos fixam em determinados lugares, *dispersos, confusos* diante das próprias crenças e escolhas, mas, sobretudo, condenados *a ver se dissolverem* uma a uma as verdades que elaboramos. Um inferno que nem Dante Alighieri ousou enfrentar em sua *A divina comédia*. Dante, nosso grande herói toscano, desceu aos infernos movido pelo amor, mas não foi aos *verdadeiros infernos* porque só conseguiu ver os demônios e os pecados nos outros. Aqui começamos a encarar o

---

é em si. O ser é o que é" (p. 40). Sobre o ser-em-si, portanto, não resta mais nada a dizer.

31 Jean-Paul Sartre, *O existencialismo é um humanismo* [1946], trad. João Batista Kreuch. Petrópolis: Vozes, 2013.

32 F. Fanon, *Pele negra, máscaras brancas*, op. cit., p. 22 (grifo do autor).

problema identificado por Fanon: No racismo colonial, o branco é entendido como Deus onipotente, onisciente e onipresente (*teodiceia*), e o deus ocidental, desde o início, monogâmico, monoteísta e monocultural.[33] O negro, da Terra ou da Guiné,[34] por sua vez, é visto como demônio maldito ou bestas selvagens. Lewis Gordon[35] sugere que Fanon, o nosso Virgílio – um poeta, óbvio! –, nos convida a descer aos verdadeiros infernos da existência para encararmos as contradições que compõem, como contraparte, a teodiceia colonial.

Aqui, gostaríamos de abusar um pouco mais da licença poética. Ao nos acompanhar com sua poética filosófica aos onze andares do inferno, Fanon nos convida não apenas a identificar os condenados pecadores e os demônios úteis, como opostos necessários à teodiceia branca, mas, sobretudo, a nos enxergar neles. Se é verdade que, *entre quatro paredes*,[36] "o inferno são os outros", também é verdade que a liberdade que nos constitui só pode exis-

33 A análise de Geni Núñez, uma das principais estudiosas de Fanon no Brasil, é interessante porque associa a cosmovisão cristã e a monogamia ao projeto colonial moderno expresso pela monocultura. A imagem de um monoteísmo ciumento e vingativo que pune com o inferno qualquer pulada de cerca espiritual é parte do mesmo projeto que impõe um modelo (monogâmico e patriarcal) de família e um regime de monocultura que é, ao mesmo tempo, produtiva (*plantation*) e espiritual (cultural, religioso, sexual e afetivo) (Geni Núñez, "Monoculturas do pensamento e a importância do reflorestamento do imaginário". *Revista ClimaCom: Diante dos negacionismos*, Campinas, v. 8, 2021).

34 Souza Júnior explica que em certo período do escravismo colonial, os nativos eram identificados como *Negros da terra,* enquanto as pessoas sequestradas de África eram identificadas como *Negros da Guiné* (José Alves de Souza Junior, *Negros da terra e / ou negros da Guiné: a companhia geral do Grão-Pará e Maranhão: comércio, trabalho, tráfico, escravidão e resistência na Amazônia Colonial*. São Paulo: LF Editorial, 2024).

35 L. R. Gordon, *What Fanon Said: A Philosophical Introduction to His Life and Thought*, op. cit.

36 J.-P. Sartre, *Entre quatro paredes* [1944], 8. ed., trad. Alcione Araújo e Pedro Hussak. Rio de Janeiro: Civilização Brasileira, 2022, p. 125.

tir no confronto e na negociação com aquilo que nos é exterior. Ainda que o outro me fixe com seu olhar objetificante, é na intersubjetividade – em um mundo povoado por outros – que me faço e me descubro eu ou nós: um *ser* que, por *não ser*, se faz acional.

Por isso, recorrer ao solilóquio shakespeareano e ao eu lírico dos Racionais MC's mostra-se útil. Mesmo assujeitados pelas contingências da situação e condicionados pela alteridade, continuamos condenados a ser livres e, portanto, responsáveis pelas escolhas que fazemos mediados pelas possibilidades materiais e espirituais disponíveis em cada contexto social.[37] A zona do não ser é a indeterminação e liberdade, e não a sua negação. Mas então qual é a treta que Fanon quer enfrentar em *Pele negra, máscaras brancas*?

É que "na maior parte dos casos, o negro não goza da regalia de empreender essa descida ao verdadeiro inferno (*zona do não ser*)".[38] É nesse ponto que, diante da contingência da experiência colonial, Fanon se vê impelido a questionar a universalidade da formulação

37 Frisamos o *material* e o *espiritual* porque, na vida real, se você é uma criança acuada na Faixa de Gaza, na República democrática do Congo ou nos territórios indígenas condenados pelo garimpo ilegal, não é possível enfrentar *dumb bombs*, metralhadoras e drones controlados por inteligência artificial com flores ou poesia. No entanto, a decisão de aceitar ou se insurgir contra essa atmosfera de fim de mundo, dentro das possibilidades materiais existentes e disponíveis, depende do que a consciência, a ideologia e a subjetividade apontam como ético, desejável e possível. Um exemplo literário de como as determinações espirituais constrangem a percepção a respeito das possibilidades existentes é o drama romântico do protagonista de *Os sofrimentos do jovem Werther* de Goethe, em 1977 (trad. Mauricio Mendonça Cardozo. São Paulo: Penguin-Companhia, 2021). Perdidamente apaixonado por uma mulher comprometida que provavelmente também o amava, mas não podia lhe corresponder, devido aos costumes monogâmicos da época, Werther se suicida. Em termos fisiológicos, não havia nada que impedisse o encontro carnal de ambos, mas, socialmente, aquele encontro era impossível. Embora não lance mão desses exemplos, podemos constatar que em Fanon a análise da situação concreta implica sempre uma análise dialética e contextual das determinações materiais, espirituais (ideológicas) e subjetivas.

38 F. Fanon, *Pele negra, máscaras brancas*, op. cit., p. 22 (grifos nossos).

existencialista e a reformulá-la em outros termos. Analisaremos essa proposição mais detidamente, dessa vez, recorrendo a outro personagem shakespeariano decisivo para a compreensão da proposta fanoniana: o enigmático e subversivo Caliban.

A TEMPESTADE COLONIAL

eis como você me obrigou a me ver,
e esta imagem, eu a odeio! E ela é falsa!
Mas agora, eu te conheço, velho câncer,
E eu me conheço também!
[…]
Ensinaste-me a língua, e o meu proveito nisso
É que eu sei amaldiçoar. Que a praga vermelha vos leve
Por me terdes ensinado a vossa língua!
William Shakespeare, *A tempestade*

A nosso ver, Frantz Fanon faz uma leitura calibanizada dos clássicos europeus como Hegel, Marx, Freud e Merleau-Ponty, em vez de simplesmente copiá-los ou refutá-los,[39] oferecendo-nos assim um pensamento de encruzilhada.[40] Essa calibanização explica, sobretudo, o seu diálogo com Sartre, que além de tudo era, à época de Fanon, autor de "Orfeu negro",[41] composto como prefácio da *Anthologie de la nouvelle poésie nègre et malgache de langue française*, organizada por Léopold Sédar Senghor, em seu ensaio universalista de ontologia fenomenológica. Uma pergunta eviden-

39 L. R. Gordon, *Fanon and the Crisis of European Man: An Essay on Philosophy and the Human Sciences*. New York: Routledge, 1995; Paget Henry, *Caliban's reason: introducing Afro-Caribbean philosophy*. New York: Routledge, 2000.

40 D. M. Faustino, *Frantz Fanon e as encruzilhadas: Teoria, política e subjetividade, um guia para compreender Fanon*. São Paulo: Ubu Editora, 2022.

41 J.-P. Sartre, *Reflexões sobre o racismo* [1960], trad. J. Guinsburg. São Paulo: Difusão Europeia do Livro, 1960.

te, que exige resposta, recai sobre esse calibanismo fanoniano: o que significa, afinal, ser um *Caliban*? Tomemos como referência as peças *A tempestade* (1623), de Shakespeare, e *Uma tempestade* (1969), de Césaire.

De acordo com Paget Henry,[42] o uso da palavra *Caliban* – anagrama de canibal – tem sua origem nas aventuras coloniais e se referia aos índios *Carib*, vistos pelos europeus como selvagens. É somente a partir da escravidão negra que o nome *Caliban* passa a ser utilizado em alusão à pessoa negra africana. De acordo com Bernardino-Costa,[43] esse termo só ganhou notoriedade com a peça *A tempestade*, escrita por William Shakespeare no início do século XVII. Nessa que é uma de suas últimas peças, Shakespeare apresenta uma história inspirada pelas aventuras coloniais realizadas pelos países europeus nas encostas do Caribe.

Próspero, personagem principal da trama, simboliza a Europa ao representar um antigo duque de Milão que foi traído por seu irmão e exilado junto com sua filha adotiva, Miranda. Depois de um naufrágio, ambos chegam misteriosamente a uma ilha "deserta", habitada por diversos seres que ele coloniza utilizando magia. Filho da bruxa Sycorax, nascida na Argélia (África), Calibã é subjugado e escravizado por Próspero, assim como ocorre com outras criaturas místicas que habitavam a ilha.

Édouard Glissant (1928–2011), em sua *Poética da relação*,[44] demonstra uma certa conciliação shakespeariana entre aquilo que chamou de "legitimidade fundadora" e o "poder de conquista":

> É porque Próspero é o legítimo duque de Milão que ele tem autoridade sobre o Calibã, sobre os elementos e o universo. Aqui, o destino da Ci-

42 P. Henry, *Caliban's Reason: Introducing Afro-Caribbean Philosophy*, op. cit.

43 J. Bernardino-Costa, "Caliban e o atlântico negro: conexões entre intelectuais negros do Brasil e Caribe". *Contemporânea – Revista de Sociologia da UFSCar*, v. 7, n. 2, 2017.

44 Édouard Glissant, *Poética da relação*, trad. Marcela Vieira e Eduardo Jorge de Oliveira. Rio de Janeiro: Bazar do Tempo, 2021.

> dade expande-se para as dimensões do mundo conhecido, e colonizável. A resolução do dissoluto finalmente não passa pelo sacrifício (ou punição) do herói, mas pela restauração de seu poder outrora usurpado.[45]

No entanto, descrito como: "escravo selvático e deformado", Calibã nunca aceitou o domínio de Próspero, acreditando ser o legítimo herdeiro da ilha, um presente de sua mãe. Sentia-se roubado pelo forasteiro alienígena, que, por sua vez, o acusava de tentar abusar de Miranda para povoar a ilha. Inicialmente, Calibã amou a Próspero como a si mesmo, mas esse amor não correspondido rapidamente se transformou em ódio:

> Quero jantar. Sou dono desta ilha, eu a ganhei de minha mãe, porém, tu me roubaste [...]. Eu te amava, e mostrei-te de bom grado todas as qualidades desta ilha: As fontes d'água, os poços de salsugem, tanto os lugares férteis quanto estéreis: maldito eu seja, por ter feito isso! [...]. Sou teu único súdito, eu, que um dia já fui meu próprio rei; e aqui me prendes [...].[46]

Ariel, outro personagem central da peça e também escravizado por Próspero, é descrito como um ser transformado pela mãe de Calibã em um "espírito do ar".[47] Liberto de sua maldição por Próspero, que o torna seu escravo, Ariel também anseia por liberdade:

> ARIEL *Mais labor? Se me impões tanta labuta,*
> *Devo lembrar: fizeste uma promessa*
> *Que ainda não cumpriste.*
> PRÓSPERO *O que podes querer?*
> ARIEL *A liberdade.*[48]

45 Ibid., p. 80.
46 W. Shakespeare, *A tempestade*, trad. José Francisco Botelho. São Paulo: Penguin-Companhia, 2022, p. 134.
47 Ibid., p. 115.
48 Ibid., p. 130.

Ao contrário de Calibã, que busca sua libertação por meio da revolta e, ao final não consegue, Ariel tenta conquistá-la pela obediência e subserviência, confiando na aparente bondade de seu mestre e na promessa de emancipação:

> ARIEL *Serei obediente às tuas ordens*
> *E hei de realizar com mansidão*
> *Meu trabalho de fada.*
> PRÓSPERO *Age assim; e em dois dias*
> *Darei a sua liberdade.*[49]

Embora Shakespeare não tenha informado o *locus* racial das personagens, é plausível atribuí-las *post factum* quando a situamos em seu contexto sócio-histórico, relacionando-a ao mercantilismo e colonização ultramar europeia. Além do mais, o texto shakespeariano apresenta constantes referências históricas a localizações europeias e africanas, especialmente às cidades de Milão e Nápoles, na Itália, Tunis, na Tunísia, e Argel, na Argélia.

Calibã, o nativo colonizado, rebaixado à condição das matérias-primas encontradas por Próspero na ilha, correspondia "à natureza: um canibal, uma criança sem linguagem e, por isso mesmo, potencialmente propenso à escravidão".[50] Próspero, então, por meio de sua filha Miranda, ensina-lhe a língua estrangeira, e ele surpreende a todos(as) pelo seu domínio da linguagem. Assim, como ocorreu com Ariel, Próspero esperava um ato de gratidão, por parte de Caliban, mas isso nunca se concretizou. Ao invés de reconhecê-lo como seu senhor, Calibã o amaldiçoou: "Sim, vocês me ensinaram a língua, e meu lucro foi aprender a amaldiçoar. Que a peste rubra destrua os dois, por me ensinarem sua língua!".[51]

49 Ibid., p. 132.
50 J. Bernardino-Costa, "Caliban e o atlântico negro: conexões entre intelectuais negros do Brasil e Caribe", op. cit.
51 W. Shakespeare, *A tempestade*, op. cit., p. 135.

Em 1969, Aimé Césaire reinterpretou a peça, intitulando-a *Uma tempestade*. Nessa nova versão, há uma diferença significativa na ênfase dada pelo dramaturgo martinicano aos personagens Calibã e Ariel. Aqui, os personagens passam a interagir entre si, algo que não ocorre na peça de Shakespeare, o que complexifica bastante as relações intersubjetivas. Na versão cesairiana, apesar das quatro paredes que os(as) cercam, há sempre o olhar de um terceiro sintetizando essas relações. Se, antes, a tomada de consciência de uma possível racialização dos personagens dependia exclusivamente de uma leitura externa ao texto shakespeariano, Césaire a radicaliza explicitando a sua racialização imanente.

De acordo com Bernardino-Costa,[52] há duas modificações significativas em *A tempestade* de Césaire. A primeira diz respeito justamente ao rótulo racial de Calibã, descrito como um escravo explicitamente negro. Ariel, também escravizado, fruto da miscigenação na ilha, é descrito como um escravo mulato. Ainda assim, o mestre europeu, senhor dos escravos, mágico e colonizador, continua mantido em seu casulo autouniversalizante da branquitude. Sem depender de uma declaração racial, como os outros personagens escravizados, ele, além de sabidamente europeu, se diferencia ao carregar consigo toda a representação do poder imperial europeu e suas forças colonizadoras.

Mas a encruzilhada dialética de Césaire apresenta-se na recusa em resumir a fala (condição moderna para a política) de Caliban que ele aprende com o colonizador, para isso recorre a Exu. Bernardino-Costa destaca a presença da divindade iorubá das encruzilhadas na reinterpretação de Césaire: "o orixá que estabelece a comunicação entre o mundo espiritual e o mundo material, podendo facilitá-la ou dificultá-la".[53] Exu, ao entrar em cena, abre caminhos e sem ser convidado, para o espanto de Próspero, es-

52 J. Bernardino-Costa, "Caliban e o atlântico negro: conexões entre intelectuais negros do Brasil e Caribe", op. cit.

53 Ibid., p. 469.

tremece a realidade – até mesmo aquela compartilhada por seres celestiais e um mágico.

FERDINANDO *Que visão majestosa! Eu ousaria crer que são espíritos!*

PRÓSPERO *Sim! Espíritos que através da minha arte eu tirei do descanso para vir saudá-los e abençoá-los.*

(*Entra Exu*)

MIRANDA *Mas quem é esse? Ele não parece particularmente abençoador! Se eu não tivesse medo de blasfemar, diria que ele tem mais de diabo do que de deus.*

EXU (*Rindo*) *Não estais equivocada, minha bela senhorita. Deus para os amigos, diabo para os inimigos! E diversão para toda a companhia!*[54]

Em *Uma tempestade*, Calibã não aprende a língua de seu opressor apenas para amaldiçoá-lo, mas também para reivindicar sua humanidade. Sua rebeldia só é possível se acompanhada da recusa à objetificação colonial. Se, por um lado, a expansão e universalização das relações capitalistas foi um fenômeno material e espiritual incontornável que impôs a teodiceia[55] e a monocultura ocidental[56] como única expressão possível de humanidade, por outro lado, a insurgência anticolonial não pode escapar às suas encruzilhadas. Ignorar o Ocidente não é uma opção concreta factível: ao criar o negro, o branco concebeu-se como grupo racializado e produziu o negro como sua contraparte não assumida.

Recusar o branco como única narrativa implica, em primeiro lugar, uma repactuação incontornável do colonizado com as encruzilhadas sociais, espirituais e subjetivas que haviam dado as

54 Aimé Césaire, *Uma tempestade*, trad. Margarete Nascimento dos Santos. São Paulo: Temporal, 2024, p. 98.

55 L. R. Gordon, *An Introduction to Africana Philosophy*, op. cit.

56 G. Núñez, "Monoculturas do pensamento e a importância do reflorestamento do imaginário", op. cit.

costas tentando ser branco. Mas em seguida, para elevar-se à condição de sujeito, sabidamente contraditório, poderá lançar mão da língua do colonizador para amaldiçoá-lo. Atender ao apelo de Fanon para que "deixemos de lado essa Europa"[57] não é o mesmo que se privar de autores, tecnologias ou conceitos produzidos neste continente – inclusive a partir da expropriação e espoliação de saberes do mundo todo –, mas sim retirar dele o protagonismo na definição do que é humano e disputar os termos pelos quais se apreende aquilo que é universal. Não há purismo essencialista e nem assimilação inocente, mas sim a velha dialética.

É nessa *encruza* Caliban que situamos o pensamento de Frantz Fanon. A nosso ver, o psiquiatra martinicano calibaniza a noção existencialista de *não ser* para mostrar o quanto a racialização colonial desumaniza as pessoas negras, não apenas as inferiorizando, mas, sobretudo, atribuindo-lhes uma essência que supostamente precederia a sua existência: uma natureza supostamente fixa, reacional e servil. A racialização atua a partir da fixação fetichizada de um *ser em si* homogêneo e a-histórico.

A calibanização fanoniana da noção existencialista de *não ser* exige que as definições universais de consciência sejam consideradas com base nas particularidades sócio-históricas concretas pelas quais a liberdade pode ser restringida. Qual é ela, no caso de Fanon? A racialização:

> "Olhe, um negro!" Era verdade, eu me divertia.
> "Olhe, um negro!" O círculo pouco a pouco se estreitava. Eu me divertia abertamente.
> "Mamãe, olhe o negro, estou com medo!" Medo! Medo! E eis que agora eu era temido. Queria me divertir com isso até engasgar, mas isso se havia tornado impossível para mim. Eu não aguentava mais, pois já sabia que existiam lendas, histórias, a história e, acima de tudo, a *historicidade*, sobre a qual Jaspers me havia ensinado. O esquema corporal,

57 F. Fanon, *Os condenados da terra*, op. cit., p. 323.

> atacado em vários pontos, então desabou, dando lugar a um esquema epidérmico racial. [...] Eu existia triplamente: ocupava um lugar, ia na direção do outro... e o outro – evanescente, hostil, mas não opaco, e sim transparente, ausente – desaparecia. Era nauseante...[58]

Não à toa, acuado pela racialização entre o nada e o infinito, Fanon confessa chorar.[59] Chora não pela angústia, como vertigem da liberdade que falava Søren Kierkegaard, ou pelo peso da responsabilidade diante de suas escolhas, como descrito por Sartre. Chora por não ser reconhecido como humano. A visão da consciência como uma abertura para o mundo e para o outro não pode ignorar o fato de que o racismo impõe uma atmosfera de fim de mundo que redefine – e, às vezes, bloqueia – a sua relação com a zona do não ser.

É interessante notar que Fanon fala de uma consciência que é "sua". Essa "minha consciência"[60] opera como um apelo à particularidade, segregada pelo universalismo europeu que nega a dimensão constituinte da colonização, da racialização e do racismo na constituição de sujeitos e nas relações intersubjetivas. Assim, sua existência não pode ser vivenciada de forma categoricamente universal ou abstrata nem mesmo particularizada em uma "vida de *negro*". Fanon nos conduz a um percurso dialético entre interdição, negação e afirmação da existência humana. É nesse movimento que se insere a zona do *não ser* em seu pensamento.

Sua calibanização implica uma ambivalência que admite, por um lado, uma humanidade cindida pela racialização e pelo racismo – um ser humano que, embora humano, é *negro* – e, por outro lado, uma consciência que, mesmo atacada de todos os

58 F. Fanon, *Pele negra, máscaras brancas*, op. cit., p. 127.

59 "Ontem, ao abrir os olhos para o mundo, vi o céu se retorcer de uma ponta a outra. Quis me levantar, mas o silêncio eviscerado fluía de volta para mim, com as asas paralisadas. Irresponsável, cavalgando o espaço entre o Nada e o Infinito, comecei a chorar." (Ibid., pp. 153–54.)

60 Ibid., p. 21.

lados, segue transcendentalmente assombrada "pelo problema do amor e da compreensão".[61] Mas como falar de amor quando bombas lançadas por drones controlados por inteligência artificial dilaceram corpos de crianças palestinas sob os olhos passivos do mundo? Como tematizar a compreensão e a intersubjetividade em um território como as favelas brasileiras, em que o Estado adentra com a polícia e o soldado?

Parece que Fanon concorda que somos condenados a ser livres, mas nos lembra de que é preciso encarar as contradições sociais e subjetivas impostas ao sujeito que escolhe, a sociogenia:

> Em reação à tendência constitucionalizante do final do século XIX, Freud, por meio da psicanálise, exigiu que se levasse em conta o fator individual. Ele substituiu uma tese filogenética pela perspectiva ontogenética. Veremos que a alienação do negro não é uma questão individual. Além da filogenia e da ontogenia, existe a sociogenia. Num certo sentido, em resposta à exortação de Leconte e Damey, digamos que se trata, neste caso, de um sociodiagnóstico.[62]

A reivindicação sociogênica de Fanon[63] é a exigência de que se leve em consideração o contexto sócio-histórico tanto nas análises filosóficas e universalistas sobre o ser e a existência humana quanto nas análises psicológicas e psicanalíticas que analisam a subjetividade individual. Isso significa, em primeiro lugar, considerar que a liberdade humana e as escolhas individuais humanas se dão sob a subsunção real da vida humana ao capitalismo – que, em sua atual fase destrutiva, ameaça a existência humana com crises climáticas, econômicas e bélico-nucleares –, mas também que o capitalismo existe em relação dialética com expressões to-

61 Ibid., p. 22.
62 Ibid., p. 25.
63 Ver D. M. Faustino & Miriam Debieux Rosa, "O mal-estar colonial: racismo, indivíduo e subjetivação na sociabilidade contemporânea". *Psicologia & Sociedade*, v. 35, 2023.

tais ou parciais de negação de humanidade que permitem uma distribuição desigual de suas contradições e violência.

Em um momento da história capitalista, como o nosso, em que a guerra passa a ser o instrumento fundamental para gestão das crises econômicas, o racismo e a xenofobia racializada[64] permitem que certos povos, territórios e culturas[65] sejam arbitrariamente anexados, deslocados, expropriados ou dizimados.

No entanto, a reivindicação da sociogenia não anula nem a percepção daquilo que nos é universal como gênero humano (*filogenia*) nem aquilo que nos é singular (*ontogenia*), enquanto indivíduos cindidos entre o desejo e os valores interiorizados de nossa época… é por isso que lemos no original em francês "*À côté de la phylogénie et de l'ontogénie, il y a la sociogénie*" ["Além da filogenia e da ontogenia, existe a sociogenia"].[66]

À côté, pode ser traduzido como "ao lado" ou "junto", pois a intenção de Fanon não era contrapor a sociogenia, como particularidade sócio-histórica marcada pelo racismo, à percepção da universalidade ou da singularidade humana, apenas lembrar que essas instâncias atuam em recíproca relação. Perder o "*à côté*" de vista é arriscar-se, por um lado, a ignorar que, apesar do racismo, ainda vivenciamos todos os dilemas existenciais de nosso tempo como parte da humanidade genérica universal. É falso que as tretas estudadas por Parmênides, Heráclito, Hegel, Sartre, Marx ou Beauvoir nada dizem respeito às pessoas vítimas da coloni-

64 D. M. Faustino & Leila Maria de Oliveira, "Xeno-racismo ou xenofobia racializada? Problematizando a hospitalidade seletiva aos estrangeiros no Brasil". REMHU*: Revista Interdisciplinar da Mobilidade Humana*, v. 29, n. 63, 2021.

65 O genocídio cultural, ou melhor, etnocídio, foi brilhantemente abordado por Geni Núñez em sua tese de doutorado, defendida em 2022: *Nhande ayvu é da cor da terra: perspectivas indígenas guarani sobre etnogenocídio, raça, etnia e branquitude*. Tese de doutoramento. Florianópolis: Programa de Pós-Graduação Interdisciplinar em Ciências Humanas – Universidade Federal de Santa Catarina, 2022.

66 F. Fanon, *Pele negra, máscaras brancas*, op. cit., p. 25.

zação. Assim como é falso, por outro lado, afirmar que o racismo responde a todos os conflitos vividos pelas pessoas enquadradas socialmente como negras.

Por isso, a improvável aproximação e diferenciação entre os Racionais MC's e Shakespeare pode ser interessante. Hamlet, jovem aristocrata, *playboy* da nobreza, encontra-se pressionado a agir em um contexto de derretimento moral das instituições feudais onde a individualidade burguesa ainda não estava plenamente posta, mas espera-se dele uma atitude diante da contingência. Já o eu lírico de "Fórmula mágica da paz" se refere a um jovem negro e periférico que, vivendo uma atmosfera de fim de mundo, sente-se pressionado a responder à altura a essa brutalidade, em uma sociabilidade que espera dele justamente o oposto da humanidade: que seja um animal selvagem pronto para matar. Há algo em comum entre ambos que nem a particularidade da situação colonial pode diferenciar: ambos assumem o peso infernal das responsabilidades sobre as escolhas.

Mas as semelhanças se esgotam aí. Em uma sociedade racista, "o negro não é um homem [...], o negro é [apenas] homem negro".[67] O racismo dificulta e, em muitas situações, impossibilita que suas vítimas desçam, como Dante, aos *verdadeiros infernos da existência* e se reconheçam como sujeitos da sua própria história, justamente porque a reciprocidade entre sujeito e objeto, que nos constitui como humanos, permanece interditada.[68]

Do ponto de vista fanoniano, o racismo não é – como concluiu Sueli Carneiro, por outros caminhos – uma simples inferiorização de grupos raciais. É, antes de tudo, a própria criação social da diferença racial como barreira ontologicamente intransponível. Mas é também a interdição do reconhecimento do colonizado como humano. Esse bloqueio atinge aquilo que Sartre chamaria

67 Ibid., p. 22.

68 D. M. Faustino, "A 'interdição do reconhecimento' em Frantz Fanon: a negação colonial, a dialética hegeliana e a apropriação calibanizada dos cânones ocidentais". *Revista de Filosofia Aurora*, v. 33, n. 59, 2021.

de *ser-para-o-outro*: não há consciência de si sem intersubjetividade, mas o racismo paralisa o revezamento recíproco que Hegel descreve na alegoria do Senhor e do Servo.[69]

Existir para o outro é encontrar nele as próprias contradições – e também o fogo incerto do amor –, mas isso requer um vaivém entre sujeito e objeto que a racialização sistematicamente solapa. O problema do racismo, portanto, é impedir que pessoas negras desçam à zona do *não ser* e assumam as contradições oriundas de uma realidade ontologicamente livre que angustia e nos exige a responsabilidade pelas nossas escolhas. Tal descida é barrada por uma sociabilidade que aprisiona experiência e subjetividade no olhar objetificante – bem como nas práticas, violências e relações de poder – de um grande Outro que se recusa a reconhecê-las como sujeitos, universais ou singulares.

Diante disso, às pessoas negras, indígenas ou palestinas costuma apresentar-se uma alternativa brutal: “branquear-se ou desaparecer”.[70] Eis uma questão sobre a qual, talvez, Caliban tenha mais a dizer que Hamlet. Por isso Fanon é explícito: “uma vez elucidados os motivos, colocá-lo em condições de escolher a ação (ou a passividade) diante da verdadeira fonte conflitual – isto é, diante das estruturas sociais”.[71]

Mas há um preço infernal a pagar. Em primeiro lugar, se quisermos calibanizar a psicanálise freudiana, como Sartre sugere nos dois prefácios supracitados, podemos dizer seguramente que é preciso matar o branco (o deus monogâmico da monocultura, o pai), destituindo-o, material, espiritual e subjetivamente, de seu lugar de universalidade. Empreendimento ético, político e estético impossível, para Fanon, sem um verdadeiro mergulho dialético em tudo o que o projeto colonial negou e subalternizou: culturas, crenças, tecnologias, saberes, autores etc.

69 Ibid.

70 F. Fanon, *Pele negra, máscaras brancas*, op. cit., p. 114.

71 Ibid.

Fanon sugere, a seu modo, que a superação da contradição não é uma mera oposição ao que se busca negar, mas o estabelecimento de uma nova relação com este objeto – tal como Caliban ao amaldiçoar seu colonizador em sua língua, ou como o Édipo freudiano ao matar o próprio pai. Enquanto houver racismo, será inviável abrir mão da negritude; porém, a emancipação proposta não pode limitar-se à reivindicação de uma localização histórica, racial ou cultural, apartada e estranhada daquilo que é universal ao gênero humano.

A dialética proposta por Fanon vale tanto para o racismo como para a crítica antirracista. Para matar dialeticamente o branco como pai universal, o negro também precisará morrer, como objeto específico e homogêneo para, então, renascer livre das amarras da racialização, como sujeito de si, disposto a encarar, individual e coletivamente, as contradições infernais. Essa tarefa, no entanto, não se alcança individualmente, e muito menos sem luta, mas precisa ser colocada em pauta sob o risco de abortar na raiz esse novo sujeito, que ainda não nasceu ao privá-lo da *zona do não ser*.

SOBRE OS AUTORES

AIMÉ CÉSAIRE nasceu em Basse-Pointe, Martinica, em 1913. Poeta, dramaturgo e ensaísta e político, formou-se na École Normale Supérieure de Paris, onde integrou círculos intelectuais ligados à negritude. Foi professor, ativista político e deputado, tendo um papel fundamental na defesa dos direitos das populações colonizadas. Recebeu prêmios literários e reconhecimentos internacionais ao longo de sua trajetória. No Brasil, suas principais obras publicadas incluem *Discurso sobre o colonialismo* (2010) e *Caderno de retorno ao país natal* (2021).

HOMI K. BHABHA nasceu em 1949, em Mumbai, Índia. Com doutorado em literatura inglesa pela Universidade Oxford, em Londres, é um filósofo, crítico cultural e um dos principais pensadores do pós-colonialismo. Desde 2011 ocupa a cadeira "Anne F. Rothenberg" de literatura e língua inglesa da Universidade Harvard, onde também é diretor do centro Mahindra de humanidades e conselheiro sênior do reitor. Lecionou em universidades na Inglaterra e nos Estados Unidos. Recebeu diplomas honorários da Universidade Sorbonne Paris VIII, da Freie-Universität, de Berlim, e da University College. Bhabha é parte do comitê responsável pelo Relatório Mundial em Diversidade Cultural da Unesco. Em 2012, recebeu o prêmio Padma Bhushan. Entre suas principais obras estão *Nation and Narration* (1990), *O local da cultura* (1994), *Our Neighbours, Ourselves* (2011) e *O bazar global e o clube dos cavalheiros ingleses* (2012).

BELL HOOKS nasceu em 1952, na cidade de Hopkinsville, Estados Unidos. Autora, professora, teórica feminista e ativista antirracista, formou-se em inglês na Universidade Stanford e concluiu o mestrado na Universidade de Wisconsin-Madison, além de obter o doutorado na Universidade da Califórnia. Foi professora em instituições como Yale, Oberlin College e City College of New York. Em 2018, a Universidade de Berea, no Kentucky, inaugurou o bell hooks Center. Entre suas principais obras estão: *Olhares negros* (2019), *Ensinando a transgredir* (2017), *O feminismo é para todo mundo* (2018) e *Tudo sobre o amor* (2021).

LOLA YOUNG nasceu em 1951, em Londres, Inglaterra. Formada em Arte Dramática pelo New College of Speech and Drama e em Estudos Culturais Contemporâneos pela Middlesex Polytechnic, atuou como atriz antes de se destacar como professora e pesquisadora nas áreas de cultura, raça e gênero. Lecionou na Middlesex University e coordenou políticas culturais na Greater London Authority. Em 2004, foi nomeada baronesa vitalícia na Câmara dos Lordes, tornando-se uma das primeiras mulheres negras a ocupar esse posto. Recebeu o título de Oficial da Ordem do Império Britânico em 2001 por sua contribuição à história e cultura negra britânica. Entre suas obras, destaca-se *O medo do escuro: raça, gênero e sexualidade no cinema* (2024).

STUART HALL nasceu em 1932, em Kingston, Jamaica. Formado em literatura pela Universidade de Oxford, na Inglaterra, foi um dos fundadores dos estudos culturais e uma referência internacional nos debates sobre identidade, raça e mídia. Lecionou na Open University e foi diretor do Centro de Estudos Culturais Contemporâneos da Universidade de Birmingham. No Brasil, suas principais obras publicadas incluem *A identidade cultural na pós-modernidade* (1999), *Da diáspora: identidades e mediações culturais* (2003) e *Cultura e representação* (2016).

FRANÇOISE VERGÈS nasceu em 1952, em Paris, França. Cientista política e historiadora, atua como professora e pesquisadora em estudos pós-coloniais, feminismos e decolonialidade. Publicou, em português, pela Ubu Editora, *Um feminismo decolonial* (2020), *Uma teoria feminista da violência* (2021) e *Decolonizar o museu: programa de desordem absoluta* (2023). É reconhecida por sua atuação acadêmica e política na defesa das lutas anticoloniais e de gênero.

SYLVIA WYNTER nasceu em 1928, em Holguín, Cuba, e foi criada na Jamaica. Graduou-se e concluiu o mestrado em Línguas Modernas, com especialização em espanhol e inglês, no King's College London. Escritora, filósofa e crítica cultural, lecionou em instituições como a Universidade de Stanford e é referência nos debates sobre raça, colonialismo e a crítica ao humanismo ocidental. No Brasil, parte de sua obra começou a ser publicada recentemente, com destaque para *O Homo oeconomicus: reflexões sobre o "homem" da razão ocidental* (2023).

ACHILLE MBEMBE nasceu em 1957, em Otélé, Camarões. Formou-se em história na Universidade de Sorbonne, onde também concluiu o doutorado em ciência política. É pesquisador e professor no Instituto Wits para Pesquisa Social e Econômica, em Joanesburgo, e já lecionou em instituições como a Universidade Columbia e a Universidade da Califórnia, em Berkeley. Considerado um dos principais pensadores africanos contemporâneos, recebeu prêmios como o Ernst Bloch e o Gerda Henkel Prize. No Brasil, suas obras incluem *Necropolítica* (2018), *Crítica da razão negra* (2014) e *Políticas da Inimizade* (2018).

GUILLAUME SIBERTIN-BLANC nasceu em 1977, na França, e é doutor em filosofia pela École Normale Supérieure-LSH. Professor na Universidade Paris 8 Vincennes–Saint-Denis e codiretor da revista *Actuel Marx*, é conhecido por suas pesquisas sobre filosofia política e pensamento de Deleuze e Guattari. No Brasil, publicou *Política e Estado em Deleuze e Guattari* (2013) e participa de coletâneas sobre anticolonialismo e esquizoanálise.

SAMAH JABR nasceu em 1976, em Jerusalém Oriental, território palestino ocupado por Israel. É psiquiatra, psicoterapeuta e atua como chefe da Unidade de Saúde Mental do Ministério da Saúde da Palestina. Sua obra trata de saúde mental, colonialismo e direitos humanos, e denuncia como as violências sistemáticas sofridas pelo povo palestino resultaram em uma crise generalizada de saúde mental. É autora de *Derrière les fronts: Chroniques d'une psychiatre psychothérapeute palestinienne sous occupation* (2018).

ELIZABETH BERGER é psiquiatra infantil em Nova York e membro do comitê de fundação e direção da USA-Palestine Mental Health Network, rede de profissionais dedicada à discussão das implicações da ocupação e da violência política sobre a saúde mental na Palestina.

DEIVISON FAUSTINO é pai, sociólogo e intelectual maloqueiro. É professor do Departamento de Saúde e Sociedade da Faculdade de Medicina da USP. Tem experiência com ensino, pesquisa e extensão nos temas saúde e racismo, tecnologias digitais e sociedade, pensamento antirracista, capitalismo e racismo. É autor dos livros *Frantz Fanon: um revolucionário, particularmente negro* (2018), *Frantz Fanon e as encruzilhadas: teoria, política e subjetividade* (2022), *O colonialismo digital: por uma crítica hacker-fanoniana* (2023) e *Balanço Afiado: estética e política em Jorge Ben* (2023).

NILSON LUCAS DIAS GABRIEL é psicólogo, mestre e doutor em Subjetividade e Práticas Sociais na Contemporaneidade pelo Programa de Pós-Graduação em Psicologia da Universidade Estadual de Maringá (PPI–UEM). É docente temporário na Universidade Estadual de Maringá (UEM) e no Centro Universitário Cidade Verde (UniCV). Atualmente dedica-se ao estudo e à pesquisa das relações entre Frantz Fanon, fenomenologia e existencialismo. Autor do livro *A liberdade em Frantz Fanon: a existência aos olhos dos condenados* (2021).

SOBRE FRANTZ FANON

FRANTZ FANON nasceu em Fort-de-France, capital da então colônia francesa Martinica, em 1925. Em 1941, teve aulas no Lycée Schœlcher com o poeta e crítico da colonização europeia Aimé Césaire. Em 1944, deixou a colônia para lutar na Segunda Guerra Mundial ao lado das Forças Francesas Livres. Após a guerra, em 1946, mudou-se para Paris, onde fez cursos de biologia, física e química. Entre 1949 e 1951, estudou psiquiatria no hospital Le Vinatier, em Bron, e ingressou em medicina na Universidade de Lyon. Em 1951, estagiou no hospital Saint-Ylie, em Dole. Em 1952, participou do programa de residência em psiquiatria do Hospital de Saint-Alban sob a supervisão de François Tosquelles. Em 1953, aceitou uma oferta para coordenar o maior hospital psiquiátrico da Argélia, o Blida-Joinville, em Argel. Em 1954, com o começo da Revolução Argelina por independência da França, Fanon passou a tratar de combatentes de ambos os lados do conflito. Em 1956, demitiu-se do hospital e expôs na "Carta ao Ministro Residente" sua ruptura com a política colonial francesa. No ano seguinte foi expulso da Argélia e se mudou para a Tunísia. Passou a trabalhar como psiquiatra no Hospital de La Manouba e, posteriormente, no Hospital Geral Charles-Nicolle. No mesmo ano, juntou-se à luta por independência da Frente de Libertação Nacional (FLN). Prestou serviço médico aos revolucionários, treinou equipes médicas, palestrou e escreveu a respeito da revolução – inclusive para a revista *Les Temps Modernes*, editada por Jean-Paul Sartre. Em 1959, representou a FLN no Segundo Congresso de Escritores e Artistas Negros em Roma, incentivando o que chamou de "literatura de combate". No mesmo ano, sofreu uma tentativa de assassinato por parte da Le Main Rouge, organização terrorista do serviço secreto francês que atuava na Argélia. Em 1960 foi diagnosticado com leucemia. No ano seguinte, escreveu *Os condenados da terra* em seis semanas e viajou a Bethesda, nos Estados Unidos, para se tratar do câncer no Instituto Nacional de Saúde, mas faleceu dois meses depois. A pedido da FLN, foi enterrado na Argélia, que conquistou sua independência em 1962.

OBRAS SELECIONADAS

O ano V da Revolução Argelina [1959], trad. Thalles Castro. São Paulo: Companhia das Letras, 2025.

Pele negra, máscaras brancas [1952], trad. Sebastião Nascimento e Raquel Camargo. São Paulo: Ubu Editora, 2020

Os condenados da Terra [1961], trad. Ligia Fonseca Ferreira e Regina Salgado Campos. São Paulo: Companhia das Letras, 2022.

Por uma revolução africana [1964], trad. Carlos Alberto Medeiros. São Paulo: Companhia das Letras, 2021.

Œuvres. Paris: La Découverte, 2011.

Écrits sur l'aliénation et la liberté, Jean Khalfa e Robert J.C. Young (orgs.). Paris: La Découverte, 2015.

Alienação e liberdade: Escritos psiquiátricos [1951–60], Jean Khalfa e Robert J. C. Young (orgs.), trad. Sebastião Nascimento. São Paulo: Ubu Editora, 2020.

O olho se afoga / Mãos paralelas: teatro filosófico. Salvador: Segundo Selo, 2020.

Escritos políticos [1957–60], trad. Monica Stahel. São Paulo: Boitempo, 2021.

Dados Internacionais de Catalogação na Publicação (CIP)
Elaborado por Odilio Hilario Moreira – CRB-8/9949

P418 Pensar Fanon / Apresentação de Priscilla Santos / Textos de Berger, Elizabeth; Bhabha, Homi; Césaire, Aimé; Faustino, Deivison; Hall, Stuart; hooks, bell; Jabr, Samah; Mbembe, Achille; Sibertin-Blanc, Guillaume; Vergès, Françoise; Wynter, Sylvia; Young, Lola. Traduzido por Maria Chiaretti, Humberto do Amaral, Juliana Pavão, Allan Hillani e Fernando Scheibe.
São Paulo: Ubu Editora, 2025./320 pp.
ISBN 978 85 7126 223 2

1. Racismo. 2. Psiquiatria. 3. Decolonização. 4. Feminismo. 5. Palestina. I. Césaire, Aimé. II. Bhabha, Homi K. III. hooks, bell. IV. Young, Lola. V. Hall, Stuart. VI. Vergès, Françoise. VII. Wynter, Sylvia. VIII. Mbembe, Achille. VIII. Sibertin-Blanc, Guillaume. IX. Jabr, Samah. X. Berger, Elizabeth. XI. Faustino, Deivison. XII. Gabriel, Nilson Lucas Dias. XIII. Hillani, Allan. XIV. Scheibe, Fernando. XV. Amaral, Humberto do. XVI. Chiaretti, Maria. XVII. Pavão, Juliana. XVIII. Título.

2025–2898 CDD 305.8 CDU 323.14

Índice para catálogo sistemático:
1. Racismo 305.8
2. Racismo 323.14

IMAGEM P. 314 **FUNDO FRANTZ FANON / IMEC**

PREPARAÇÃO **CÁSSIO YAMAMURA**
REVISÃO **DANIELA UEMURA**
DESIGN DE CAPA **ELAINE RAMOS**
COMPOSIÇÃO **JULIA PACCOLA E ANA LANCMAN**
PRODUÇÃO GRÁFICA **MARINA AMBRASAS**

EQUIPE UBU
DIREÇÃO **FLORENCIA FERRARI**
DIREÇÃO DE ARTE **ELAINE RAMOS; JULIA PACCOLA (ASSISTENTE)**
COORDENAÇÃO **ISABELA SANCHES**
COORDENAÇÃO DE PRODUÇÃO **LIVIA CAMPOS**
EDITORIAL **GABRIELA RIPPER NAIGEBORIN E MARIA FERNANDA CHAVES**
COMERCIAL **LUCIANA MAZOLINI E ANNA FOURNIER**
COMUNICAÇÃO / CIRCUITO UBU **MARIA CHIARETTI, WALMIR LACERDA E SEHAM FURLAN**
DESIGN DE COMUNICAÇÃO **MARCO CHRISTINI**
GESTÃO CIRCUITO UBU / SITE **CINTHYA MOREIRA, VIC FREITAS E VIVIAN T.**

UBU EDITORA
Largo do Arouche 161 sobreloja 2
01219 011 São Paulo SP
ubueditora.com.br
professor@ubueditora.com.br
/ubueditora

FONTES **GIROTT E LE MONDE JOURNAL**
PAPEL **PÓLEN BOLD 70 G/M²**
IMPRESSÃO **MARGRAF**